Inhalt

## Das Buch

Die politischen Systeme der sich als sozialistisch begreifenden Länder unterscheiden sich insbesondere durch zwei Merkmale von denen anderer Länder: durch die Monopolstellung eines auf Marx, Engels und Lenin gründenden Wertesystems als gesellschaftliche Integrations-, Erziehungs- und Modernisierungsideologie und durch die Alleinherrschaft einer zu diesem Wertesystem sich bekennenden Partei. Bei allen Gemeinsamkeiten weisen sie untereinander aber auch Unterschiede auf. Diese können von der Art der Machtergreifung durch die kommunistische Partei und vom Grad ihrer Autonomie gegenüber der Sowjetunion, von der Auslegung des Marxismus-Leninismus, von den historischen Erfahrungen eines Volkes, von der gesellschaftlichen Struktur und Umwelt und vom ökonomischen Entwicklungsstand sowie von der internationalen Konstellation bestimmt sein.
Die Darstellung der politischen Institutionen der sozialistischen Staaten sowie der Grundzüge ihrer Außenpolitik ist Inhalt dieses der Grundinformation dienenden Handbuchs.

## Der Autor

Prof. Dr. rer. pol. Robert K. Furtak, geb. 1930 in Pilsen, studierte slawische Sprachen, Jura, Politikwissenschaft, Soziologie, Neuere Geschichte und Wirtschaftsgeographie in Heidelberg und Aachen. Seit 1971 ist er Professor für Politikwissenschaft an der Erziehungswissenschaftlichen Hochschule Rheinland-Pfalz, Abt. Landau, und Lehrbeauftragter an der Universität Freiburg i. Br.
Buchveröffentlichungen: ›Kuba und der Weltkommunismus‹ (1967); ›Revolutionspartei und politische Stabilität in México‹ (1969); ›Jugoslawien: Politik, Gesellschaft, Wirtschaft‹ (1975).

Franz-Josef Söll
Mai 1982
Tübingen

Robert K. Furtak:
Die politischen Systeme
der sozialistischen Staaten

Deutscher
Taschenbuch
Verlag

dtv

Originalausgabe
Dezember 1979
Deutscher Taschenbuch Verlag GmbH & Co. KG,
München
Umschlaggestaltung: Celestino Piatti
Gesamtherstellung: C. H. Beck'sche Buchdruckerei,
Nördlingen
Printed in Germany · ISBN 3-423-03199-9

# Vorbemerkung

Gegenstand dieser Veröffentlichung sind die politischen Systeme derjenigen Staaten, in denen eine marxistisch-leninistische Partei ihre Macht konsolidiert hat und die sich nach ihrem in der Verfassung und/oder in der Staatsbezeichnung verankerten Selbstverständnis als sozialistisch begreifen. Nicht berücksichtigt werden also alle diejenigen Staaten, in denen zwar eine sich zum Marxismus-Leninismus bekennende Partei oder Führungselite die Macht ausübt, wie u.a. auch in Afghanistan, Angola, Äthiopien, Kambodscha und Laos, die aber den Weg zum Sozialismus erst beschritten haben oder noch keine eindeutige Festlegung erlauben. Außer Betracht bleibt, ob und inwieweit die die genannten Merkmale aufweisenden Staaten sich gegenseitig als sozialistisch und deren kommunistische Parteien als marxistisch-leninistisch anerkennen oder sich diese Eigenschaften aus propagandistisch-agitatorischen Gründen absprechen. Ebenso die Frage nach den Kriterien, die, ausgehend von Marx und Engels, conditio sine qua non eines sozialistischen Systems sein müßten.

Das Buch will vor allem über die politischen Institutionen und die Außenpolitik der sozialistischen Staaten informieren. Es hat im wesentlichen deskriptiven Charakter. Auf eine (ausführliche) Analyse politischer Prozesse mußte, schon aus Gründen des Umfangs, verzichtet werden.

Die charakteristischen Merkmale der sozialistischen Staaten werden in der Einleitung im Überblick und zusammenfassend erörtert, die Besonderheiten in den Länderartikeln herausgearbeitet. Die Einleitung sei zur Lektüre auch deshalb empfohlen, weil darin die formalen Systemelemente mit den durch das Herrschaftsmonopol der marxistisch-leninistischen Partei bedingten realen Systemeigenschaften konfrontiert werden – z.B. Inhalt und Reichweite der »sozialistischen Demokratie« –, ohne daß übersehen wird, daß die Verfassunggebung der letzten Jahre die Kluft zwischen Norm und politischer Praxis verringert hat.

Die Länderartikel sind grundsätzlich einheitlich gegliedert. Sie behandeln, nach einer knappen Beschreibung der konstitutiven Merkmale des politischen Systems, dessen drei Subsysteme: die marxistisch-leninistische Partei, einschließlich deren Weg zur Macht und deren Position gegenüber der eine Führungsrolle innerhalb des kommunistischen Weltsystems beanspruchenden KPdSU; die gesellschaftlichen Organisationen und, soweit vorhanden, sonstige Parteien; die Staatsorgane auf zentraler und örtlicher Ebene, einschließlich derjenigen der Rechtsprechung und des (begrenzten) Rechtsschutzes. Abweichungen von diesem Schema finden sich bei den föderativ organisierten Staaten Jugoslawien, Sowjetunion und Tschechoslowakei sowie, ebenfalls bei Jugoslawien in Anbetracht des dortigen Selbstverwaltungssystems. Jeder Länderartikel enthält ferner einen Abschnitt über die Außenpolitik und Landesverteidigung, nicht zuletzt deshalb, weil dieser Bereich des politischen Handelns die Differenzierung unter den sozialistischen Staaten augenfällig macht. Staaten, deren politisches System historische, ideologische und strukturell-funktionale Besonderheiten aufweist und/oder Modellcharakter beansprucht und deren Außenpolitik komplex ist, werden ausführlicher behandelt als die übrigen, ferner die DDR.

Literaturhinweise sollen die vertiefte Beschäftigung mit den politischen Systemen der sozialistischen Staaten erleichtern; Auswahlkriterien waren die möglichst vollständige Erfassung aller Systembereiche und die Zugänglichkeit – daher die Beschränkung auf deutsch- und englischsprachige Titel und, die DDR ausgenommen, der Verzicht auf Selbstdarstellungen, soweit diese nur in der Landessprache vorliegen. Über die Innen- und Außenpolitik der sozialistischen Staaten informieren kontinuierlich u. a. die Zeitschriften *Osteuropa* (mit *Osteuropa-Recht* und *Osteuropa-Wirtschaft*), *Wissenschaftlicher Dienst Südosteuropa*, *Deutschland-Archiv*, *Problems of Communism*, *Studies in Comparative Communism*, *Survey*.

Dank schulde ich meiner Frau für deren Hilfe bei der Gestaltung des Manuskripts.

Stegen über Freiburg i. Br., im April 1979 Robert K. Furtak

# Einleitung

## Der »sozialistische Staat«

Gegenwärtig bezeichnen sich 14 unter der Führung einer marxistisch-leninistischen Partei stehende Staaten als »sozialistisch«. Dieses Selbstverständnis hat sich bislang allerdings nur bei sechs von ihnen in der Staatsbezeichnung niedergeschlagen – in zeitlicher Reihenfolge: bei der Union der Sozialistischen Sowjetrepubliken (Dezember 1922), der Tschechoslowakischen Sozialistischen Republik (Juli 1960), der Sozialistischen Föderativen Republik Jugoslawien (April 1963), der Sozialistischen Republik Rumänien (August 1965), der Sozialistischen Republik Vietnam (Juli 1976) und der Sozialistischen Volksrepublik Albanien (Dezember 1976).

Die Definition eines Staates als »sozialistisch« bereitet indessen nicht geringe Schwierigkeiten. Marx und Engels sahen im Staat ein Instrument der Bourgeoisie zur Unterdrückung und Ausbeutung des Proletariats. Hieraus folgerten sie, daß der Staat als Herrschaftsinstrument mit der durch die Vergesellschaftung der Produktionsmittel bewirkten Aufhebung der Klassen »absterben« müßte. Lenin modifizierte dieses Theorem insofern, als er im Staat ein Instrument des Proletariats zur Ausübung der Diktatur erblickte und erst das Absterben eines nachrevolutionären proletarischen (nicht des bürgerlich-kapitalistischen) Staates ins Auge faßte, und zwar in dem Maße, wie die Gesellschaft es lernen würde, sich selbst zu verwalten.

Die sozialistischen Staaten weisen gegenwärtig zwei Grundtypen auf: die »Diktatur des Proletariats« und den »Volksstaat«. Als Volksstaat bezeichnet sich lediglich die Sowjetunion. Dort gilt seit 1959, als die KPdSU auf ihrem XXI. Parteitag den »entfalteten Aufbau des Kommunismus« verkündete, die Phase der Diktatur des Proletariats als abgeschlossen. Hierauf fußend erklärte die KPdSU auf ihrem nächsten Parteitag von 1961 die Sowjetunion zum »Staat des gesamten Volkes«[1], womit sie freilich von der Marxschen Staatstheorie abwich, derzufolge im Übergangsstadium vom Kapitalismus zum Kommunismus der

[1] Vgl. Boris Meissner, *Das Parteiprogramm der KPdSU 1903 bis 1961*. Köln 1962, S. 214.

»Staat nichts anderes sein kann, als *die revolutionäre Diktatur des Proletariats*«[2]. Nach der Ablösung Chruschtschows im höchsten Partei- und Regierungsamt im Oktober 1964 wurde der Begriff des Volksstaats zunächst nicht weiter verwendet, Anfang der 70er Jahre aber wieder aktualisiert und schließlich in der Verfassung vom Oktober 1977 zur Kennzeichnung der UdSSR verankert.

Alle anderen sozialistischen Staaten verstehen sich (noch) als Diktaturen des Proletariats, d.h. als Klassenstaaten; die Mongolei und Vietnam als solche in der Form einer Volksdemokratie. Auch die »entwickelte sozialistische Gesellschaft« wird noch als Klassengesellschaft begriffen. Souverän ist demnach nicht das Volk in seiner Gesamtheit, sondern die miteinander verbündeten Klassen der Werktätigen mit der Arbeiterklasse an der Spitze. In Jugoslawien hat die Diktatur des Proletariats die »besondere Form« einer »sozialistische[n] selbstverwaltete[n] Demokratie«[3]; einige sozialistische Staaten betrachten sich – entsprechend ihrem Eintritt in die Phase der »entwickelten sozialistischen Gesellschaft« – als in einer Phase des Übergangs von der Diktatur des Proletariats zum Volksstaat stehend. Von den jugoslawischen und chinesischen Kommunisten wird diese Phaseneinteilung indessen als unmarxistisch verworfen, dem Sozialismus die Eigenschaft einer eigenständigen geschichtlichen Gesellschaftsinformation nicht zuerkannt[4].

In der Legitimationssphäre heben sich die sozialistischen Staaten durch folgende gemeinsame Merkmale von anderen ab: Die Monopolstellung eines auf Marx, Engels und Lenin beruhenden teleologisch-eschatologischen Wertesystems als gesellschaftliche Erziehungs- und Integrationsideologie sowie als Antriebs- und Interpretationshilfe für politische Entscheidungen und die Monopolisierung der Macht durch eine als marxistisch-leninistisch sich begreifende politische Organisation, wobei die Entscheidungen bei einer kleinen, im wesentlichen sich durch Kooptation ergänzenden Elite liegen. Ferner dadurch, daß sie wegen des Willensbildungs- und Kommunikationsmonopols der marxistisch-leninistischen Partei – mit Ausnahme Jugosla-

[2] Karl Marx, *Kritik des Gothaer Programms*. In: Karl Marx/Friedrich Engels, *Werke*. Berlin (Ost) 1956ff., Bd. 19, S. 15–32, 28.

[3] Abschnitt IV der Einleitung zur Verfassung vom Februar 1974.

[4] Hierzu ausführlich Lothar Schultz, *Die Lehre von den Staatsformen im Verfassungsrecht der sozialistischen Staaten*. In: Recht in Ost und West 17 (1973) 4, S. 133–143.

wiens und Polens – keine autonomen politischen und gesellschaftlichen Subsysteme aufweisen. Die sozialistischen Staaten sind – wiederum Jugoslawien ausgenommen –, ebenso wie die marxistisch-leninistischen Parteien, nach dem Prinzip des demokratischen Zentralismus organisiert. Es wird ergänzt durch das Prinzip der »doppelten Unterstellung«, demzufolge das Exekutiv- und Verwaltungsorgan einer bestimmten Stufe der staatlichen Organisation sowohl dem Vertretungsorgan der gleichen als auch dem Vollzugs- und Verwaltungsorgan der nächsthöheren Stufe verantwortlich und rechenschaftspflichtig ist. Beides impliziert eine streng zentralistische und hierarchische Entscheidungs- und Verwaltungsstruktur.

Sowohl in der Produktions- wie auch in der Distributionssphäre weisen sie jedoch nicht nur zum Teil beträchtliche Unterschiede auf, sondern auch Merkmale, die ihre eindeutige Bestimmung als »sozialistisch« erschweren[5]. Zwar sind in allen sozialistischen Staaten die Produktionsmittel ganz oder überwiegend in der einen oder anderen Organisationsform vergesellschaftet. Dies gilt bei Verwendung der Indikatoren Anteil am Nationaleinkommen und Anteil an der Zahl der Erwerbstätigen auch für Jugoslawien und Polen, wo es in Landwirtschaft, Handwerk und Gewerbe einen starken Privatsektor gibt, ebenso wie für Vietnam, wo die Einführung sozialistischer Produktionsverhältnisse im südlichen Landesteil noch nicht abgeschlossen ist. In der Distributionssphäre erfüllt Jugoslawien jedoch nicht das Kriterium der zentralen Planung und Lenkung, da dort die Verteilung nach marktwirtschaftlichen Regeln erfolgt. Dies allein spricht jedoch nicht gegen die sozialistische Eigenschaft Jugoslawiens, da Marx und Engels beide Sphären ungleich gewichtet haben[6] und zumal auch deshalb, weil die Willensbildungsprozesse in der Produktionssphäre in Gestalt der Arbeiterselbstverwaltung weitgehend sowohl entprivatisiert als auch »entetatisiert« sind.

Bei konstitutiv identischer Gestaltung der Legitimationssphäre sind solche Unterschiede ebenso wie Divergenzen im ideologischen und institutionellen Bereich Ausfluß einer immer differenzierter werdenden Auslegung und Anwendung der marxistischen »Klassiker« durch die herrschenden KPs, was

[5] Vgl. Klaus von Beyme, *Ökonomie und Politik im Sozialismus. Ein Vergleich der Entwicklung in den sozialistischen Ländern.* München 1975, S. 18ff.

[6] Vgl. Karl Marx, a.a.O., Bd. 19, S. 22 einerseits, Friedrich Engels, a.a.O., Bd. 20, S. 138 andererseits.

durch den Modus der Machterringung, das soziokulturelle Milieu, aus dem die Parteiführer hervorgegangen sind, die politische und sozioökonomische Ordnung und das Wertesystem, worin die Partei umgestaltend eingreift, die geographische Lage (insbesondere gegenüber der Sowjetunion) und die sich wandelnde internationale Umwelt bedingt ist.

## Die »führende Rolle« der marxistisch-leninistischen Partei

Die Begründung des kommunistischen Machtmonopols weist drei Varianten auf: 1. die Eroberung der Macht durch eine marxistisch-leninistische Partei aus eigener Kraft durch Sturz einer »bürgerlichen« Regierung (Rußland) oder im Ergebnis eines Bürgerkriegs und/oder einer kriegerischen Auseinandersetzung mit einem anderen Staat (China, Jugoslawien, Vietnam). 2. die Übernahme der Macht mit militärischer und/oder politischer Unterstützung durch Rußland bzw. die Sowjetunion: so in den europäischen Staaten Bulgarien, DDR, Polen, Rumänien, Tschechoslowakei und Ungarn, ferner in der Mongolei und in Nord-Korea; mit jugoslawischer Hilfe in Albanien. 3. den Sonderfall Kuba, wo dem bürgerlichen Milieu entstammende, radikale, aber ideologisch heimatlose Revolutionäre erst angesichts der von ihnen vorgenommenen politischen und sozioökonomischen Umgestaltungen im Marxismus-Leninismus die theoretische Grundlage für ihr Handeln gefunden haben.

Die einmal eroberte Führung in Staat und Gesellschaft wird von der marxistisch-leninistischen Partei wegen ihres historisch-teleologisch legitimierten Selbstverständnisses als einer zur Vollendung der determinierten gesellschaftlichen Entwicklung ausersehenen politischen Kraft nicht zur Disposition gestellt und kann von anderen Parteien auch formalrechtlich nicht in Frage gestellt werden. Ihre »führende Rolle« als Vorhut der Arbeiterklasse oder – wie nur in der Sowjetunion – als »Avantgarde des gesamten Volkes«[7] ist in den Verfassungen der sozialistischen Staaten verankert, womit dem seit der Begründung der kommunistischen Herrschaft bestehenden De-facto-Zustand normativ Rechnung getragen ist.

Am intensivsten ist diese Führungsrolle in der chinesischen

[7] Präambel zur Verfassung vom Oktober 1977; vgl. ferner die Präambel des Statuts der KPdSU von 1961, in: Georg Brunner, *Das Parteistatut der KPdSU 1903–1961*. Köln 1965, S. 185.

Verfassung normiert; am schwächsten in der jugoslawischen Verfassung. Die Funktion der jugoslawischen Kommunisten wird auf die richtungweisende ideelle und politische Arbeit zum »Schutz« und zur »Weiterentwicklung der sozialistischen Revolution und der sozialistischen, selbstverwalteten gesellschaftlichen Beziehungen« und zur »Festigung des sozialistischen gesellschaftlichen und demokratischen Bewußtseins« beschränkt[8].

Organisation und Willensbildung gründen auf dem Leninschen Prinzip des demokratischen Zentralismus. Es beinhaltet: die Wählbarkeit aller Parteiorgane, wobei in der Regel aber für die Wahl eines Kandidaten weniger das Vertrauen der Mitglieder des wählenden Organs ausschlaggebend ist als vielmehr der Vorschlag des nächsthöheren Parteiorgans; die Rechenschaftspflicht der gewählten Parteiorgane gegenüber den sie wählenden und den übergeordneten Organen; die Verbindlichkeit der Beschlüsse höherer Parteiorgane für untere; die Unterordnung der Minderheit unter die Mehrheit. Die Parteimitglieder sind verpflichtet, die Mehrheitsbeschlüsse zu befolgen, um die ideologische und organisatorische Einheit zu wahren. Das bedeutet zwar nicht das Verbot abweichender Meinungen, vielmehr steht jedem Parteimitglied das Recht zu, in den Parteigremien seine Meinung zu äußern und Vorschläge und Kritik zu unterbreiten. Dieses Recht gilt indessen nur bis zur Beschlußfassung. Danach darf ein Parteimitglied nicht nur nicht entgegen dem Beschluß handeln, sondern es darf seine abweichende Meinung nicht weiter vertreten. Eine stärkere Akzentuierung erfährt die demokratische Komponente des Prinzips lediglich beim Bund der Kommunisten Jugoslawiens insofern, als nach dessen Parteistatut ein Parteimitglied, das überstimmt worden ist, zwar gemäß dem Mehrheitsbeschluß handeln muß, aber auch nach der Beschlußfassung für seine Meinung werben darf.

Die Hegemonie der marxistisch-leninistischen Parteien und das in deren Geschichte allerdings häufig durchbrochene Faktionsverbot sind nicht nur ideologisch bedingt, um zwecks Vollstreckung einer historisch vorgegebenen Entwicklung die Einheit und Reinheit der marxistisch-leninistischen Lehre unter Anpassung an die durch die Praxis gebotene Situation zu wahren, sondern auch praktisch-politisch, um alle Bürger auf das Ziel der Errichtung des Sozialismus und Kommunismus hin zu integrieren und zu mobilisieren. Angesichts der ethnischen und

[8] Abschnitt VIII der Einleitung zur Verfassung vom Februar 1974.

damit auch kulturellen Vielfalt der Bevölkerung einiger sozialistischer Staaten ist die von der KP ausgeübte Sozialisationsfunktion von großer Bedeutung: durch die Einübung marxistisch-leninistischer Einstellungen und Werte, verbunden mit einer ständigen engmaschigen Erfolgskontrolle, wurden tradierte Werte und Überzeugungen abgebaut und durch eine auf dem weitgehenden Konsens über die Grundelemente der sozialistischen Gesellschaftsordnung basierende neue politische Kultur ersetzt. Durch auf Prognostizierung eines fortschrittsträchtigen Zukunftsbildes beruhende Überredung, aber auch durch Zwang, versteht es die Partei, alle menschlichen Reserven zu mobilisieren, um z. T. noch überwiegend agrarische Länder in Industrieländer zu verwandeln.

Durch Aufnahme in ihre Reihen und in die von ihr abhängigen gesellschaftlichen Organisationen erschließt sie den Bürgern ein weites gesellschaftspolitisches Betätigungsfeld und vermittelt ihnen damit das Gefühl, am politischen Willensbildungsprozeß zu partizipieren. Mögen auch die realen Einflußchancen gering sein, so hat dies solange keine negative Rückwirkung auf die Partizipationsbereitschaft des einzelnen, wie ihm dieses Manko nicht bewußt wird.

Die von der Partei gesetzten Entwicklungsziele erfordern indessen nicht nur eine breite Mitgliederbasis, sondern vor allem Eliten, die fähig sind, innovierende Maßnahmen zu ergreifen. Die Rekrutierung solcher Eliten für immer komplexere Aufgaben ist deshalb eine weitere wichtige Aufgabe der Partei. Andererseits ist die Parteimitgliedschaft eine unerläßliche Voraussetzung für eine Karriere in der Staats- und Wirtschaftsverwaltung.

Zur effizienten Wahrnehmung ihrer Führungs-, Weisungs- und Kontrollfunktion gegenüber der Staatsgewalt sind die regierenden KPs etwa nach demselben Schema organisiert wie jene. Sie stellt die Institutionen zur Realisierung der von der Partei gefällten Entscheidungen zur Verfügung: Die Vertretungsorgane übertragen durch die Verfassung- und Gesetzgebung die Parteibeschlüsse in die staatliche Sphäre; die Exekutivorgane führen zwar formell Rechtsakte der Vertretungsorgane aus – de facto vollziehen sie die Entscheidungen von ZK und Politbüro der Partei.

Die Transmission des Parteiwillens auf den Staatsapparat ist dort unmittelbar, wo hohe Staatsämter in Personalunion mit hohen Parteiämtern verschmolzen sind. So besteht eine enge personelle Verbindung zwischen den zwei de facto höchsten Parteiorganen, dem Politbüro und ZK-Sekretariat, einerseits und dem faktischen Machtorgan des Staates, dem Präsidium des Ministerrats (auch dort wo es formell nicht institutionalisiert ist), andererseits[9].

Das trifft insbesondere dort zu, wo der Parteichef gleichzeitig Regierungschef ist, wie in China und in Kuba, oder als Vorsitzender des Staatsrats (in Rumänien) bzw. des Zentralen Volkskomitees (in Nord-Korea) kraft Amtes den Vorsitz im Ministerrat bzw. Staats-Verwaltungs-Rat übernehmen kann. In Staaten, wo der Vorsitzende des Präsidialorgans der nationalen Volksvertretung gleichzeitig Parteichef ist, ist dieses Organ aufgrund dieses Kriteriums, und nicht oder weniger aufgrund der verfassungsmäßigen Kompetenzen, ein Machtzentrum – das ist in Bulgarien, der DDR, Jugoslawien, Nord-Korea, Kuba, der Mongolei, Rumänien und der Sowjetunion der Fall. Gleiches gilt für das Amt des Staatspräsidenten in Staaten mit Präsidialverfassungen, also dort, wo das Staatsoberhaupt ein Einzelorgan ist und gleichzeitig Erster bzw. Generalsekretär der Kommunistischen Partei: in Jugoslawien (zu Lebzeiten Titos), Nord-Korea, Kuba, Rumänien und in der Tschechoslowakei, wo die präsidentiellen Kompetenzen allerdings zwischen dem Staatspräsidenten und dem Präsidium der Bundesversammlung geteilt sind. Darüber hinaus ist eine enge Verknüpfung zwischen Parteispitze und den Streitkräften gegeben, wenn – wie in Albanien und China – der Parteichef deren Oberbefehlshaber ist oder – wie in Nord-Korea, Kuba und Rumänien – der Parteichef Staatspräsident und kraft dieses Amtes Oberbefehlshaber ist.

Von dieser personellen Verflechtung von Partei und Staat abgesehen, sind beide grundsätzlich voneinander getrennt, um die Partei nicht der Verantwortung für staatliches Handeln auszusetzen. Eine Ausnahme von diesem Grundsatz macht lediglich Rumänien, wo seit Ende 1972 gemeinsame Organe von Partei und Staat gebildet werden[10].

Der Primat und die Kontrolle der Partei über das politische

[9] Beispiele hierfür bei Georg Brunner und Hannes Kaschkat, *Wandel und Verharrung in den politischen Systemen des sowjetischen Hegemonialbereichs.* In: Zeitschrift für Politik 24 (1977) 4, S. 363–388, S. 370, 380 und 383ff.

[10] Näheres bei Michael Cismarescu, *Die verfassungsrechtliche Entwicklung der Sozialistischen Republik Rumänien 1965–1975.* In: Jahrbuch des öffentlichen Rechts der Gegenwart N. F. 24 (1975), S. 231–285, 269ff.

Subsystem Staat wird ferner gewährleistet: durch den von der Führungsrolle der Partei abgeleiteten Vorrang des »Parteirechts« gegenüber staatlichen Normen; durch die Verbindlichkeit der Parteibeschlüsse für die Staatsorgane; durch die Weisungsgewalt der Parteiorgane gegenüber den Staatsorganen auf allen Ebenen der staatlichen Organisation; durch das Nomenklatursystem, d.h. mittels der personalpolitischen Entscheidungsmacht der Partei über die Besetzung der wichtigsten Positionen in Staat, Wirtschaft und Gesellschaft auf der Grundlage eines vom ZK-Sekretariat geführten Verzeichnisses[11]; durch das Vorschlagsrecht der Partei bei der Nominierung von Kandidaten für die Vertretungsorgane; durch die Aktivitäten der in Grundorganisationen zusammengefaßten und der Parteidisziplin unterworfenen Parteimitglieder an allen Arbeitsstätten und in Wohngebieten; und schließlich durch die Parteigruppen in den staatlichen Organen, Institutionen und gesellschaftlichen Organisationen.

## Die »sozialistische Demokratie«

Der »sozialistischen Demokratie« sind neben der Führungsfunktion der KP folgende Merkmale eigen: 1. die in der ungeteilten Volkssouveränität ruhende und in der nationalen Volksvertretung als dem formal »höchsten Organ der Staatsmacht« verkörperte Einheit der staatlichen Gewalt; 2. – zur Bekräftigung des Marxschen Theorems vom allmählichen »Absterben« des Staates – eine stark formalisierte, vielfältig institutionalisierte und kanalisierte Beteiligung der Bürger an den Angelegenheiten von Staat und Gesellschaft auf der Grundlage des von der Partei definierten Wertesystems und unter Anerkennung der von ihr beanspruchten Führungsrolle, und zwar: durch die Mitgliedschaft in sog. gesellschaftlichen Organisationen und – als jugoslawische Besonderheit – die Ausübung wirtschaftlicher Mitwirkungsrechte in Gestalt der Arbeiterselbstverwaltung; durch die Ausübung des Wahlrechts (Wahl der Vertretungsorgane und Richter); ferner durch die Teilnahme an Referenda, die Diskussion von Gesetzesentwürfen, die Mitarbeit in Ausschüssen der örtlichen Volksvertretungen, die Beteiligung an der or-

[11] Vgl. – exemplarisch für die UdSSR – Bohdan Harasymiw, *Die sowjetische Nomenklatur: I. Organisation und Mechanismen.* In: Osteuropa 27 (1977) 7, S. 583–598.

dentlichen Gerichtsbarkeit als Volksbeisitzer (Laienrichter) und an der sogenannten gesellschaftlichen Gerichtsbarkeit, die Ausübung der »Volkskontrolle«, die Wahrnehmung des Rechts auf Einbringung von Vorschlägen zur Verbesserung der Tätigkeit der Staatsorgane sowie auf deren Kritik.

## 1. Gesellschaftliche Organisationen und Partikularinteressen

Eine Eigentümlichkeit aller sozialistischen Staaten sind die »gesellschaftlichen Organisationen«, darunter insbesondere die Massenorganisationen, in denen die Bürger aufgrund ihres Berufs, Alters, Geschlechts, der Zugehörigkeit zu einer nationalen Minderheit und zur Förderung bestimmter gesellschaftspolitischer Aufgaben zusammengefaßt sind. Hierunter fallen die Gewerkschaften, Jugend- und Frauenverbände, Berufsverbände für Lehrer, Schriftsteller, Journalisten u.ä., Produktions- und Verbrauchergenossenschaften, Sportverbände sowie weitere Vereinigungen zur Freizeitgestaltung und Pflege technisch-wissenschaftlicher und künstlerischer Aktivitäten. Als gesellschaftliche Organisationen (im weitesten Sinne) gelten auch die politischen Parteien, und zwar jeweils die KP und sonstige Parteien; in einigen Ländern auch die Nationalen Fronten.

Aufgabe der gesellschaftlichen Organisationen ist es nicht, Sonderinteressen bestimmter Berufsgruppen oder sozialer Schichten – zum eventuellen Nachteil der Gesamtgesellschaft – zu artikulieren; sie erfüllen vielmehr vorrangig für die Erhaltung und Weiterentwicklung der sozialistischen Systeme wichtige Funktionen wie die Integration, politische Sozialisation, Mobilisierung und soziale Kontrolle der Bürger sowie die Transmission des von der KP vorgeformten Willens auf ihre Mitglieder. Darüber hinaus werden sie zunehmend an der Diskussion und Konsultation über Maßnahmen auf wirtschaftlichem, sozialem und kulturellem Gebiet auf der Grundlage des fundamentalen Konsensus – Aufbau des Sozialismus und Kommunismus – beteiligt, und sei es auch nur, solange es die Partei- und Staatsführung für opportun hält, um die in der Gesellschaft vorhandenen Meinungen zu sondieren.

Bedeutende gesellschaftliche Organisationen, wie die Gewerkschaften, haben mitunter das Recht zur Gesetzesinitiative bei den ihren Tätigkeitsbereich berührenden Materien.

Abgesehen hiervon verfügen die gesellschaftlichen Organisationen zwar über keine institutionalisierten Kanäle zur Interessenwahrnehmung. Indessen ist zu beobachten, daß ihre Funktionäre, soweit sie gleichzeitig hohe Partei- und/oder Staatsämter bekleiden, spezifische Interessen der Mitglieder einer Organisation in die Entscheidungsorgane einschleusen können. Auch können gesellschaftliche Organisationen insofern eine Rolle im Entscheidungsprozeß spielen, als sie für ihre gleichzeitig leitende Parteifunktionen ausübenden Führer eine Hausmacht darstellen. Derart abgestützt können diese Funktionäre eigene Interessen durchsetzen, wobei sich diese mit denen der Organisation durchaus decken können.

Unter Berücksichtigung solcher Rechte und Möglichkeiten können die gesellschaftlichen Organisationen nicht pauschal als bloße Transmissionsriemen des Parteiwillens gekennzeichnet werden. Andererseits sind die Möglichkeiten der gegenüber der Partei nicht autonomen gesellschaftlichen Organisationen, spezifische Interessen ihrer Mitglieder zu artikulieren und im Zuge des Willensbildungsprozesses durchzusetzen, angesichts des systemimmanenten Zwanges zur Anpassung an das von der KP gesetzte gesamtgesellschaftliche Interesse insgesamt als nicht allzu hoch zu veranschlagen.

Weit größere Chancen, berufsspezifische und persönliche Interessen, und zwar in Form von Entscheidungshilfen in den Willensbildungsprozeß einzubringen, haben berufliche Gruppierungen, die im Zuge der »wissenschaftlich-technischen Revolution« wegen ihres Fachwissens für die Entscheidungsorgane von Partei und Staat unerläßliche Ratgeber und Lieferanten von Informationen sind – z.B. die Ministerialbürokratie, Wirtschaftsmanager, Planungsfachleute, hohe Militärs und Wissenschaftler. Die Chance gehört zu werden liegt darin, daß die Mitglieder der Spitzenorgane von Partei und Staat je nach ihrer eigenen Interessenlage geneigt sind, sich mit dem einen oder anderen Sonderinteresse zu identifizieren[12].

Träger von Sonderinteressen können auch Glaubensgemeinschaften sein. Hier ist v.a. auf die katholische Kirche in Polen hinzuweisen, da diese in Anbetracht ihrer Fundierung insbe-

[12] Vgl. hierzu Robert K. Furtak, *Interessenpluralismus in den politischen Systemen Osteuropas.* In: Osteuropa 24 (1974) 11/12, S. 779–792, 785ff.; Brunner/Kaschkat, a.a.O., S. 376ff.; ferner die Spezialstudie von Tatjana Kirstein, *Die Konsultation von »Außenstehenden« durch den Partei- und Staatsapparat sowie den Obersten Sowjet der UdSSR als stabilisierender Faktor des sowjetischen Herrschaftssystems.* Berlin 1972.

sondere in der zahlenmäßig starken bäuerlichen Bevölkerung und ihrer Fähigkeit, eine patriotische Einstellung zu artikulieren und zu mobilisieren, über eine starke Verhandlungsmacht verfügt, um ihre Interessen durchzusetzen. In den föderativ organisierten sozialistischen Staaten können ferner die territorialen Einheiten Kristallisationskerne besonderer Interessen und diese wiederum der Nährboden für ideologische Plattformen sein, die von den Parteien der Teilrepubliken formuliert und gegenüber den bzw. in den zentralen Parteiorganen selbst verfochten werden. So ist zu beobachten, daß Kommunisten sich zum Sachwalter oder Sprachrohr besonderer Interessen machen, sei es zur Wahrung nationalen Kulturguts gegen Russifizierungsbestrebungen, wie z. B. in Georgien (in der Frage der Staatssprache), sei es durch die Anmeldung handfester materieller Forderungen wie im Falle der slowakischen oder kroatischen Kommunisten.

Geradezu institutionalisiert ist die Verfolgung partikularer Interessen in Jugoslawien durch die Arbeiterselbstverwaltung und die territoriale Selbstverwaltung. Parteioffiziell wird das Geflecht organisierter, jedoch nicht in Gestalt von Parteien miteinander um die Macht konkurrierender Interessen als »Pluralismus der Selbstverwaltungsinteressen« bezeichnet[13].

## 2. Opposition und Dissens

Den politischen Systemen der sozialistischen Staaten ist gemeinsam, daß sie keine institutionalisierte, konstitutionelle und verantwortliche Opposition aufweisen. In einigen sozialistischen Staaten gibt es zwar neben der KP weitere Parteien. Sie werden, obwohl sie in einer entwickelten sozialistischen Gesellschaft, in der sich die politisch-soziale Einheit des Volkes herausbilden soll, ein Fremdkörper sind, aus historischen und vor allem pragmatischen Gründen toleriert. Ihre Duldung impliziert jedoch keine Möglichkeit, in Opposition zur KP zu treten oder gar ihr die Macht streitig zu machen. Beides würde als Manifestation von nur bürgerlichen Gesellschaften inhärenten Klassenkonflikten interpretiert werden und ferner mit dem auf Lenin zurückgehenden Selbstverständnis einer KP unvereinbar

[13] Vgl. Edvard Kardelj, *Pravci razvoja političkog sistema socijalističkog samoupravljanja* [Entwicklungslinien des politischen Systems der sozialistischen Selbstverwaltung]. Beograd 1977, insbes. S. 80ff.

sein. Opposition wird in der Logik der herrschenden KPs nicht nur als gegen sie, sondern als gegen das von ihr gelenkte politische System gerichtet begriffen, und zwar auch dann, wenn sie auf dem Boden der fundamentalen Werte, Überzeugungen und Ziele von Parteiführung und Regierung stehen würde.

Bei den »sozialistischen Mehr-Parteien-Systemen« Bulgariens, der DDR, Polens, der Tschechoslowakei, Chinas und Vietnams handelt es sich damit nicht um Mehr-Parteien-Systeme in dem Sinne, daß zwei oder mehr Parteien miteinander um die Regierungsübernahme wetteifern, sondern um »hegemoniale« Parteiensysteme[14]. Für das Verhältnis der den gesellschaftlichen Organisationen funktional gleichgestellten nichtkommunistischen Parteien zur KP gilt das Prinzip des demokratischen Zentralismus. Sie sind auch nur bedingt Partnern politischer Wahl- bzw. Regierungskoalitionen »westlichen« Musters vergleichbar. Eine KP ist auf einen Wahlkompromiß nicht angewiesen, da der Wahlmechanismus ihr allein oder zusammen mit den ihr angeschlossenen Organisationen die Mehrheit in den Volksvertretungen sichert. Die Abgeordneten der Blockparteien bilden zwar in den Parlamenten eigene Fraktionen, legen jedoch, von wenigen Ausnahmen abgesehen, kein eigenständiges Abstimmungsverhalten an den Tag.

Die Blockparteien sind zusammen mit den KPs und gesellschaftlichen (Massen)Organisationen in Nationalen Fronten (oder ähnlich sich bezeichnenden Organisationen) zusammengeschlossen, in deren Rahmen sie für die loyale Bindung auch solcher Bevölkerungssegmente an das jeweilige Regime sorgen, die den KPs traditionell ablehnend oder zumindest reserviert gegenüberstehen, wie die Bauern und der Mittelstand. Auf der Basis eines Konsens über die Unantastbarkeit der grundlegenden Elemente der sozialistischen politischen und sozioökonomischen Ordnung und des Führungsanspruchs der KP sind sie jedoch auch in der Lage, Sonderinteressen und Alternativlösungen für politische Entscheidungen zu artikulieren und diese, wenn auch nicht durchzusetzen, so zumindest als Korrektiv einzubringen.

Bürger mit vom verbindlichen Wertesystem abweichenden Meinungen und Bestrebungen, mit das Herrschaftsmonopol der KP infragestellenden politischen Ordnungsvorstellungen können sich nicht oder nur lose zusammenschließen und sind häu-

[14] Vgl. Giovanni Sartori, *Parties and Party Systems. A Framework for Analysis.* Vol. I, Cambridge usw. 1976, S. 230ff.

fig gezwungen, in der Illegalität zu wirken. Nicht nur oppositionelles Handeln und Verhalten in Form offen auf eine Systemänderung oder einen Machtwechsel abzielender Aktivitäten sind unzulässig und werden kriminalisiert, sondern auch schon ein »antisystematischer« Dissens, der, obwohl nicht umstürzlerisch, von den herrschenden KPs als »konterrevolutionär« wahrgenommen wird, und ein »Fundamental«-Dissens, der sich in einer abweichenden Haltung gegenüber grundlegenden Werten und Prioritäten äußert. Begrenzt geduldet wird lediglich ein »kritischer« Dissens, durch den sachlich oder personell motivierte abweichende Ansichten zu einzelnen politischen Entscheidungen zum Ausdruck kommen[15].

## 3. Das »sozialistische Parlament«

In den sozialistischen Staaten liegt alle staatliche Gewalt bei den Vertretungskörperschaften auf den einzelnen territorialen Ebenen der staatlichen Organisation. Die exekutiven und judikativen Organe sind nicht Ausdruck einer institutionellen Gewaltenteilung, sondern im Zuge einer Funktionsteilung lediglich als Hilfsorgane der formal die ungeteilte Macht ausübenden Volksvertretungen gedacht. Die Verfassungen normieren deshalb auch nicht das Verhältnis der einzelnen staatlichen Organe in Bezug zueinander im Sinne einer gegenseitigen Machtbeschränkung bzw. Machtbalance, wohl aber explizit oder implizit – Jugoslawien ausgenommen – den Primat der Partei über den Staat.

Obwohl als »Parlament« konzipiert[16], unterscheiden sich die sozialistischen Volksvertretungen fundamental von denjenigen liberaler Demokratien. Sie gründen theoretisch auf dem Leitbild der Pariser Kommune von 1871, die von Marx als Negation des bürgerlichen Parlamentarismus begriffen worden ist[17], und weisen rätedemokratische Merkmale auf. In China, Jugoslawien und Kuba gehen die nationalen Volksvertretungen nicht aus allgemeinen Volkswahlen hervor, sondern werden durch Dele-

[15] Vgl. Robert K. Furtak, *Dissens und Opposition in den politischen Systemen Osteuropas.* In: Wolfgang Jäger (Hrsg.), Partei und System, Stuttgart usw. 1973, S. 182–209, insbes. S. 196ff.

[16] Vgl. Siegfried Lammich, *Grundzüge des sozialistischen Parlamentarismus.* Baden-Baden 1977, S. 39ff.

[17] Vgl. Karl Marx, *Der Bürgerkrieg in Frankreich*, a.a.O., Bd. 17, S. 317–362, insbes. S. 338ff.

gierte der Vertretungsorgane unterer staatlicher Organisationsebenen beschickt. (In China wird die Delegierung auch auf der Provinz- und Kreisebene, in Jugoslawien auch auf Republiks-, Provinz- und – zum Teil – auf kommunaler Ebene, in Kuba auch auf der Provinzebene praktiziert; in Ungarn ist dies auf der mittleren Ebene der Komitate der Fall). In allen sozialistischen Staaten sind die Abgeordneten bzw. Delegierten den Wählern bzw. Wahlkörpern rechenschaftspflichtig; das Mandat kann ihnen von den Wählern oder, wie in der DDR, in Polen und Rumänien, auf Antrag der Wähler oder der Nationalen Front vom Vertretungsorgan entzogen werden. Dennoch ist das sozialistische Mandat, entgegen dem Vorbild der Pariser Kommune (auch nicht in Jugoslawien, mit Ausnahme des Rats der Republiken und Provinzen) kein imperatives Mandat; die Abgeordneten bzw. Delegierten sind an Weisungen der Wähler bzw. der sie entsendenden Organe nicht gebunden, sondern in erster Linie Vertreter gesamtstaatlicher Interessen.

Es ist ein weiteres Merkmal des »sozialistischen Parlamentarismus«, daß die nationalen Volksvertretungen lediglich während der Sessionen (Sitzungsperioden) als Plenum zusammentreten. Soweit eine Session nur einen oder wenige Tage dauert, wie in der Sowjetunion, ist sie mit einer Tagung weitgehend gleichzusetzen; ansonsten können innerhalb einer Session mehrere Tagungen stattfinden. Eine Ausnahme von dieser Regel machen lediglich Jugoslawien, dessen Bundesversammlung wie auch alle weiteren Vertretungskörperschaften in Permanenz tagen, sowie die DDR, wo die Volkskammer mit der ersten Sitzung nach der Wahl zwar ihre Sitzungsperiode begründet, die bis zum Ende der Wahlperiode oder bis zur vorzeitigen Auflösung währt, allerdings auch nur zu durchschnittlich vier eintägigen Sitzungen im Jahr zusammentritt. Zwischen den Sessionen werden die Kompetenzen der Volksvertretung, soweit diese nicht ausdrücklich dem Plenum vorbehalten sind, von deren ständigem Präsidialorgan wahrgenommen, das insoweit als »Ersatzparlament« fungiert. Lediglich die jugoslawischen Versammlungen (in Bund, Republiken und Provinzen) und die Volkskammer der DDR haben umfangreiche eigene Zuständigkeiten und keine sie vertretenden bzw. ersetzenden Präsidialorgane[18].

[18] Ausführlich hierzu Kazimierz Dzialocha, Teresa Pusylewitsch, *Der Rechtscharakter der obersten Präsidialorgane der sozialistischen Staaten vom Stand-*

Auf die Zusammensetzung des nationalen Vertretungsorgans haben die Bürger keinen oder einen nur sehr begrenzten Einfluß. Nicht nur ist die Möglichkeit der Wahl zwischen mehreren politischen Alternativen ausgeschlossen, sondern auch die Auswahl zwischen mehreren personellen Alternativen ist nicht oder nur sehr begrenzt gegeben. Die Kandidaten werden – unter maßgeblichem Einfluß der KP – von den Parteien und Massenorganisationen über Einheitslisten der Nationalen Front oder – wie in der Sowjetunion – über eine Einheitsliste des Blocks der Kommunisten und Parteilosen aufgestellt; nur in Ungarn und in Bulgarien – dort fakultativ – werden die Kandidaten auf Wählerversammlungen nominiert. Die Wahlen richten sich entweder nach dem Prinzip der Personenwahl in Ein-Mann-Wahlkreisen oder nach dem Prinzip der lose gebundenen Listenwahl in Mehr-Mann-Wahlkreisen. (Jugoslawien hat ein auf dem Delegiertenprinzip beruhendes besonderes Wahlsystem.) Unter den Ländern mit Personenwahl werden lediglich in Rumänien, Ungarn und Vietnam mehr Kandidaten nominiert als Mandate auf einen Wahlkreis entfallen, obwohl dies formalrechtlich auch in anderen Ländern, die dieses Wahlsystem haben, möglich ist. Gewählt ist in solchen Fällen derjenige Kandidat, der mehr als 50 Prozent der Wählerstimmen erhält. In der DDR und in Polen entscheidet über die Wahl der Listenplatz des Kandidaten. Stimmzettel ohne Streichungen gelten als Votum für diejenigen Kandidaten, die auf den Listen die Mandatsstellen innehaben, d.h. diejenigen Listenplätze, die der Zahl der zu vergebenden Mandate entsprechen. Da Streichungen als Mißtrauensvotum gegen das Regime ausgelegt zu werden pflegen, machen nur sehr wenige Wähler – in Polen allerdings wesentlich mehr als in der DDR – von dieser Möglichkeit Gebrauch, so daß auch dort, wie in den anderen sozialistischen Staaten, die Kandidaten in der Regel mit rund 99 Prozent der abgegebenen Stimmen gewählt werden[19].

Auf Wahlen könnte insoweit verzichtet werden. Wahlen haben eine Integrations-, Mobilisierungs- und Propagandafunktion: Sie sind ein Instrument, um die auch in sozialistischen Staaten ethnisch, sprachlich, konfessionell und sozial geschichtete Bevölkerung um die Führung von Partei und Staat zu scharen, Anlaß für den Bürger zu (wenn auch kontrollierter) politi-

*punkt ihrer rechtlichen Funktionen.* In: Jahrbuch für Ostrecht 12 (1971) 2, S. 9–56.

[19] Näheres hierzu bei Lammich, a.a.O., S. 47ff.

scher Aktivität und eine Gelegenheit für die Partei, die Resultate ihrer Tätigkeit darzulegen und den Weg zu neuen Zielen zu weisen; schließlich sollen die Organe der Staatsgewalt durch Wahlen ihre verfassungsmäßige Legitimierung erfahren.

## Das »sozialistische Recht«

Die Rechtsauffassung in den sozialistischen Staaten kennt kein zeitlos gültiges, sondern nur ein gesellschaftsgebundenes, Klasseninteressen zum Ausdruck bringendes Recht. Als Element des Überbaus ist es einerseits Reflex der jeweiligen sozioökonomischen Verhältnisse, andererseits aber auch Instrument der herrschenden Klasse – im Falle der sozialistischen Staaten theoretisch der Arbeiterklasse, faktisch der sie substituierenden marxistisch-leninistischen Partei – zur Festigung der Herrschaft zwecks Gewährleistung des von Staat und Gesellschaft zu vollziehenden Aufbaus des Sozialismus und Kommunismus. Es hat also nicht nur eine statische Funktion, sondern es wird gezielt als sanktionsbewehrtes Mittel zur Gestaltung der Gesellschaft eingesetzt[20]. Das chinesische Rechtsverständnis und damit die Rechtsprechung sind darüber hinaus von der Widerspruchslehre Mao Tse-tungs beeinflußt, in der dieser »Widersprüche im Volk« und »Widersprüche zwischen uns und unseren Feinden« unterscheidet. Während erstere durch Überzeugungs- und Erziehungsarbeit, Kritik und Diskussion zu lösen seien, könnten letztere, da antagonistisch, nur durch die revolutionäre Diktatur des Proletariats gelöst werden[21].

Aus dieser Rechtsauffassung folgt: 1. das Recht ist ein Instrument des Klassenkampfs; 2. es dient primär nicht dem Schutz des Individuums, sondern dem Schutz des Kollektivs, der in den asiatischen Ländern allerdings eine vorsozialistische Tradition hat; Individualrechte gelten zwar als schutzwürdig, ihre Wahrnehmung ist aber durch das von der KP definierte gesellschaftliche Interesse begrenzt – im Konfliktfall hat der Schutz von Staat und Gesellschaft Vorrang; 3. Rechtsetzung und -anwendung orientieren sich an der politischen Zweckmäßigkeit – im sozialistischen Staat gilt der Primat der Politik und das heißt

[20] Vgl. Ernst-Wolfgang Böckenförde, *Die Rechtsauffassung im kommunistischen Staat.* München 1967, S. 13ff.

[21] Vgl. Mao Tse-tung, *Ausgewählte Schriften.* Hrsg. v. T. Grimm. Frankfurt a.M. 1964, S. 48ff. und 78ff., insbes. S. 85, 87.

der Partei[22]. Dies hat zur Folge, daß die Beschlüsse, Weisungen und Richtlinien der marxistisch-leninistischen Partei dem geltenden Recht nicht unterliegen, sondern ihrerseits rechtsgestaltend sind – alle Staatsorgane, mithin auch die Gerichte sind gehalten, sich an den von der Partei gesetzten Zwecken zu orientieren.

Aus diesen Prinzipien und Eigentümlichkeiten des sozialistischen Rechtsverständnisses ergeben sich insbesondere auch Folgen für den materiellen Stellenwert der Grundrechte sowie für deren Gewährleistung. Es wird zwar allgemein anerkannt, daß die Grundrechte subjektive Rechte sind[23]. Die Wahrnehmung der verfassungsmäßig garantierten Gleichheitsrechte, sozioökonomischen Grundrechte, persönlichen Freiheitsrechte und politischen Mitwirkungsrechte steht aber 1. unter dem allgemeinen oder fallweisen Vorbehalt der durch die gesellschaftlichen Interessen gezogenen Schranken – in Jugoslawien bezieht sich der Vorbehalt auf das Solidaritätsprinzip und die verfassungsmäßig festgelegten gesellschaftlichen Interessen; in Kuba reicht er soweit, daß die im Gegensatz zur Existenz und den Zielen des Staates und zur Grundentscheidung des Volkes, den Sozialismus und Kommunismus zu errichten, stehende Ausübung der Freiheitsrechte nicht nur für unzulässig erklärt, sondern unter Strafe gestellt wird. 2. sind einzelne Grundrechte untrennbar mit Grundpflichten gekoppelt – so z.B. das Recht auf Arbeit mit der Pflicht zur Arbeit. Dadurch werden Grundrechte in die Pflicht zur angeleiteten Mitwirkung an der Realisierung der von der KP gesetzten Ziele umgedeutet und damit letztlich ihrer Eigenschaft eines subjektiven Rechts beraubt[24]. Hierbei sticht besonders die chinesische Verfassung hervor, die im Rahmen des Katalogs der Grundrechte und Grundpflichten die Unterstützung der Führung durch die KP Chinas allen Bürgern zur Pflicht macht.

Die radikaldemokratische Konzeption einer unteilbaren, allein in der Volksvertretung sich manifestierenden Volkssouveränität schließt einen Rechtsschutz, darunter auch einen besonderen Grundrechtsschutz durch eine unabhängige Judika-

[22] Vgl. v. Beyme, a.a.O., S. 19. Zum Primat der Politik vor der Wirtschaft vgl. Jan Jaroslawski, *Soziologie der kommunistischen Partei.* Frankfurt a.M./New York 1978, S. 307ff.

[23] Vgl. Georg Brunner, *Zur Wirksamkeit der Grundrechte in Osteuropa.* In: Der Staat 9 (1970), S. 195ff.

[24] Vgl. Georg Brunner, *Neuere Tendenzen in der verfassungsrechtlichen Entwicklung osteuropäischer Staaten.* In: Jahrbuch des öffentlichen Rechts der Gegenwart N.F. 23 (1974), S. 209–238, 234.

tive aus. In allen sozialistischen Staaten werden die Richter von den Volksvertretungen oder Bürgern gewählt, sind diesen verantwortlich und rechenschaftspflichtig und können abberufen werden. Formal sind die Richter bei der Urteilsfindung nur den Rechtsnormen unterworfen, bei ihrer Auslegung und Anwendung haben sie jedoch auch das Prinzip der »Parteilichkeit« zu beachten, d.h. sich an den von der KP mit den Rechtsnormen verfolgten Zielen zu orientieren.

Mit Ausnahme Jugoslawiens gibt es keine Verfassungsgerichtsbarkeit – in der Tschechoslowakei ist ihre Einführung im Verfassungsgesetz von 1968 zwar vorgesehen, aber nicht realisiert worden. Die Befugnis zur Überprüfung der Verfassungsmäßigkeit von Gesetzen und sonstigen Rechtsakten (abstrakte Normenkontrolle) liegt in der Wahrung des Grundsatzes der ungeteilten Staatsgewalt bei den Volksvertretungen oder deren Präsidialorganen; in Rumänien bei einer besonderen Verfassungskommission der Großen Nationalversammlung.

Einen individuellen Grundrechtsschutz mittels Verfassungsbeschwerde gibt es indessen auch in Jugoslawien nicht; er obliegt vielmehr den ordentlichen Gerichten. Die Geltendmachung von Rechtsverletzungen vor ordentlichen Gerichten auf der Grundlage einer Generalklausel ist außerdem nur noch in Bulgarien und Rumänien möglich. Dort können die Gerichte im Verwaltungsverfahren nicht nur die Rechtsverletzung, sondern auch die Gesetzmäßigkeit des dem angefochtenen Verwaltungsakt zugrundeliegenden, von einem Exekutivorgan ergangenen Normativaktes prüfen und einen Verwaltungsakt aufheben[25].

Die allgemeine Aufsicht über die Beachtung der Gesetze und sonstige Normen durch Staatsorgane, gesellschaftliche Organisationen und Bürger und damit die Wahrung der »sozialistischen Gesetzlichkeit« ist in allen sozialistischen Staaten – mit Ausnahme Jugoslawiens – Sache der Staatsanwaltschaft, einer den Volksvertretungen bzw. deren Präsidialorganen verantwortlichen und rechenschaftspflichtigen, zentralistisch organisierten Behörde. Sie wird aus eigener Initiative oder auf Antrag des in seinen Rechten sich verletzt fühlenden Bürgers tätig.

[25] Eingehend Lothar Schultz, *Die gerichtliche Kontrolle von Verwaltungsakten in den sozialistischen Staaten*. In: Recht in Ost und West 18 (1974) 6, S. 241–248.

## Der »proletarisch-sozialistische Internationalismus«

In den Verfassungen aller sozialistischen Staaten finden sich Aussagen über die ihrer Außenpolitik zugrundeliegenden Prinzipien. Diese betreffen 1. die Beziehungen zu den sozialistischen Ländern, die auf dem Prinzip des »sozialistischen Internationalismus« und dem das Verhältnis der KPs untereinander bestimmenden Prinzip des »proletarischen Internationalismus« gründen; 2. die Beziehungen zu Staaten mit unterschiedlichen Gesellschaftsordnungen, für die das Prinzip der friedlichen Koexistenz gilt. Dem gemeinsamen Bekenntnis zum Internationalismus stehen indessen unterschiedliche Auffassungen über dessen Inhalt, Auslegung und Anwendung gegenüber.

Das Prinzip des »proletarischen Internationalismus« beinhaltete in der frühen Phase der sozialistischen Bewegung (Erste und Zweite Internationale) die brüderliche Solidarität der Arbeiter im Kampf um ihre ökonomische Emanzipation durch Eroberung der politischen Macht und die völlige Gleichberechtigung ihrer Parteien und ihrer sonstigen Organisationen. In der Dritten (kommunistischen) Internationale wurde es unter Hintanstellung der Weltrevolution zugunsten der sowjetischen Staatsräson im Sinne einer Verpflichtung der KPs zur selbstlosen Unterstützung des bolschewistischen Rußland bzw. der Sowjetunion angewandt, eine autonome Bestimmung der KPs über ihre Belange nicht zugelassen.

Nach dem Zweiten Weltkrieg wurde dieses Prinzip als »sozialistischer Internationalismus« auf das Verhältnis der sozialistischen Staaten untereinander und insbesondere zur Sowjetunion übertragen. Dieser »proletarisch-sozialistische Internationalismus« fordert von den KPs und kommunistischen Regierungen die Anerkennung der führenden Rolle der KPdSU im kommunistischen Weltsystem, die Nachahmung des sowjetischen Sozialismusmodells, Treue zur Sowjetunion und Unterstützung der sowjetischen Außenpolitik.

Wie sehr der Internationalismus auch weiterhin als eine den Interessen der UdSSR dienende Verhaltens- und Aktionskategorie sowjetischerseits interpretiert und angewandt wird, zeigen insbesondere die sowjetische militärische Intervention in der Tschechoslowakei vom August 1968 und die sie rechtfertigende sog. »Breschnew-Doktrin«. Diese besagt im Kern 1., daß sozialistische Staaten nur beschränkt souverän sind, und zwar nur insoweit, wie sie in Ausübung der Souveränität nicht gegen die

Interessen der »sozialistischen Staatengemeinschaft« verstoßen; 2., daß sozialistische Staaten ein nur beschränktes Selbstbestimmungsrecht haben; 3., daß jede KP für alle ihre Handlungen auch allen sozialistischen Ländern und der kommunistischen Weltbewegung gegenüber verantwortlich ist[26]. Zur »grundlegenden Komponente« des »proletarisch-sozialistischen Internationalismus« wurde, wie zu Zeiten Stalins und der Komintern, die »Solidarität mit der Sowjetunion und deren Unterstützung in der internationalen Arena« erhoben[27]. Zwar wurde das Prinzip des »proletarischen Internationalismus« auf der Ostberliner Konferenz von 29 europäischen KPs im Juni 1976 neu formuliert. Im gemeinsam verabschiedeten »Schlußdokument« verpflichteten sie sich, »ihre internationalistische, kameradschaftliche, freiwillige Zusammenarbeit und Solidarität auf der Grundlage der großen Ideen von Marx, Engels und Lenin [also nicht des Marxismus-Leninismus] bei strenger Wahrung der Gleichberechtigung und der souveränen Unabhängigkeit ..., der Nichteinmischung in die inneren Angelegenheiten, der Achtung der freien Wahl verschiedener Wege im Kampf um fortschrittliche gesellschaftliche Umgestaltungen und für den Sozialismus« zu entwickeln[28]. Indessen interpretierten es die KPdSU und die auf sie fixierten europäischen KPs schon bald danach wieder in seiner überkommenen Bedeutung – als Umschreibung für den sowjetischen Führungs- und Vorbildanspruch[29].

Die im Hegemonialbereich der Sowjetunion liegenden sozialistischen Staaten, mit Ausnahme Polens und Rumäniens, betrachten sich in ihren Verfassungen als »Teil« (Ungarn), »festes Glied« (ČSSR), »untrennbarer Bestandteil« (DDR) der von der Sowjetunion geführten »sozialistischen Staatengemeinschaft« oder bezeichnen, wie Bulgarien und ferner Kuba, ihre Zugehörigkeit zur »sozialistischen Staatengemeinschaft« als Voraussetzung für die Entwicklung des Sozialismus. Rumänien und Jugoslawien bekennen sich zwar zum »sozialistischen Internationalismus«, lehnen die sowjetische Interpretation aber ab; sie wollen ihn im Sinne gleichberechtigter Beziehungen auf der

[26] Vgl. S. Kowaljow in: Prawda v. 26. 9. 1968, und die Rede L. Breschnews auf dem V. Parteitag der polnischen Kommunisten, in: Prawda v. 13. 11. 1968.

[27] Vgl. A. Sovyetov in: International Affairs (Moskau) 1968, Nr. 11, S. 9; Näheres bei Robert K. Furtak, *Die Aktionskategorien der sowjetischen Außenpolitik im Lichte der Breschnew-Doktrin.* In: Aus Politik und Zeitgeschichte, B 39/70, S. 3–14.

[28] Neues Deutschland v. 1. 7. 1976.

[29] Siehe die Dokumentation in: Osteuropa 27 (1977) 4, S. A 191–A 208.

Grundlage der Grundsätze der friedlichen Koexistenz verstanden wissen, die eine Einmischung in die inneren Angelegenheiten, z. B. zwecks gemeinsamer Gewährleistung der sozialistischen Ordnung ausschließen. Die vietnamesische Verfassung enthält ein Bekenntnis zur Solidarität und Einheit der von der »großen« Sowjetunion geführten sozialistischen »Bruderländer«. Die VR China, Nord-Korea und die Mongolei verpflichten sich in ihren Verfassungen zur Beachtung des Prinzips des »proletarischen Internationalismus« – die beiden ersteren praktizieren ihn indessen im Sinne einer Gleichberechtigung der KPs. In der chinesischen Verfassung wird darüber hinaus der (sowjetische) »Sozialimperialismus« verurteilt.

Die Verbindlichkeit der sowjetischen Interpretation des »proletarisch-sozialistischen Internationalismus« ist also faktisch auf diejenigen Staaten reduziert, die in Reichweite sowjetischer Machtmittel liegen oder sie sich, wie Kuba und Vietnam, aus internationalistischer Dankbarkeit, Solidarität und Pflichterfüllung zu eigen machen. Die ungehinderte und ungestrafte Realisierung eines in den Inhalten und Methoden vom sowjetischen Modell abweichenden »nationalen« Sozialismus und die Verfolgung einer nationalen Interessen dienenden Außenpolitik ist damit aber auch nur insoweit möglich, wie die Sowjetunion dies hinzunehmen geneigt ist.

*Literatur*

Ahlberg, René: *Sozialismus zwischen Ideologie und Wirklichkeit. Die marxistische Systemkritik seit Leo Trotzki.* Stuttgart usw., Kohlhammer, 1979.

Beck, Carl, et al.: *Comparative Communist Political Leadership.* New York, Mc Kay, 1973.

Bertsch, Gary K. and Thomas W. Ganschow (eds.): *Comparative Communism. The Soviet, Chinese, and Yugoslav Models.* San Francisco, Freeman and Co., 1976.

Bethkenhagen, Jochen und Heinrich Machowski: *Integration im Rat für gegenseitige Wirtschaftshilfe. Entwicklung, Organisation, Erfolge und Grenzen.* Berlin, Berlin Verlag, 1976.

Beyme, Klaus von: *Ökonomie und Politik im Sozialismus. Ein Vergleich der Entwicklung in den sozialistischen Ländern.* München, Piper, 1975, 1977.

Böckenförde, Ernst-Wolfgang: *Die Rechtsauffassung im kommunistischen Staat.* München, Kösel, 1967.

Brown, Archie and Jack Gray (eds.): *Political Culture and Political Change in Communist States.* New York, Holmes and Meier, 1977.
Brzezinski, Zbigniew K.: *Der Sowjetblock. Einheit und Konflikt* (a. d. Engl.). Köln/Berlin, Kiepenheuer & Witsch, 1962.
Cohen, Lenard J. and Jane P. Shapiro (eds.): *Communist Systems in Comparative Perspective.* Garden City (N. Y.), Anchor Press, 1974.
Fejtö, François: *Die Geschichte der Volksdemokratien.* Bd. 1: *Die Ära Stalin 1945–1953;* Bd. 2: *Nach Stalin 1953–1972* (a. d. Franz.). Graz usw., Styria, 1972.
Gati, Charles (ed.): *The Politics of Modernization in Eastern Europe: Testing the Soviet Model.* New York usw., Praeger, 1974.
Gramatzki, Hans-Erich und Gudrun Lemân: *Arbeiterselbstverwaltung und Mitbestimmung in den Staaten Osteuropas.* Hannover, Fackelträger, 1977.
Hammond, Thomas T. and R. Barry Farrell (eds.): *The Anatomy of Communist Takeovers.* New Haven (Conn.)/London, Yale Univ. Press, 1975.
Hazard, John N.: *Communists and Their Law.* Chicago/London, Univ. of Chicago Press, 1969.
Ionescu, Ghiţa: *Die Zukunft des Kommunismus in Osteuropa* (a. d. Engl.). Frankfurt/Berlin, Ullstein, 1969.
Janos, Andrew C. (ed.): *Authoritarian Politics in Communist Europe. Uniformity and Diversity in One-Party States.* Berkeley (Cal.), Univ. of California, Institute of International Studies, 1976.
Jaroslawski, Jan: *Soziologie der kommunistischen Partei* (a. d. Poln.). Frankfurt a. M./New York, Campus, 1978.
Johnson, Chalmers (ed.): *Change in Communist Systems.* Stanford (Cal.), Stanford Univ. Press, 1970.
Kernig, Claus D. (Hrsg.): *Sowjetsystem und demokratische Gesellschaft. Eine vergleichende Enzyklopädie. 6 Bde.* Freiburg usw., Herder, 1966–1972.
Kuhlman, James A. (ed.): *The Foreign Policies of Eastern Europe. Domestic and International Determinants.* Leyden, Sijthoff, 1976.
Lammich, Siegfried: *Grundzüge des sozialistischen Parlamentarismus.* Baden-Baden, Nomos, 1977.
Leonhard, Wolfgang, *Die Dreispaltung des Marxismus. Ursprung und Entwicklung des Sowjetmarxismus, Maoismus und Reformkommunismus.* Düsseldorf/Wien, Econ, 1970.
Mesa-Lago, Carmelo and Carl Beck (eds.): *Comparative Socialist Systems. Essays on Politics and Economics.* Pittsburgh, Univ. of Pittsburgh, 1975.
Meyer, Gerd: *Sozialistische Systeme. Theorie- und Strukturanalyse. Ein Studienbuch.* Opladen, Leske und Budrich, 1979.

Remington, Robin Alison: *The Warsaw Pact. Case Studies in Communist Conflict Resolution.* Cambridge (Mass.), MIT Press, 1971.
Rush, Myron: *How Communist States Change their Rulers.* Ithaca usw., Cornell Univ. Press, 1974.
Schachnasarow, Georgij Ch.: *Die sozialistische Demokratie* (a. d. Russ.). Berlin (Ost), Staatsverlag der DDR, 1973.
Schroeder, Friedrich-Christian und Boris Meissner (Hrsg.): *Verfassungs- und Verwaltungsreformen in den sozialistischen Staaten.* Berlin, Dunker & Humblot, 1978.
Shapiro, Jane P. and Peter J. Potichnyj (eds.): *Change and Adaptation in Soviet and East European Politics.* New York usw., Praeger, 1976.
Šik, Ota: *Das kommunistische Machtsystem.* Hamburg, Hoffmann und Campe, 1976.
Simon, Jeffrey: *Comparative Communist Foreign Policy, 1965–1976.* Santa Monica (Cal.), The Rand Corporation, 1978.
Skilling, H. Gordon: *The Governments of Communist East Europe,* New York, Crowell, 1966.
*Sozialismus und Demokratie. Die Demokratie in Theorie und Praxis sozialistischer Länder.* Berlin (Ost), Staatsverlag der DDR, 1977.
Stojanović, Svetozar: *Geschichte und Parteibewußtsein. Auf der Suche nach der Demokratie im Sozialismus* (a. d. Serbo-Kroat.). München/Wien, Hanser, 1978.
Topornin, Boris N.: *Das politische System des Sozialismus* (a. d. Russ.). Berlin (Ost), Staatsverlag der DDR, 1974.
Triska, Jan F. and Paul M. Cocks (eds.): *Political Development in Eastern Europe.* New York/London, Praeger, 1977.
Volgyes, Ivan (ed.): *Political Socialization in Eastern Europe. A Comparative Framework.* New York usw., Praeger, 1975.

# Sozialistische Volksrepublik Albanien

## Konstitutive Merkmale des politischen Systems

Die Sozialistische Volksrepublik Albanien bezeichnet sich in ihrer Verfassung vom 28. Dezember 1976[1] als »Staat der Diktatur des Proletariats« (Art. 2 Abs. 1). Der Klassenkampf wird als Instrument zur Transformation der weitgehend noch tradierten Werten verhafteten Gesellschaft eingesetzt. Die Führung von Staat und Gesellschaft liegt, auch verfassungsmäßig, in der Hand der marxistisch-leninistischen Partei der Arbeit Albaniens (PAA). Die Vertretungsorgane – Volksversammlung und Volksräte – wirken auf der Grundlage der jeweiligen Parteidirektiven. Zugleich haben sie und die anderen Staatsorgane – in Anlehnung an das chinesische Konzept der »Massenlinie« – Kontakt mit den Bürgern zu halten, sie an ihren Entscheidungen zu beteiligen und ihnen gegenüber Rechenschaft abzulegen. Staatsorgane, gesellschaftliche Einrichtungen und jeder einzelne Bürger unterliegen einem engmaschigen Netz wechselseitiger Kontrollen.

Seinem Selbstverständnis nach ist Albanien in die Phase des »vollständigen Aufbaus der sozialistischen Gesellschaft« eingetreten (Präambel zur Verf.). Die weitere Entwicklung ist u. a. durch den Abbau der Unterschiede zwischen Stadt und Land und zwischen körperlicher und geistiger Arbeit gekennzeichnet. Maßnahmen hierzu sind die Minimierung der Einkommensunterschiede in den einzelnen Beschäftigungssektoren und zwischen Arbeitern und Führungskräften, die Heranziehung der Angestellten in Verwaltung und Justiz zur Arbeit in der unmittelbaren Produktion und die allmähliche Verstaatlichung der kollektivierten Landwirtschaft. Der »Aufbau des Sozialismus« soll, unter Pflege des Partisanenmythos, weitestmöglich im Vertrauen auf die eigenen Kräfte erfolgen. Die Vergabe von Konzessionen an Ausländer, die Beteiligung ausländischen Kapitals an Wirtschaftsunternehmen sowie die Annahme von Krediten aus kapitalistischen und »revisionistischen« Ländern – unter die letzteren fällt gegenwärtig auch China – wird von der Verfassung untersagt. Als einziger sozialistischer Staat verbietet Albanien jegliche Religionsausübung.

[1] Deutsche Übersetzung in: Osteuropa 27 (1977) 9, S. A 530–A 546.

## Die kommunistische Machtübernahme

Die albanischen Kommunisten gelangten im Gefolge des siegreichen Aufstands gegen die italienische und – seit September 1943 – deutsche Okkupation, mit Hilfe jugoslawischer Partisanen, aber ohne sowjetische Unterstützung an die Macht. Im Oktober 1944 konstituierte sich das von Kommunisten dominierte Antifaschistische Nationale Befreiungskomitee unter Enver Hoxha als Provisorische Demokratische Regierung Albaniens. Ende November 1944, als die letzten deutschen Truppen Albanien verließen, befand sich das Land unter der Kontrolle der Kommunisten; die antikommunistische Nationale Front wurde ausgeschaltet. Bei den Wahlen zur Verfassunggebenden Versammlung vom Dezember 1945 errang die aus der Nationalen Befreiungsfront hervorgegangene Demokratische Front rd. 93 Prozent der Stimmen. Am 11. Januar 1946 wurde Albanien zur »Volksrepublik« proklamiert. Die Verfassung (»Statut«) vom 14. März 1946 orientierte sich weitgehend an derjenigen der Sowjetunion und Jugoslawiens, das zeitweilig Truppen in Albanien stationiert hatte und dessen KP die albanische bevormundete. Im Juli 1950 wurde die führende Rolle der PAA verfassungsrechtlich verankert.

## Die marxistisch-leninistische Partei

Die albanische KP wurde – nach mehreren vergeblichen Ansätzen in den 20er Jahren – im November 1941 mit jugoslawischer Hilfe im Untergrund gegründet. Auf ihrem I. Parteitag im November 1948 gab sie sich die Bezeichnung PAA. Sie bekennt sich zu den Lehren nicht nur von Marx, Engels und Lenin, sondern auch von Stalin. Zur Zeit des VII. Parteitags im November 1976 zählte sie (einschließlich der Kandidaten) 101 500 Mitglieder – rd. 4 Prozent der Gesamtbevölkerung[2].

Die Grundlage der Parteipyramide bilden rd. 2 000 Basisorganisationen in Betrieben, Behörden, Instituten, Städten und Dörfern. Die Masse der Parteimitglieder weist eine als ungenügend empfundene Schulbildung auf. Lokale Parteifunktionäre neigen – in der Tradition des Clanwesens stehend – dazu, Machtpositionen auszubauen. Dem soll durch verstärkte Kritik seitens der

[2] Ebd., S. A 547.

Parteibasis begegnet werden. Das satzungsmäßig höchste Organ ist der Parteitag. Er tritt alle fünf Jahre zusammen. Zwischen den Parteitagen nimmt diese Position das ZK ein (1976: 77 Vollmitglieder und 38 Kandidaten). De facto konzentriert sich alle Macht beim Politbüro und beim Sekretariat der PAA. Das im November 1976 gewählte Politbüro zählt zwölf Vollmitglieder, darunter den Ersten Sekretär des ZK – seit 1941 Enver Hoxha, der es durch wiederholte Säuberungen des Partei- und Staatsapparats und der Streitkräfte verstanden hat, seine Macht zu sichern – sowie den Vorsitzenden des Ministerrats, Mehmet Shehu, und fünf Kandidaten.

Innerhalb der kommunistischen Weltbewegung verfolgt die PAA nach dem Bruch mit der KPdSU 1961 und nach der in der Distanzierung von den Lehren Maos im Herbst 1978 kulminierenden Abkehr von der KPCh einen völlig eigenständigen Kurs; einer Isolierung begegnet sie durch Pflege von Kontakten zu als genuin marxistisch-leninistisch sich bezeichnenden, ehemals an der KPCh orientierten Parteien und Splittergruppen, die in der PAA ein die »reine« Lehre verkörperndes Zentrum des Weltkommunismus erblicken. Grundlage der gemeinsamen Position ist der Kampf gegen den »modernen Revisionismus« (die sowjetische Konzeption vom »Staat des ganzen Volkes«, den jugoslawischen Selbstverwaltungssozialismus, den »eurokommunistischen« Verzicht auf die Diktatur des Proletariats) und den »Imperialismus« (der USA und der Sowjetunion).

## Gesellschaftliche Organisationen

Zu den gesellschaftlichen Organisationen zählen die Gewerkschaftsverbände (der Industriearbeiter; der Beschäftigten in Behörden, im Erziehungs- und Gesundheitswesen; der Arbeiter in Staatsgütern), die Genossenschaften, der Bund der Werktätigen Jugend Albaniens, der Verband albanischer Frauen, Sportorganisationen sowie kulturelle, wissenschaftliche und technische Vereinigungen. Sie sind in der Albanischen Demokratischen Front zusammengefaßt.

Die Organisationen dienen insbesondere der Mobilisierung der Bürger für die von der PAA gesetzten Ziele, der Einpflanzung von im Marxismus-Leninismus (albanischer Observanz) wurzelnden Überzeugungen und Verhaltensweisen und der Stärkung der Verteidigungsbereitschaft. Die Gewerkschaften unter ihnen sorgen für Planerfüllung, Produktivitätssteigerung, Einhaltung der Arbeitsnormen, Verbesserung der Arbeitsdisziplin und für die Anhebung des Ausbildungsniveaus; moralische Arbeitsanreize haben den Vorrang vor materiellen Stimuli. Ihnen steht als Überwachungsorgan die inner- und außerbetrieblich wirkende »Arbeiterkontrolle« zur Seite.

## Volksvertretung, Staatsoberhaupt, Regierung

Die Volksversammlung zählt 250 Mitglieder. Sie werden für die Dauer von vier Jahren in Wahlkreisen mit gleicher Einwohnerzahl in allgemeiner, gleicher, direkter und geheimer Wahl bestimmt. Aktiv und passiv wahlberechtigt sind Bürger mit Vollendung des 18. Lebensjahres. Die Abgeordneten werden von den Massenorganisationen nominiert und in Ein-Mann-Wahlkreisen über eine Einheitsliste der Demokratischen Front mit absoluter Mehrheit der Stimmberechtigten gewählt; bei den Wahlen vom November 1978 erhielt sie 100 Prozent der Stimmen.

Die Volksversammlung wird in der Verfassung als das »höchste Organ der Staatsmacht, Träger der Souveränität des Volkes und des Staates und das alleinige Gesetzgebungsorgan« bezeichnet (Art. 66). In dieser Eigenschaft legt sie – allerdings im Einklang mit der Generallinie der PAA und den Parteidirektiven – die »Hauptrichtungen« der Innen- und Außenpolitik fest; sie billigt und ändert die Verfassung sowie Gesetze, entscheidet selbst über die Verfassungsmäßigkeit von Gesetzen und interpretiert sie, verabschiedet den Wirtschaftsplan und den Haushalt und ratifiziert internationale Verträge »von besonderer Bedeutung« (Art. 67). Im Rahmen ihrer Kreationsfunktion wählt und entläßt sie das Präsidium der Volksversammlung, den Ministerrat, die Richter am Obersten Gericht und den Generalstaatsanwalt sowie dessen Stellvertreter. Diese Organe sind ihr gegenüber verantwortlich und rechenschaftspflichtig. Ständige Kommissionen beraten Gesetzesvorlagen, die von einzelnen Abgeordneten, vom Präsidium und vom Ministerrat initiiert werden können, und kontrollieren die Tätigkeit staatlicher Organe.

Die Volksvertretung tritt lediglich zweimal im Jahr als Plenum zusammen. Zwischen den Sessionen wird ein Teil ihrer Aufgaben stellvertretend von ihrem ständigen Organ, dem Präsidium wahrgenommen, dessen Mitglieder von der Volksversammlung aus ihrer Mitte gewählt werden. Zu diesen Aufgaben gehören: der Erlaß von Dekreten mit Gesetzescharakter, die der Volksversammlung auf deren nächsten Session lediglich zur (formalen) Billigung vorgelegt zu werden brauchen; die Auslegung von Gesetzen; die Kontrolle der staatlichen Organe; die Ernennung und Entlassung der stellvertretenden Ministerratsvorsitzenden und von Ministern – auf Vorschlag des Vorsitzenden des Ministerrats –, von Mitgliedern des Obersten Gerichts und von stellvertretenden Generalstaatsanwälten. Das Präsidium schließt, ratifiziert und kündigt ferner internationale Verträge, soweit dies nicht der Volksversammlung vorbehalten ist; es lenkt und kontrolliert die Tätigkeit der Volksräte, kann Volksräte auflösen und deren Neuwahl verfügen; gesetzwidrige Akte des Ministerrats, der Volksräte und der Exekutivkomitees setzt es außer Kraft. Das Präsidium ist formal der Volksversammlung gegenüber verantwortlich und rechenschaftspflichtig. Der Vorsitzende des Präsidiums ist nominelles Staatsoberhaupt.

Höchstes Exekutivorgan ist der aus dem Vorsitzenden, stellvertretenden Vorsitzenden und Ministern bestehende Ministerrat (Regierung). Er wird von der Volksversammlung, in der Regel aus den Reihen ihrer Mitglieder, gebildet. Zu seinen Kompetenzen gehören: die Durchführung der Innen- und Außenpolitik, der Abschluß internationaler Abkommen, die Ausarbeitung des Wirtschaftsplans und die Aufstellung des Haushalts sowie deren Ausführung. Er leitet und überwacht die Tätigkeit der Ministerien und der örtlichen Verwaltungsorgane, hebt deren gesetz- und ordnungswidrigen Akte auf und setzt inkonforme Beschlüsse der Volksräte aus – über deren Außerkraftsetzung entscheiden der übergeordnete Volksrat oder das Präsidium der Volksversammlung. Die einzelnen Minister lenken auf der Grundlage von Gesetzen, Dekreten, Verordnungen, Direktiven und Empfehlungen die ihnen nachgeordneten wirtschaftlichen, sozialen und kulturellen Einrichtungen und überwachen sie; in ihr Ressort fallende gesetz- und ordnungswidrige Beschlüsse von Exekutivkomitees der Volksräte setzen sie aus und legen sie zur Entscheidung über eine Außerkraftsetzung dem Ministerrat vor.

Die Durchführung der dem Ministerrat obliegenden Aufgaben wird von dessen Vorstand kontrolliert, dem der Vorsitzende des Ministerrats – seit 1954 Mehmet Schehu – und seine

Stellvertreter angehören. Die Minister tragen die Einzelverantwortung für ihr Ressort sowie die kollektive Verantwortung für die Tätigkeit des Ministerrats.

## Die örtlichen Organe

Vertretungsorgane in den Distrikten, Regionen und Städten und Dörfern sind die Volksräte. Sie werden auf die Dauer von drei Jahren direkt gewählt und leiten, unter Anpassung der lokalen Belange an die gesamtstaatlichen Interessen, die wirtschaftlichen, soziokulturellen, justiziellen und sicherheitspolitischen Angelegenheiten in der jeweiligen territorialen Verwaltungseinheit. Die Mitglieder der Volksräte sind verpflichtet, einen engen Kontakt zu ihren Wählern zu unterhalten und ihnen über ihre Tätigkeit Rechenschaft abzulegen und die Einhaltung der »sozialistischen Gesetzlichkeit« durch staatliche Stellen, Unternehmen und landwirtschaftliche Genossenschaften zu überwachen. Ihrerseits unterliegen sie einer rigorosen Kontrolle von oben; die Volksräte einer höheren Verwaltungsstufe überwachen die Tätigkeit nachgeordneter Volksräte, können deren gesetz- und ordnungswidrige Akte außer Kraft setzen, sie auflösen und Neuwahlen ansetzen.

Die von den Volksräten gewählten Exekutivkomitees sind nicht nur deren ausführende Organe, sondern sie nehmen zwischen den Sessionen der Volksräte auch diejenigen ihrer Aufgaben wahr, die diesen nicht ausdrücklich vorbehalten sind. Gemäß dem Grundsatz der »doppelten Unterstellung« unterliegt ein Exekutivkomitee der Kontrolle seitens des Volksrats der gleichen und des Exekutivkomitees der nächsthöheren Verwaltungsstufe. Letzteres kann nicht nur die gesetz- und ordnungswidrigen Akte des nachgeordneten Exekutivkomitees außer Kraft setzen, sondern auch jene eines unteren Volksrats suspendieren.

## Rechtsprechung und Staatsanwaltschaft

Organe der Gerichtsbarkeit sind das Oberste Gericht, Distriktgerichte, Dorf- und Stadtteilgerichte. Die aus einem Hilfsrichter und zwei »gesellschaftlichen Aktivisten« bestehenden Dorf- und Stadtteilgerichte entscheiden in Bagatellsachen. Distriktgerichte, die mit ordentlichen Richtern und Hilfsrichtern besetzt sind, sind Gerichte zweiter Instanz gegenüber den Dorf- und Stadtteilgerichten sowie Gerichte erster Instanz in Strafsachen, mit Ausnahme von Kapitalverbrechen. Für diese ist das Oberste Gericht zuständig, zu dessen weiteren Kompetenzen die Leitung und Kontrolle aller nachgeordneten Gerichte gehört. Gerichtsverhandlungen finden häufig in den Arbeitszentren der Dörfer statt, womit zwecks Vorbeugung und – angesichts fortwirkender traditionaler Rechtsauffassungen – Erziehung die Teilnahme vieler Bürger ermöglicht werden soll.

Die Richter des Obersten Gerichts werden von der Volksversammlung bzw. von deren Präsidium, alle anderen Richter von den Volksräten gewählt; sie sind diesen Organen sowie der »Arbeiterkontrolle« gegenüber verantwortlich und rechenschaftspflichtig. Die Richter sind gehalten, ihren Entscheidungen die Parteilinie zugrundezulegen bzw. die Gesetze in deren Sinne auszulegen. Ihre Unabhängigkeit ist auf die Urteilsfindung beschränkt. Bei einem aufgehobenen Urteil sind sie zur Selbstkritik verpflichtet. Das Justizministerium ist 1966 abgeschafft worden.

Die Staatsanwaltschaft besteht aus dem Generalstaatsanwalt und dessen Stellvertretern, die von der Volksversammlung ernannt werden, sowie den von deren Präsidium ernannten Staatsanwälten. In Entsprechung zum Hilfsrichter gibt es außerdem Dorfstaatsanwälte. Die Staatsanwaltschaft hat die Aufgabe, die Einhaltung der Gesetze durch alle zentralen und örtlichen Staatsorgane, Wirtschaftsunternehmen, Institutionen und Organisationen, Amtspersonen und Bürger zu überwachen. Sie ist berechtigt, von den betreffenden Organen die Außerkraftsetzung oder Änderung ungesetzlicher Akte zu verlangen oder sie, falls sie diesem Verlangen nicht fristgemäß nachkommen, zu suspendieren. Der Generalstaatsanwalt ist verpflichtet, die Volksversammlung bzw. deren Präsidium auf Gesetze und Dekrete, die nicht verfassungskonform sind, den Ministerrat auf Anordnungen und Beschlüsse, die mit den Gesetzen nicht in Einklang stehen, aufmerksam zu machen. Auch die Staatsanwälte sind zur öffentlichen Rechenschaftslegung und Selbstkritik verpflichtet.

## Außenpolitik und Landesverteidigung

Die albanische Außenpolitik weist vier Phasen auf. Bis Juni 1948 waren Albaniens Außenbeziehungen an den Interessen Jugoslawiens orientiert: beide Länder waren durch eine Zollunion verbunden, ihre Wirtschaftspläne aufeinander abgestimmt; die albanischen Streitkräfte wurden von jugoslawischen Beratern kontrolliert. Der Ausschluß Jugoslawiens aus dem Kominform im Juni 1948 bot Albanien zwar die Gelegenheit, die jugoslawische Dominanz abzuschütteln, es geriet jedoch in eine politische, militärische und wirtschaftliche Abhängigkeit von der Sowjetunion. Sie erwies Albanien Wirtschaftshilfe, wollte ihm aber im Rahmen des RGW, dem Albanien im Februar 1949 beitrat, nur den Status eines Rohstofflieferanten zuweisen. Im Mai 1955 wurde Albanien Mitbegründer des Warschauer Pakts.

Die von Chruschtschow betriebene »Entstalinisierung« und die hierdurch ermöglichte Normalisierung des sowjetisch-jugoslawischen Verhältnisses im Juni 1955/Juni 1956 ließen bei den albanischen Führern Befürchtungen im Hinblick auf die Wahrung ihrer Machtstellung aufkommen und Bindungen an China suchen, das nach wie vor den jugoslawischen Selbstverwaltungssozialismus verurteilte und in zunehmenden Gegensatz zur Sowjetunion geriet. Auf der kommunistischen Weltkonferenz in Moskau vom November 1960 attackierte Hoxha die sowjetische Führung und verließ vorzeitig die Konferenz. Im April 1961 stellte die Sowjetunion ihre Wirtschaftshilfe ein, im Juni 1961 räumte sie ihre albanischen Flottenstützpunkte. Im Oktober 1961, auf dem XXII. Parteitag der KPdSU, führte Chruschtschow scharfe Angriffe gegen die PAA, die zu diesem Kongreß nicht eingeladen worden war; im Dezember 1961 brach die UdSSR die diplomatischen Beziehungen zu Albanien ab.

Albanien lehnte sich auf der Grundlage der gemeinsamen Frontstellung gegen den sowjetischen und jugoslawischen »Revisionismus« eng an China an, von dem es massive Wirtschafts- und technische Hilfe erhielt und dessen Kulturrevolution es nachahmte. Im September 1968 kündigte Albanien seine Mitgliedschaft im Warschauer Pakt; die Mitarbeit im RGW hat es eingestellt. Das Verhältnis zu Jugoslawien verbesserte sich unter dem Eindruck der sowjetischen Intervention in der Tschechoslowakei; im Februar 1971 tauschten beide Länder wieder Botschafter aus. Die albanischerseits als diskriminierend empfundene jugoslawische Politik gegenüber den in der benachbarten jugoslawischen Autonomen Provinz Kosowo lebenden Albanern – sie werden als Teil der albanischen Nation reklamiert –, der jugoslawische Selbstverwaltungssozialismus und die von Albanien verurteilte jugoslawische Politik der Blockfreiheit belasten jedoch nach wie vor das beiderseitige Verhältnis.

1969, als China begann, seine Politik einer selbstgewählten außenpolitischen Isolierung schrittweise aufzugeben, traten erste Anzeichen einer Entfremdung zwischen Albanien und China zutage; mit der Annäherung zwischen China und den USA 1971/72 vertieften sich die Differenzen; nach dem Tode Maos im September 1976 – die Albaner ergriffen Partei für die »Viererbande« – und im Gefolge der Normalisierung der chinesisch-jugoslawischen Beziehungen verschlechterte sich das sino-albanische Verhältnis weiter. Im Juli 1977 kritisierten die Albaner die chinesische »Drei-Welten-Theorie«, weil sie den Klassenkampf leugne; ein Jahr darauf gab die chinesische Regierung die Einstellung der Wirtschafts- und Militärhilfe und den Abzug von chinesischen Experten bekannt. China ist aus albanischer Sicht in das Lager des Revisionismus abgeglitten; ihn ebenso zu bekämpfen wie den Imperialismus hat sich Albanien in der Präambel seiner Verfassung zur Pflicht gemacht. Der Bruch mit China hatte jedoch bislang keine Annäherung an die Sowjetunion zur Folge.

Auf der Grundlage des in der Verfassung verankerten Bekenntnisses zur friedlichen Koexistenz – neben demjenigen zum proletarischen Internationalismus – intensiviert Albanien seine Beziehungen zu einigen kapitalistischen Ländern. 1971 hat es diplomatische Beziehungen zu Griechenland aufgenommen, nachdem dieses seinen Anspruch auf den Albanien zugehörenden Nordepirus aufgegeben hatte; es sucht engeren Kontakt zu den skandinavischen und Benelux-Ländern, Frankreich, der Schweiz und Österreich. Von Großbritannien fordert es die Herausgabe des Kronschatzes, von der Bundesrepublik Deutschland Reparationszahlungen. An der KSZE hat Albanien als einziges europäisches Land nicht teilgenommen.

Die Streitkräfte Albaniens bestehen aus der 41 000 Mann starken Volksarmee, den 13 000 Mann zählenden Sicherheitstruppen des Innenministeriums und Grenztruppen[3]; hinzu kommen die Einheiten der »Volksselbstverteidigung«. Die Streitkräfte

[3] *The Military Balance 1978–1979.* London 1978, S. 29.

stehen unter Führung der PAA; die Lenkung, Organisierung und Mobilisierung aller Kräfte für die Landesverteidigung ist Aufgabe des Verteidigungsrats. Vorsitzender des Verteidigungsrats und Oberbefehlshaber der Streitkräfte ist der Erste Sekretär des ZK der PAA.

Die Verfassung verbietet die Errichtung ausländischer Militärstützpunkte, die Stationierung fremder Truppen und die Kapitulation.

*Literatur*


Italiaander, Rolf (Hrsg.): *Albanien – Vorposten Chinas.* München, Delp'sche Verlagsbuchhandlung, 1970.

Kessle, Gun und Jan Myrdal: *Die albanische Herausforderung* (a. d. Schwed.). Frankfurt a. M., März, 1971.

Lange, Klaus: *Grundzüge der albanischen Politik. Versuch einer Theorie politischer Kontinuität von den Anfängen der albanischen Nationalbewegung bis heute.* München, Trofenik, 1973.

Lorenz, Lothar (Hrsg.): *Volksrepublik Albanien. Lese- und Arbeitsbuch über den Sozialismus in Albanien.* Gießen, Achenbach, 1974.

Marmullaku, Ramadan: *Albania and the Albanians.* London, Hurst, 1975.

Prifti, Peter R.: *Socialist Albania since 1944. Domestic and Foreign Developments.* Cambridge (Mass.)/London, MIT Press, 1978.

Russ, Wolfgang: *Der Entwicklungsweg Albaniens.* Meisenheim, Hain, 1979.

## Volksrepublik Bulgarien

### Konstitutive Merkmale des politischen Systems

Gemäß seiner von der Volksversammlung am 8. Mai 1971 verabschiedeten und am 16. Mai 1971 in einer Volksabstimmung angenommenen Verfassung[1] versteht sich Bulgarien als »sozialistischer Staat der Werktätigen in Stadt und Land mit der Arbeiterklasse an der Spitze« (Art. 1 Abs. 1). Die Verfassung proklamiert die Errichtung der »entwickelten sozialistischen Gesellschaft« und verankert, ebenfalls in Art. 1, die führende Stellung der Bulgarischen Kommunistischen Partei (BKP) in Gesellschaft und Staat. Dieser befindet sich dem Parteiprogramm von 1971 zufolge im Übergang vom Staat der Diktatur des Proletariats zum Volksstaat. Formal hat Bulgarien ein Zwei-Parteien-System: neben der BKP wirkt, obwohl sich diese seit 1978 als »Partei des ganzen Volkes« bezeichnet, noch der Bulgarische Volksbund der Landwirte. Leitende Prinzipien des politischen Systems sind nach Art. 5 der Verfassung: die Volkssouveränität, die Gewalteneinheit, der demokratische Zentralismus, die sozialistische Demokratie, die Gesetzlichkeit und der sozialistische Internationalismus.

### Die kommunistische Machtübernahme

Die Weichen für die Alleinherrschaft der kommunistischen Partei wurden am 9. September 1944 gestellt, als eine Regierung der Vaterländischen Front – einer von der Bulgarischen Arbeiterpartei (Kommunisten) dominierten antifaschistischen Koalition – die Macht übernahm. Kurz zuvor hatte die Sowjetunion Bulgarien den Krieg erklärt, und sowjetische Truppen waren in das Land einmarschiert. Partner der Kommunisten waren die linken Flügel der Agrar-Union und der Sozialdemokratischen Partei, die Radikale Partei sowie die Zweno-Gruppe. Durch die Übernahme des Innen- und Justizministeriums erlangten die Kommunisten im Hinblick auf die Auseinandersetzung mit oppositionellen (prodeutschen und/oder antikommunistischen) politi-

[1] Deutsche Übersetzung in: Jahrbuch des öffentlichen Rechts der Gegenwart N.F. 22 (1973), S. 233–248.

schen Kräften Schlüsselpositionen. Der Beamtenapparat und die Armee wurden von »bürgerlichen« Elementen gesäubert. Am 15. September 1946 wurde aufgrund einer Volksabstimmung die Monarchie abgeschafft und Bulgarien zur »Volksrepublik« proklamiert.

Bei den manipulierten Wahlen zur Nationalversammlung vom 27. Oktober 1946 erhielt die von der BKP kontrollierte Vaterländische Front 78 Prozent der Stimmen. In der aus den Wahlen hervorgegangenen Regierung übernahm Georgi Dimitrow – von 1935 bis 1943 Generalsekretär der Komintern – das Amt des Ministerpräsidenten. Am 4. Dezember 1947 erhielt Bulgarien eine weitgehend am sowjetischen Vorbild sich orientierende Verfassung. Mit ihr wurde die »antifaschistische« Phase des Herrschaftssystems von der durch den Übergang vom kapitalistischen zum sozialistischen Gemeinwesen gekennzeichneten, als Variante der »Diktatur des Proletariats« begriffenen »volksdemokratischen« Phase abgelöst. Die Koalitionsparteien wurden aufgelöst (Zweno), fusionierten mit der BKP (Sozialdemokraten) oder wurden unter formaler Beteiligung an der Regierung in die Rolle von Transmissionsriemen der Kommunisten abgedrängt (Agrar-Union). Oppositionellen Politikern und aus der Widerstandsbewegung hervorgegangenen »nationalen Kommunisten« wurde von den aus dem Moskauer Exil heimgekehrten Kommunisten, die in der Partei die Oberhand gewonnen hatten, der Prozeß gemacht. Der Führer der Agrarier, Nikola Petkow, und der Führer des »nationalen« Flügels der BKP, Traitscho Kostow, wurden hingerichtet.

## Die marxistisch-leninistische Partei

Die BKP ist aus den »engen Sozialisten«, dem linken Flügel der 1891 gegründeten Bulgarischen Sozialdemokratischen Arbeiterpartei hervorgegangen; er spaltete sich 1903 von ihr ab und nahm 1919 die Bezeichnung BKP an. 1978 erfaßte sie mit 817000 Mitgliedern rd. 9 Prozent der Bevölkerung[2].

Die BKP ist an der Basis nach dem Produktionsprinzip organisiert – in Gestalt von Grundorganisationen in Industrie- und Dienstleistungsbetrieben, landwirtschaftlichen Genossenschaften, Verwaltungs-, Bildungs-, kulturellen und wissenschaftli-

[2] *Volksrepublik Bulgarien. Staat, Demokratie, Leitung (Dokumente).* Berlin (Ost), 1979, S. 16.

chen Einrichtungen; darüber nach dem Territorialprinzip – parallel zum Staatsaufbau auf kommunaler, Bezirks- und nationaler Ebene. Auf letzterer sind ihre Organe der Parteitag, das ZK (1976: 147 Vollmitglieder, 110 Kandidaten) mit dem von diesem gewählten Politbüro (Juli 1978: 11 Vollmitglieder und 4 Kandidaten) und dem Sekretariat, als den obersten Entscheidungs- und Exekutivorganen. Erster Sekretär der ZK ist seit 1954 Todor Schiwkow.

Innerhalb der kommunistischen Weltbewegung unterstützt die BKP, wie sich insbesondere auch auf der Konferenz der kommunistischen und Arbeiterparteien Europas vom Juni 1976 in Ostberlin zeigte, vorbehaltlos den ideologischen und politischen Kurs der KPdSU. Vom »linken« und »rechten« Revisionismus (der KP Chinas und der »Eurokommunisten«) setzt sie sich durch scharfe Kritik ab.

## Blockpartei und gesellschaftliche Organisationen

Zweite Partei – neben der BKP – ist der Bulgarische Volksbund der Landwirte; er ist aus der bereits 1899 gegründeten Bauernpartei hervorgegangen. Er zählt rd. 120000 Mitglieder, von denen rd. 100000 Genossenschaftsbauern und Landarbeiter sind[3]. Seine Funktion besteht im wesentlichen darin, das in Bulgarien noch sehr starke bäuerliche Element für die von der BKP gesetzten Ziele zu mobilisieren; nach Art. 1 Abs. 3 der Verfassung arbeitet er »brüderlich« mit ihr zusammen.

Der Anspruch der BKP, die Interessen der gesamten Gesellschaft zu vertreten, läßt die organisierte Vertretung partikularer Interessen darüber hinaus nur beschränkt zu. Die gesellschaftlichen Organisationen: Gewerkschaften, Zentraler Genossenschaftsverband, Dimitrowscher Kommunistischer Jugendverband, Nationales Friedenskomitee u.a.m. haben vor allem für die Ausführung der von der BKP getroffenen Entscheidungen zu sorgen: die Gewerkschaften z.B. haben die Erfüllung der Wirtschaftspläne zu überwachen, den »sozialistischen Wettbewerb« zu organisieren, die Anwendung technologischer Erkenntnisse im Produktionsprozeß zu stimulieren. Daneben nehmen sie, wie auch der Zentrale Genossenschaftsverband, soziale Belange ihrer Mitglieder wahr. Im Zeichen der »sozialisti-

[3] Ebd., S. 28.

schen Demokratie« sollen die gesellschaftlichen Organisationen immer mehr staatliche Gestaltungsaufgaben wahrnehmen. Die Übertragung solcher Aufgaben erfolgt durch Beschluß der Volksversammlung.

Einzelinteressen haben eher die Chance, sich informell innerhalb der BKP zu artikulieren und durchzusetzen, die keine monolithische Einheit, sondern verschiedene Gruppierungen aufweist. Diese gehen z.T. noch auf die vor der Machtergreifung bestehende Spaltung in Kommunisten »nationaler« und »Moskauer« Observanz zurück, z.T. resultieren sie aus verschiedenen Auffassungen über den jeweils einzuschlagenden wirtschafts- und kulturpolitischen Kurs.

BKP und gesellschaftliche Organisationen haben das Ziel, die Bevölkerung unter Assimilierung nationaler Minderheiten, v.a. der Türken, zu einer »bulgarischen sozialistischen Nation« zu integrieren. Die BKP sucht bei den Bauern stärker Wurzel zu fassen, da die Landwirtschaft, trotz einer hohen Industrialisierungsrate, immer noch das ökonomische Rückgrat Bulgariens ist.

Die gesellschaftlichen Organisationen sind korporativ, einzelne Bürger individuell in der Vaterländischen Front zusammengefaßt. Mit gegenwärtig fast 4 Millionen Mitgliedern[4] ist sie die umfassende Organisation zur Mobilisierung der Bürger für die Realisierung der »entwickelten sozialistischen Gesellschaft«. Zu ihren Aufgaben gehört insbesondere auch die Aufstellung der Kandidaten für die Wahlen zu den Volksvertretungen, die Durchführung der Wahlen, die Initiierung der Abberufung von Volksvertretern, von Volksbefragungen und von Diskussionen von Gesetzesentwürfen und die Einrichtung von Kameradschaftsgerichten.

## Volksvertretung, Staatsoberhaupt, Regierung

Die Volksversammlung ist das nationale Vertretungsorgan. Ihre 400 Mitglieder werden alle fünf Jahre in Wahlkreisen mit gleicher Einwohnerzahl gewählt. Aktiv und passiv wahlberechtigt sind die Bürger mit Vollendung des 18. Lebensjahres. Kandidaten können entweder von einem Fünftel der Wähler eines Wahlkreises, oder von den Parteien und gesellschaftlichen Organisa-

[4] Ebd., S. 29.

tionen nominiert werden. Wahlberechtigte und Organisationen können Kandidaten auch gemeinsam im Rahmen der Vaterländischen Front aufstellen. Ist letzteres der Fall, und das ist die Regel, so kann kein weiterer Kandidat mehr aufgestellt werden. Für jeden Wahlkreis gibt es praktisch nur einen Kandidaten, obwohl rechtlich die Nominierung mehrerer möglich ist. Die Nominierung bedeutet damit so gut wie sichere Wahl. Die Kandidaten werden über Einheitslisten der Vaterländischen Front gewählt – dem Volksbund der Landwirte werden 100 (25 Prozent) der Sitze zugeteilt; 28 (7 Prozent) entfallen auf »Parteilose« (darunter befinden sich u. a. Mitglieder des Jugendverbandes.) Die Abgeordneten sind den Wählern gegenüber verantwortlich, rechenschaftspflichtig und abberufbar. Die Abberufung kann von einem Fünftel der Wähler des Wahlkreises oder von den Parteien bzw. Organisationen initiiert werden; sie darf nicht aufgrund lokaler Interessen erfolgen.

Die Volksversammlung tritt mindestens dreimal im Jahr zu Sessionen zusammen. Die Verfassung weist ihr u. a. folgende Kompetenzen zu: die Verfassung- und Gesetzgebung; die Leitung der Innen- und Außenpolitik; die Verabschiedung des Wirtschafts- und Haushaltsplans; Kriegserklärung und Friedensschluß; die Ratifizierung und Kündigung internationaler Verträge; die Wahl und Abwahl des Staatsrats und des Ministerrats, der Richter des Obersten Gerichts und des Obersten Staatsanwalts; die Bestimmung der Aufgaben von Staatsrat, Ministerrat, Volksräten, Gerichten und Staatsanwaltschaft; die Kontrolle über die Staatsorgane, die Einhaltung von Verfassung und Gesetzen und über die formale und materielle Verfassungskonformität von Gesetzen. Hierbei wird sie von ständigen und zeitweiligen Ausschüssen unterstützt, die für ihre Tätigkeit dem Plenum gegenüber verantwortlich und rechenschaftspflichtig sind.

Wichtige Aufgaben der Volksversammlung werden allerdings weitgehend von deren permanent tätigem Organ, dem Staatsrat, wahrgenommen. Er besteht aus dem Vorsitzenden, dem Ersten Stellvertretenden Vorsitzenden, weiteren Stellvertretern, Mitgliedern und dem Sekretär, die aus der Mitte der Volksversammlung gewählt werden. Der Staatsrat ist ihr gegenüber (formal) verantwortlich und rechenschaftspflichtig. Er verkörpert die Einheit von gesetzgebender und vollziehender Tätigkeit. Zwischen den Sessionen der Volksversammlung liegt die Leitung der Innen- und Außenpolitik in seiner Hand; er zieht faktisch die Gesetzgebung an sich, dadurch daß er Dekrete zu »grundsätzlichen Fragen« (Verf., Art. 94 Ziff. 2) erläßt und bestehende Gesetze durch Dekrete verändern oder ergänzen kann – die Dekrete braucht er der Volksversammlung auf deren nächsten Session lediglich zur Bestätigung vorzulegen. Er kontrolliert die Arbeit des Ministerrats, ernennt und entläßt auf Vorschlag des Vorsitzenden des Ministerrats einzelne Mitglieder dieses Organs, was ebenso wie die Ernennung und Entlassung des Oberbefehlshabers der Streitkräfte nur der Bestätigung seitens der Volksversammlung bedarf. In originärer Zuständigkeit hat der Staatsrat u. a. das Recht der Gesetzesinitiative – außer den Ständigen Ausschüssen und einem Fünftel der Mitglieder der Volksversammlung, dem Ministerrat, dem Obersten Gericht, dem Obersten Staatsanwalt sowie den Leitungsorganen des Gewerkschafts- und Jugendverbandes und der Vaterländischen Front; er ist berechtigt, Gesetze und Dekrete verbindlich auszulegen, rechtswidrige oder fehlerhafte Akte des Ministerrats, der Volksräte und der örtlichen Verwaltungsorgane aufzuheben; er kontrolliert den Ministerrat sowie die Minister und Leiter zentraler Behörden und wacht über die Einhaltung von Gesetzen und Dekreten.

In seiner Eigenschaft als kollegiales Staatsoberhaupt vertritt der Staatsrat den bulgarischen Staat nach außen. Die Akkreditierung ausländischer diplomatischer Vertreter obliegt dem Vorsitzenden des Staatsrats, der innerhalb des Kollegialorgans insofern eine herausragende Stellung innehat, als er die Arbeit des Staatsrats »organisiert und leitet« (Verf., Art. 96 Abs. 1 Ziff. 1). Diese Position gewinnt noch dadurch an Bedeutung, daß der Erste Sekretär der BKP, Todor Schiwkow, in Personalunion den Staatsratsvorsitz innehat. Kompetenzen und personelle Besetzung machen den Staatsrat somit zum entscheidenden staatlichen Machtorgan.

Der Ministerrat besteht aus dem Vorsitzenden, dessen Ersten Stellvertreter und weiteren Stellvertretern, Ministern und Vorsitzenden staatlicher Komitees im Ministerrang. Die Regierungsbildung durch die Volksversammlung beschränkt sich de facto auf eine Bestätigung der von den höchsten Parteiorganen getroffenen Personalentscheidungen. Zwischen ihren Sessionen kann die Zusammensetzung des Ministerrats vom Staatsrat verändert werden. Dem Ministerrat obliegt der Vollzug der Innen- und Außenpolitik; er trägt die Verantwortung für die Durchführung des von ihm entworfenen und von der Volksversammlung verabschiedeten Volkswirtschaftsplans und Haushalts; gewährleistet die innere und äußere Sicherheit des Landes. Als Kontrollorgan hebt er rechtswidrige oder fehlerhafte Akte einzelner Minister und der örtlichen Exekutivkomitees auf. Seine Tätigkeit wird von den Kommissionen der Volksversammlung und insbesondere vom Staatsrat überwacht.

## Die örtlichen Organe

Bulgarien ist als Einheitsstaat organisiert. Unterhalb der nationalen Ebene ist es administrativ in Bezirke sowie Stadt- und Landgemeinden gegliedert; große Städte sind in Rayons unterteilt. Mehrere Gemeinden sind zwecks einer rationellen wirtschaftlichen Entwicklung und einer Verbesserung der Infrastruktur zu Siedlungssystemen zusammengefaßt.

Die örtliche Durchführung gesamtstaatlicher und die Wahrnehmung lokaler Angelegenheiten obliegt Volksräten und deren Exekutivkomitees. Die für zweieinhalb Jahre gewählten Volksräte gelten als Organe der Staatsgewalt und als Organe der gesellschaftlichen Selbstverwaltung. Die Mitglieder der Volksräte müssen sich bei ihrer Tätigkeit einerseits an den gesamtstaatlichen Interessen orientieren, andererseits in deren Rahmen die Weisungen ihrer Wähler beachten. Sie sind den Wählern gegenüber verantwortlich und rechenschaftspflichtig und seitens der Wähler abberufbar. Die Bezirksvolksräte treten wenigstens viermal im Jahr, die Gemeindevolksräte einmal im Monat zusammen. Zur Unterstützung ihrer Tätigkeit werden ständige Kommissionen gebildet, in denen auch Bürger mitwirken können, die nicht Mitglied eines Volksrates sind. Wichtige Angelegenheiten müssen von den Gemeindevolksräten den Bürgern zur Beratung vorgelegt werden.

Die Arbeit der Volksräte und ihrer Organe wird vom Staatsrat, diejenige der Exekutivkomitees auch vom Ministerrat geleitet und koordiniert. Niedere Volksräte unterliegen der Rechts- und Fachaufsicht eines übergeordneten Volksrats, Exekutivkomitees derjenigen des Volksrats der gleichen und der höheren Verwaltungsstufe. Der Staatsrat ist berechtigt, gesetzwidrige oder fehlerhafte Rechtsakte und sonstige Handlungen der Volksräte und ihrer Exekutivkomitees aufzuheben; der Ministerrat kann solche Akte der Volksräte aussetzen, der Exekutivkomitees aufheben; das Exekutivkomitee eines höheren Volksrats solche Akte eines nachgeordneten Volksrats aussetzen, eines nachgeordneten Exekutivkomitees aufheben.

## Rechtsprechung und Staatsanwaltschaft

Die ordentliche Gerichtsbarkeit ist dreistufig gegliedert: Oberstes Gericht, Bezirksgerichte und Rayongerichte. Die Richter und Volksbeisitzer am Obersten Gericht werden von der Volksversammlung, diejenigen der Bezirksgerichte von den entsprechenden Volksräten, alle übrigen unmittelbar von den Bürgern gewählt und sind abberufbar. Das Oberste Gericht sorgt für eine einheitliche Anwendung der Gesetze und kontrolliert die Tätigkeit sämtlicher Gerichte insbesondere mittels der Kassation rechtskräftiger Urteile; die Gerichte sind gehalten, bei der Rechtsprechung nicht nur die Gesetze anzuwenden, sondern sich auch an das Programm und die Beschlüsse der Partei zu halten. Das Oberste Gericht ist der Volksversammlung, zwischen deren Sessionen dem Staatsrat verantwortlich und rechenschaftspflichtig.

Kameradschaftsgerichte – als Organe der außergerichtlichen Rechtspflege – entscheiden über geringfügige Verstöße gegen Strafgesetze sowie über Geldstreitigkeiten zwischen Bürgern. Ihre Organisation und Leitung obliegt der Vaterländischen Front.

Die Staatsanwaltschaft besteht aus dem Obersten Staatsanwalt, der von der Volksversammlung für eine Amtszeit von fünf Jahren gewählt wird und ihr bzw. dem Staatsrat gegenüber verantwortlich und rechenschaftspflichtig ist, sowie aus den von ihm ernannten Staatsanwälten der Bezirke und Rayons. Der Staatsanwaltschaft obliegt außer der Strafverfolgung die Aufsicht über die Einhaltung der Gesetze durch alle Staatsorgane, gesellschaftlichen Organisationen, Amtsinhaber und Bürger. Bürger, die sich in ihren Rechten verletzt betrachten, können dies in Form einer Eingabe bei der Staatsanwaltschaft geltend machen. Die Staatsanwaltschaft hat die Aufhebung einer als rechtswidrig festgestellten Maßnahme zu verlangen.

Soweit dies vom Gesetz nicht ausdrücklich ausgeschlossen ist, können Bürger Verwaltungsakte auch vor einem ordentlichen Gericht anfechten. Das Gericht kann einen als rechtswidrig festgestellten Verwaltungsakt aufheben. Über die Zweckmäßigkeit eines von einem Bürger angefochtenen Verwaltungsaktes entscheidet das übergeordnete Verwaltungsorgan.

Ministerien, Verwaltungsbehörden, Volksräte und wirtschaftliche Unternehmen werden ferner von Komitees der »Staats- und Volkskontrolle« beaufsichtigt – gemeinsamen Organen von Partei und Staat unter Mitwirkung von Vertretern gesellschaftlicher Organisationen. Sie kontrollieren die Einhaltung von Gesetzen und sonstiger Rechtsakte sowie von Parteidirektiven und sind dem ZK der BKP gegenüber rechenschaftspflichtig.

## Außenpolitik und Landesverteidigung

Die bulgarische Außenpolitik orientiert sich an derjenigen der Sowjetunion. Das Bündnis, die Freundschaft und die Zusammenarbeit mit der Sowjetunion, der »sozialistische Internationalismus« im Sinne einer Unterordnung der nationalen Belange unter diejenigen der Sowjetunion sind konstitutionelle Norm. Die als »Annäherung« etikettierte Pflege besonders enger Beziehungen zur Sowjetunion auf ideologischem, politischem, wirtschaftlichem, militärischem und kulturellem Gebiet ist nicht nur historisch begründet – Rußland hat Bulgarien von der türkischen Herrschaft befreit –, sondern auch von ehrgeizigen wirtschaftlichen Eigeninteressen motiviert. Die verfassungsmäßig verankerte Zugehörigkeit zur »sozialistischen Weltgemeinschaft« betrachtet Bulgarien als Garantie seiner Unabhängigkeit. Es bekennt sich zur »sozialistischen Arbeitsteilung« im Rahmen des RGW, wobei es vorbehaltlos die sowjetischen Integrationsbestrebungen unterstützt.

Abwechselnd mehr oder minder gespannt sind wegen der »mazedonischen Frage« die Beziehungen zum Nachbarland Jugoslawien. Im Friedensvertrag von San Stefano von 1879 war Mazedonien dem Fürstentum Bulgarien zugeschlagen, im Ergebnis des Balkankriegs von 1912/13 aber geteilt worden. Während die Mazedonier innerhalb des jugoslawischen Staatsverbands in einer eigenen föderativen Republik organisiert sind und eine eigene Nationalität haben, betrachtet Bulgarien die auf seinem Staatsgebiet lebenden Mazedonier als Bulgaren und verweigert ihnen damit den jugoslawischerseits geforderten Status einer nationalen Minderheit. Von beiden Seiten ist die Absicht bekundet worden, das Verhältnis durch eine Erklärung über die Unverletzlichkeit der Grenze zu entspannen.

Die Beziehungen zu Griechenland waren lange Jahre belastet

durch die bulgarische Weigerung, Reparationszahlungen zu leisten, sowie durch die Unterstützung der Kommunisten im griechischen Bürgerkrieg. Nach der Aufnahme diplomatischer Beziehungen 1964 besserte sich das Verhältnis. Den griechischen Initiativen zugunsten einer multilateralen Zusammenarbeit auf dem Balkan steht Bulgarien, obwohl es an der Balkankonferenz vom Januar/Februar 1976 in Athen teilnahm, reserviert gegenüber. Es befürwortet statt dessen eine verstärkte bilaterale Kooperation, vor allem auf wirtschaftlichem Gebiet, wie sie sich z.B. im Bau eines bulgarisch-rumänischen Donaukraftwerks niedergeschlagen hat.

Bulgarien ist Gründungsmitglied des Warschauer Pakts. Zur Landesverteidigung unterhält es reguläre Streitkräfte in Stärke von 150000 Mann; hinzu kommen 15 000 Mann Grenztruppen, 12000 Mann Sicherheitstruppen und die rd. 150000 Angehörige zählende Volksmiliz[5]. Der vormilitärischen Ausbildung dient für 16–18jährige Schüler die Teilnahme am »militärisch-technischen Unterricht« und »Feldunterricht«. Die Organisierung der Landesverteidigung obliegt dem Staatlichen Verteidigungskomitee, dessen Mitglieder vom Staatsrat ernannt und entlassen werden.

*Literatur*

Brown, James F.: *Bulgaria under Communist Rule 1953–1969.* New York usw., Praeger, 1970.

Dellin, L. A. D. (ed.): *Bulgaria.* New York, Praeger, 1957.

Oren, Nissan: *Revolution Administered. Agrarianism and Communism in Bulgaria.* Baltimore (Md.), Johns Hopkins Press, 1973.

Siegert, Heinz: *Bulgarien heute. Rotes Land am Schwarzen Meer.* Wien/Düsseldorf, Econ, 1964.

[5] *The Military Balance 1978–1979.* London 1978, S. 13.

## Konstitutive Merkmale des politischen Systems

Die Volksrepublik China (VR China) bezeichnet sich in Art. 1 ihrer – seit der Staatsgründung – dritten Verfassung vom 5. März 1978[1] als »sozialistischer Staat der Diktatur des Proletariats, der von der Arbeiterklasse geführt wird und auf dem Bündnis der Arbeiter und Bauern beruht«. Das Bündnis der Arbeiter und Bauern ist seinerseits Grundlage einer umfassenden Einheitsfront, die, der Verfassungspräambel zufolge, auch Intellektuelle und andere Werktätige, die »patriotischen demokratischen Parteien«, die Chinesen in Taiwan, Hongkong und Macao sowie die »Auslandschinesen« einschließt. Die »Vorhut« der Arbeiterklasse und zugleich der »führende Kern des ganzen chinesischen Volkes« ist gemäß Art. 2 Abs. 1 die Kommunistische Partei Chinas (KPCh). Art. 56 verpflichtet alle Bürger, die »Führung durch die KP Chinas« zu unterstützen.

Alle staatliche Tätigkeit orientiert sich am Marxismus-Leninismus sowie an den »Mao Tse-tung-Ideen« (Art. 2 Abs. 2), womit – implizit und in einigen Bestimmungen explizit – auch einige der von Mao formulierten kulturrevolutionären Theoreme Richtschnur des Handelns von Staat und Bürgern sind. Der Staat gewährleistet laut Art. 14 Abs. 1 der Verfassung die »führende Stellung« des Marxismus-Leninismus und der Mao Tse-tung-Ideen in allen Bereichen von Ideologie und Kultur. In deren Rahmen sollen sich allerdings gemäß der bereits 1956 aufgestellten, jedoch nur kurz praktizierten Devise »Laßt hundert Blumen blühen, laßt hundert Schulen miteinander wetteifern« Kunst und Wissenschaft entfalten können. Die Mitarbeiter der Staatsorgane sind zum »gewissenhaften Studium« des Marxismus-Leninismus und der Mao Tse-tung-Ideen und gleichzeitig zur Erweiterung der Fachkenntnisse, ferner zur Arbeit in der Produktion verpflichtet; sie müssen die politischen Richtlinien korrekt durchführen, gleichzeitig aber auch die »Wahrheit in den Tatsachen suchen« und sich der Kontrolle durch die Massen unterziehen (Verf., Art. 16). Für die Zusammensetzung der Führungsgremien der Staatsorgane gilt das

[1] Deutsche Übersetzung in: Peking Rundschau 15 (1978) 11, S. 5–15.

»Prinzip der Dreierverbindung« von Älteren, Angehörigen der mittleren Generation und Jüngeren.

Nach der Beendigung der »Großen Proletarischen Kulturrevolution« ist die VR China – der Verfassungspräambel nach – in eine Entwicklungsphase eingetreten, in der sie sich folgende Aufgaben stellt: Entfaltung des Klassenkampfes, des Produktionskampfes und des wissenschaftlichen Experimentierens, sowie – bis zum Ende dieses Jahrhunderts – die Modernisierung Chinas auf dem Gebiet der Landwirtschaft, der Industrie, der Landesverteidigung und der Wissenschaft und Technik (sog. »Vier Modernisierungen«).

Ungeachtet der auf dem Staatsgebiet der VR China siedelnden 60 nationalen Minderheiten ist diese als Einheitsstaat organisiert. Die nationalen Minderheiten haben lediglich begrenzte Selbstverwaltungsrechte. Ihre Territorien gelten als unabtrennbare Bestandteile der VR China.

### Die kommunistische Machtübernahme

Die Machtergreifung durch die marxistisch-leninistische KPCh ist das Ergebnis eines »antifeudalistischen« revolutionären Krieges gegen die Regierung Chiang Kai-sheks und eines »antiimperialistischen« Befreiungskriegs gegen die Japaner. Theoretische Grundlage des revolutionären Kampfes war Maos Lehre von der »neuen Demokratie«, derzufolge 1. sich die KP im nationalen Befreiungskampf – der Vorstufe der Revolution – auf alle patriotisch gesinnten Klassen: Arbeiter, Bauern, Kleinbürgertum und »nationale«, d.h. für die Befreiung von imperialistischer Abhängigkeit eintretende Bourgeoisie stützen müßte; nach der 2. die marxistisch-leninistische Partei bereits in dieser Phase die führende Kraft innerhalb dieses Bündnisses sein müßte.

Dem Bürgerkrieg gegen Chiang Kai-shek war auf Betreiben der Komintern eine kurze Phase der Zusammenarbeit zwischen der im Juli 1921 gegründeten KPCh und der von Sun Yat-sen 1912 gegründeten Nationalen Volkspartei, der Kuomintang, vorangegangen. Nach dem Bruch zwischen Kuomintang und KP 1927 und mißlungenen Versuchen, in Städten Aufstände zu initiieren, zog sich die KP, der revolutionären Strategie Maos folgend, auf das Land zurück und rief 1931 in der Provinz Kiangsi die Chinesische Sowjetrepublik aus. Dem militärischen Druck Chiang Kai-sheks weichend, führte Mao seine Truppen auf dem verlustreichen sog. »Langen Marsch« vom Oktober 1934 bis Oktober 1935 in die Provinz Schensi und schlug sein Hauptquartier im dortigen Yenan auf. 1934 übernahm er den Parteivorsitz. Nach dem Ausbruch des chinesisch-japanischen Krieges 1937 vereinbarten KPCh und Nationalregierung, die Invasoren gemeinsam zu bekämpfen, andererseits kam es zu keinen abgestimmten Aktionen. Den Kommunisten gelang es im Zuge ihrer Operationen, ihren Einflußbereich zu erweitern. Durch Aufteilung des Großgrundbesitzes in den von ihnen kontrollierten Gebieten gewannen sie die Sympathie der Bauern und von Teilen des Bürgertums durch ihren entschiedenen Abwehrkampf gegen die Japaner. Nach der Kapitulation Japans entbrannte von neuem der Bürgerkrieg. Nachdem der Versuch des US-Generals George C. Marshall zur Bildung einer Koalitionsregierung zwischen Kuomintang und KPCh im Jahre 1947 gescheitert war, schlugen die Kommunisten in einer groß angelegten Offensive die demoralisierten Streitkräfte Chiang Kaisheks, der sich mit Teilen seiner Truppen und des Verwaltungsapparats nach Taiwan absetzte.

Auf Initiative und unter Kontrolle der Kommunisten wurde als Leitungsorgan einer Einheitsfront die »Politische Konsultativkonferenz des Chinesischen Volkes« ins Leben gerufen, deren Delegierte die KPCh, acht kleine, zur Mitarbeit mit den Kommunisten bereite nichtkommunistische Parteien, Massenorganisationen sowie die Volksbefreiungsarmee (VBA) vertraten. Sie setzte eine zentrale Regierung unter dem Vorsitz Mao Tse-tungs ein, der am 1. Oktober 1949 die Volksrepublik China proklamierte.

Seine theoretische Grundlegung fand der neue Staat in Maos Schrift *Über die Neue Demokratie* und seiner Rede *Über die Koalitionsregierung*. Ihnen zufolge hatte in China mit der Machtergreifung der Kommunisten erst die »nationale bürgerlich-demokratische Revolution« gesiegt, erst aus dieser sollte sich die »proletarisch-sozialistische Revolution« entwickeln. Rechtliche Grundlage war das von der Politischen Konsultativkonferenz am 29. September 1949 angenommene verfassungsvertretende *Gemeinsame Programm*, in dem die VR China zu einem Staat einer volksdemokratischen Diktatur unter der Führung der Arbeiterklasse erklärt wurde.

Am 20. September 1954 verabschiedete der I. Nationale Volkskongreß die erste Verfassung der VR China. Mao Tsetung wurde zum Vorsitzenden (Staatsoberhaupt) gewählt.

Die KPCh zählte zum Zeitpunkt des XI. Parteitags vom August 1977 über 35 Millionen Mitglieder – das waren rd. 3,7 Prozent der auf etwa 950 Millionen zu veranschlagenden Bevölkerungszahl. Etwa die Hälfte der Parteimitglieder ist seit der Kulturrevolution, allein sieben Millionen sind seit dem X. Parteitag von 1973 aufgenommen worden[2].

Die Aufnahme in die Partei erfolgt über die Grundorganisationen (je nach Zahl der Parteimitglieder »Zellen«, »Hauptzellen«, »Komitees der Grundeinheiten«) in Fabriken, Volkskommunen, Handelsunternehmen, staatlichen Dienststellen, Lehranstalten, Wohnbezirken, Kompanien der VBA (Produktionsprinzip). Bei der Prüfung des Antrags sind die »Massen innerhalb und außerhalb der Partei weitestgehend anzuhören« (Art. 3 Abs. 1 des Statuts von 1977). Der Aufnahme als Vollmitglied geht eine einjährige Probezeit voraus, die bis zu einem weiteren Jahr verlängert werden kann. Oberhalb der Basis folgt die Organisationsstruktur der KPCh – mit Ausnahme des Parteiaufbaus in der VBA – der staatlichen Verwaltungsgliederung (Territorialprinzip).

Formal höchste Führungsorgane sind der satzungsgemäß alle fünf Jahre einzuberufende Landesparteitag und in der Zwischenzeit das ZK, dessen Beschlüssen und Weisungen die gesamte Partei untergeordnet ist. Die Delegierten sind – ebenso wie diejenigen der Parteitage auf den nachgeordneten Organisationsebenen – »in geheimer Abstimmung nach demokratischer Konsultation« unter Beachtung des »Prinzips der Dreierverbindung« von Älteren, Mittelaltrigen und Jüngeren zu wählen (Statut, Art. 9). Das von den rd. 1500 Delegierten des XI. Parteitags gewählte ZK zählt 201 Vollmitglieder und 132 Kandidaten. Zwischen den ZK-Plena nehmen dessen Befugnisse das Politbüro und der Ständige Ausschuß wahr.

Das vom ZK im August 1977 (formal) gewählte Politbüro besteht aus 23 Vollmitgliedern und drei Kandidaten. (Im Dezember 1978 wurde es erweitert.) Es beruht in seiner Zusammensetzung auf einer Balance zwischen Zivilisten und Militärs, Partei und Regierung sowie Zentrale und Provinzen. Hierdurch sollten offensichtlich die durch die Kulturrevolution, Maos Tod und die Auseinandersetzung mit der um Maos Witwe Chiang

[2] Peking Rundschau 14 (1977) 36, S. 37.

Ching gescharten sog. »Viererbande« hervorgerufenen innerparteilichen Richtungskämpfe und Erschütterungen aufgefangen und der im Zeichen der »Vier Modernisierungen« stehende innen- und außenpolitische Kurs abgesichert werden. Ebenso wie das Politbüro ist auch das ZK personell mit Inhabern von Schlüsselpositionen in Regierung, Provinzverwaltung und Streitkräften verflochten.

Faktisches Entscheidungsorgan der KPCh ist der Ständige Ausschuß des Politbüros, dem der Vorsitzende des ZK, seit dem 7. Oktober 1976 Maos Erster Stellvertreter Hua Guofeng (Hua Kuo-feng), und dessen vier Stellvertreter, unter ihnen Deng Xiaoping (Teng Hsiao-ping) angehören[3].

Die KPCh ist nach dem Prinzip des demokratischen Zentralismus organisiert – mit der Maßgabe, daß jedem Parteimitglied das Recht zusteht, seine Meinung auch nach Beschlußfassung aufrechtzuerhalten und auf Parteiversammlungen zur Diskussion zu stellen. Weitere, aus dem »Zwei-Linien-Prinzip« abgeleitete Organisations- und Aktionsmaximen der Partei sind: die »Drei Ja« und die »Drei Nein« – Praktizierung des Marxismus und nicht des Revisionismus, Einigkeit und nicht Sektierer- und Spaltertum, Offenheit sowie Ehrlichkeit und nicht Ränkespiel und verschwörerische Tätigkeit. Ferner die dem Arbeits- und Führungsstil zugrundeliegende »Massenlinie«. Hiernach soll die Partei die Meinungen, Wünsche und Bedürfnisse der Massen eruieren und analysieren, hierauf die Entscheidung fällen und die Massen durch Bewußtseinsbildung, Erziehungs- und Überzeugungsarbeit so beeinflussen, daß sie den Parteiwillen als ihren eigenen begreifend verwirklichen; Kritik und Selbstkritik sollen die »richtige« Lösung finden helfen, einer bürokratischen Abkapselung der Partei von den Massen entgegenwirken und dem Mißbrauch von Positionen vorbeugen.

Die KPCh hält nach wie vor an der Diktatur des Proletariats als Herrschaftsinstrument in einer als lange während aufgefaßten Geschichtsperiode fest, in der es Klassen, Klassenwidersprüche und Klassenkämpfe gibt und Phasen der »Flut«, wie diejenige der Kulturrevolution, mit solchen der »Ebbe« abwechseln.

Das Verhältnis der KPCh zur KPdSU ist durch in unterschiedlicher Denktradition und Revolutionserfahrung wurzelnde Meinungsverschiedenheiten, insbesondere auch über die

[3] Nach der am 1. Januar 1979 offiziell eingeführten Pinyin-Umschrift – in Klammer die frühere Schreibweise.

»richtige« Auslegung und Anwendung der Lehren von Marx, Engels, Lenin und Stalin geprägt. Augenfällig wurden die Meinungsverschiedenheiten erstmals 1956 durch die von Chruschtschow eingeleitete »Entstalinisierung« und die Erhebung der Konzeption der friedlichen Koexistenz zur Leitlinie der sowjetischen Außenpolitik gegenüber den kapitalistischen Ländern, insbesondere den USA. Verschärft wurden sie durch den seitens der KPCh 1958 verkündeten »Großen Sprung nach vorn« auf dem Weg zum Kommunismus, der sich in der Errichtung der Volkskommunen niederschlug, womit der sowjetische Vorbild- und Vorsprunganspruch in Frage gestellt wurde; ferner durch die These Chruschtschows, daß sich die UdSSR von einem Staat der Diktatur des Proletariats in einen »Volksstaat« und die KPdSU von einer Klassenpartei in eine »Partei des ganzen Volkes« gewandelt hätten, was chinesischerseits als Abfall in den Revisionismus verurteilt wurde.

Die im April 1960 von der KPCh begonnene, zunächst indirekte Polemik gegen die KPdSU mündete in die Ablehnung des Führungsanspruchs der KPdSU und die Brandmarkung der Sowjetunion als einer »sozialimperialistischen« Macht.

Nach dem Bruch mit der KPdSU gelang es der KPCh, eine Reihe mitgliederschwacher, häufig das Zusatzetikett »Marxisten-Leninisten« tragender KPs und Gruppierungen um sich zu scharen. Nach der von den albanischen Kommunisten 1978 vollzogenen Distanzierung und dem Sturz der kambodschanischen kommunistischen Regierung unter Pol Pot Anfang 1979 ist jedoch keine der regierenden KPs mehr an der KPCh orientiert.

## Massen- und sonstige Organisationen

Entsprechend dem Grundsatz der »Massenlinie« sind die Massenorganisationen in China nicht ausschließlich ein der Partei untergeordnetes Instrumentarium zur Umsetzung des Parteiwillens, sondern als Bündnispartner konzipiert, die von der Partei in den von ihr gesteuerten Willensbildungsprozeß einbezogen werden. Die Massenorganisationen sind ebenso wie die Volksvertretungsorgane, die Straßen- und Einwohnerkomitees in den Städten, Produktionsmannschaften in den Volkskommunen Quelle der Meinungsbildung, Resonanzboden der Parteiarbeit und Instrument zur Mobilisierung der Bevölkerung für die Ziele der Partei.

Während der Kulturrevolution waren die Massenorganisationen aufgelöst oder ihrer Funktion entkleidet und durch sich spontan bildende, stark politisierte »Rote Garden« aus Schülern und Studenten sowie »revolutionäre Rebellen« (jüngere Arbeiter) und später durch die »drei großen Versammlungen« der Arbeiter, Bauern und Rotgardisten ersetzt worden. Erst parallel zum und partiell nach dem Wiederaufbau der Partei wurden die Massenorganisationen reorganisiert und ihnen die früheren Funktionen wieder übertragen.

Die Massenorganisationen stehen unter der »absoluten Führung« der KPCh (Art. 14 Abs. 1 des Parteistatuts von 1977). »Leitungsgruppen« der KPCh sorgen für eine enge Verbindung von Partei und den in den Massenorganisationen zusammengefaßten Bürgern und für deren Kontrolle. Innerorganisatorisch und in Bezug zur Partei gilt der Grundsatz des demokratischen Zentralismus.

Zu den Massen- und sonstigen gesellschaftlichen Organisationen zählen u. a.: der Gewerkschaftsbund, die Kommunistische Jugendliga, der Frauenbund, die Bauernvereinigungen, die Volksmiliz; Organisationen mit fachlich begrenzten Aufgaben im Bereich der Wirtschaft, der Wissenschaft, des Sports, der Kultur, der Religion; Organisationen mit zwischenstaatlichen Aufgaben; die aus der Zeit der »Einheitsfront« überkommenen, nichtkommunistischen Parteien. Die Gewerkschaften, die im Oktober 1978 zum ersten Mal nach zwanzig Jahren wieder einen Kongreß veranstalteten, sollen nach der Wiederherstellung der Ein-Mann-Leitung in den Unternehmen (mit der die Leitung durch ein Revolutionskomitee abgelöst worden ist) bei der Wahl des unteren und mittleren Managements mitwirken, bürokratische Erscheinungen bekämpfen, aber auch für die Verbesserung der Arbeitsmoral Sorge tragen. Mit dem in Art. 45 der Verfassung verankerten Streikrecht haben die Arbeiter allerdings kein wirtschaftliches Instrument zur Hand, nicht die Möglichkeit, die Arbeit zwecks Verfolgung materieller Forderungen niederzulegen; es ist vielmehr als politisches Instrument konzipiert, als Möglichkeit zur Kritik, z. B. an einem bürokratischen Verhalten des Managements. Solcherart »Streikrecht« ist im engen Zusammenhang mit der in Art. 57 der Verfassung verankerten Pflicht zur Achtung des öffentlichen Eigentums und zur Arbeitsdisziplin zu sehen.

Die 1949 gegründete, seit 1964 nicht tagende Politische Konsultativkonferenz zur Integration, Mobilisierung, aber auch

Kontrolle der nichtkommunistischen, aber unter der Führung der KP zur Mitarbeit am Aufbau des Sozialismus als einer nationalen Aufgabe bereiten Bevölkerungsteile ist im Februar 1978 reaktiviert worden. Sie ist die Dachorganisation einer Art Einheitsfront, der Mitglieder nichtkommunistischer Parteien, Vertreter nationaler Minderheiten und Religionsgemeinschaften, Auslandschinesen und »umerzogene« Angehörige der Bourgeoisie angehören. Leitungsorgan ist das Landeskomitee mit Deng Xiaoping als Vorsitzenden. Durch ihn sowie vier weitere Mitglieder des Politbüros der KPCh als stellvertretende Vorsitzende ist für eine enge Verbindung von Partei und Konsultativkonferenz gesorgt.

Die in Art. 45 der Verfassung garantierte Meinungs-, Versammlungs- und Koalitionsfreiheit erlaubt keine außerhalb der Lenkung und Kontrolle durch Partei und Staatsorgane liegenden Aktivitäten. Die im Herbst 1978 aufkeimende und geduldete, in Demonstrationen und Wandzeitungen sich äußernde Kritik an Aspekten der sozialistischen Staats- und Gesellschaftsordnung, an der Diktatur des Proletariats, insbesondere auch an Menschenrechtsverletzungen, ist Ende März 1979 auf administrativem Wege wieder unterbunden, die »Allianz für Menschenrechte« verboten worden.

## Volksvertretung, Staatsoberhaupt, Regierung

Gesamtnationales Vertretungs- und formal höchstes staatliches Machtorgan ist der Nationale Volkskongreß (NVK). Er wird nicht unmittelbar vom Volk, sondern von den Volkskongressen der Provinzen, autonomen Gebiete, regierungsunmittelbaren Städte und von der VBA nach »demokratischen Beratungen« in geheimer Abstimmung gewählt (Verf., Art. 21 Abs. 1). Von den rd. 3500 Abgeordneten des im Februar 1978 zusammengetretenen V. Nationalen Volkskongresses waren – nach offiziellen Angaben – 26,7 Prozent Arbeiter, 20,6 Prozent Bauern, 14,4 Prozent Angehörige der VBA, 13,4 Prozent »revolutionäre Kader«, 15,0 Prozent Intellektuelle, 8,9 Prozent »Patrioten« und 1 Prozent zurückgekehrte Auslandschinesen[4]. Die Delegierten unterliegen der Kontrolle durch die sie wählenden Gremien und können von diesen »jederzeit« abberufen werden. (Verf.,

[4] Vgl. O. Weggel, in: China aktuell, Institut für Asienkunde Hamburg, Juni 1978, S. 344.

Art. 29). Hierbei handelt es sich jedoch um kein direkt-demokratisches imperatives Mandat.

Der NVK konstituiert sich für einen Zeitraum von fünf Jahren; die Legislaturperiode kann allerdings verlängert oder verkürzt werden. Der Verfassung nach tritt er einmal im Jahr zu einer Tagung zusammen, jedoch kann hiervon abgewichen werden – in der Vergangenheit sind sowohl der Fünf-Jahres-Turnus als auch die grundsätzlich vorgesehene Tagungsfrequenz vorübergehend nicht eingehalten worden.

Unter die verfassungsmäßigen Kompetenzen des NVK fallen: die Verfassung- und Gesetzgebung, die Kontrolle über die Einhaltung der Verfassung und über die Gesetzesausführung; die Ernennung des Ministerpräsidenten des Staatsrats (Regierungschefs) und der Staatsratsmitglieder – des ersteren auf Vorschlag des ZK der KPCh, der letzteren auf Vorschlag des Ministerpräsidenten – und deren Amtsenthebung; die Wahl und Amtsenthebung des Präsidenten des Obersten Volksgerichts und des Generalstaatsanwalts; die Bestätigung des Wirtschafts- und Haushaltsplans, die Genehmigung der Grenzziehung bei Provinzen, autonomen Gebieten und regierungsunmittelbaren Städten; die Entscheidung über Krieg und Frieden. Wie alle Staatsorgane steht auch der NVK unter der »absoluten Führung« der KPCh (Statut, Art. 14 Abs. 1), deren Beschlüssen er – durch Akklamation – staatsrechtliche Geltung verleiht. Schon in Anbetracht der seltenen Tagungen und seiner Größe ist der NVK kaum arbeitsfähig, die Wirksamkeit des Rechts der NVK-Mitglieder auf Anfragen an den Staatsrat, das Oberste Volksgericht, die Oberste Volks-Staatsanwaltschaft, Ministerien und Staatsratskommissionen als niedrig zu veranschlagen.

Größere Bedeutung kommt dessen permanentem Organ, dem Ständigen Ausschuß zu. Der Ständige Ausschuß besteht aus dem Vorsitzenden, dessen 20 Stellvertretern, 175 Mitgliedern und dem Generalsekretär, die vom NVK gewählt werden und diesem (formal) verantwortlich und rechenschaftspflichtig sind. Er nimmt Aufgaben eines Parlamentspräsidiums, eines »Ersatzparlaments« und eines Staatsoberhaupts wahr. In Vertretung des Plenums entscheidet er – auf Vorschlag des Ministerpräsidenten – über die Ernennung und Abberufung von Mitgliedern des Staatsrats. Weitere Kompetenzen bestehen in der Auslegung der Verfassung, von Gesetzen, Erlassen und Verordnungen; in der Überwachung der Tätigkeit des Staatsrats, des Obersten Volksgerichts und der Obersten Volks-

Staatsanwaltschaft und im Recht, »nicht angemessene« Beschlüsse der Machtorgane der Provinzen, der autonomen Gebiete und regierungsunmittelbaren Städte zu ändern oder aufzuheben (Verf., Art. 24 Ziff. 5). Als kollegiales Staatsoberhaupt ernennt er die diplomatischen Vertreter der VR China, verleiht er Ehrentitel und ratifiziert und kündigt internationale Verträge. Indessen arbeitet auch der Ständige Ausschuß in voller Besetzung nicht permanent, so daß die Aufgaben des NVK letztlich vom Vorsitzenden des Ständigen Ausschusses und seinen Stellvertretern wahrgenommen werden.

Eine Reihe präsidentieller Kompetenzen, wie u. a. auch der Empfang ausländischer diplomatischer Vertreter, ist aus praktischen Gründen dem Vorsitzenden des Ständigen Ausschusses – derzeit Ye Jianying (Yeh Chien-ying) – übertragen. Insoweit nimmt er Aufgaben eines individuellen Staatsoberhaupts wahr – eines Amtes, das, in der Verfassung von 1954 verankert, bis 1959 mit Mao Tse-tung und seit 1959 mit dem während der Kulturrevolution des Revisionismus bezichtigten, aber vom NVK formell nicht abgewählten Liu Shao-chi besetzt war. Stellvertretend für den NVK hat der Vorsitzende des Ständigen Ausschusses das Recht zum Erlaß von Gesetzen und Verordnungen. Der vom Staatspräsidenten früher ausgeübte Oberbefehl über die Streitkräfte ist dem Vorsitzenden des ZK der KPCh übertragen worden.

Ausführendes Organ des NVK und seines Ständigen Ausschusses einerseits, höchstes Verwaltungsorgan andererseits, faktisch die Beschlüsse der Entscheidungsgremien der KPCh vollziehendes Organ ist die Staatsrat genannte »Zentrale Volksregierung«. Der Staatsrat besteht aus dem Ministerpräsidenten, stellvertretenden Ministerpräsidenten, Ministern und Vorsitzenden von Kommissionen. Ministerien gibt es u. a. für auswärtige Angelegenheiten, Verteidigung, Außenhandel, Finanzen, Wirtschaftsbeziehungen mit dem Ausland, öffentliche Sicherheit, Erziehung, Kultur, Gesundheit; für zahlreiche Wirtschaftsressorts: Erdöl-, Chemie-, Kohle-, Metallindustrie, einzelne Sektoren der Maschinenbauindustrie, Bauwesen; für den Schutz der Bürgerrechte zuständig ist das Ministerium für Zivilangelegenheiten; ein Justizministerium ist noch nicht wieder eingerichtet worden.

Ministerpräsident ist seit Februar 1976 – als Nachfolger Chou En-lais – der Vorsitzende des ZK der KPCh, Hua Guofeng. Außer ihm sind zehn seiner vom V. NVK berufenen 13 Stellvertreter, unter ihnen Deng Xiaoping, Mitglieder des Politbüros der KPCh.

Zu den Rechten und Aufgaben des Staatsrats gehören – der in der Verfassung vorgenommenen Enumeration folgend – u.a.: die Verkündung von Beschlüssen und Erlassen sowie die Kontrolle über deren Durchführung, die Festlegung von Verwaltungsmaßnahmen, die Gesetzesinitiative, die Leitung der Arbeit der Ministerien und der örtlichen Verwaltungsorgane, die Ausarbeitung und Durchführung des Wirtschaftsplans und Staatshaushalts, der Schutz der Staatsinteressen, die Aufrechterhaltung der öffentlichen Ordnung und der Schutz der Bürgerrechte.

Der gegenwärtig amtierende Staatsrat zählt über 40 Mitglieder. In Anbetracht dessen ist anzunehmen, daß – wie im Organisationsgesetz von 1954 vorgesehen – ein aus dem Ministerpräsidenten und seinen z.Z. 14 Stellvertretern bestehendes »inneres Kabinett« die Entscheidungen des Staatsrats vorbereitet.

## Die örtlichen Organe

Die VR China hat unterhalb der nationalen Ebene ein dreistufiges Verwaltungssystem: die Provinz-, Kreis- und Kommuneebene. Die Provinzebene wird gebildet von 21 Provinzen, fünf autonomen Gebieten und drei der Zentralregierung unterstellten Städten (Peking, Shanghai und Tientsin); die Kreisebene von Kreisen, autonomen Bezirken (für nationale Minderheiten innerhalb einer »chinesischen« Provinz), autonomen Kreisen und regierungsmittelbaren Städten; die unterste Ebene von (ländlichen) Volkskommunen, »Kleinstädten« und Stadtbezirken. (Keine eigene Verwaltungsstufe bilden die zwischen Provinz- und Kreisebene stehenden Distrikte – sie werden von Verwaltungsbüros als »Außenstellen« der Provinzen und der autonomen Gebiete verwaltet.)

Vertretungsorgane in den territorialen Verwaltungseinheiten sind die Volkskongresse; sie sind örtliche »Organe der Staatsmacht« (Verf., Art. 35 Abs. 1), diejenigen der Volkskommunen auch Leitungsorgane der Kollektivwirtschaft. Die Mitglieder der Volkskongresse der Provinzen, der regierungsunmittelbaren Städte, der Kreise und der in Stadtbezirke unterteilten (Groß)Städte werden von den Volkskongressen der jeweils nächstniederen Verwaltungsstufe gewählt, und zwar in geheimer Abstimmung für eine Amtszeit von fünf bzw. drei Jahren. Lediglich die Volkskongresse unterhalb der Kreisebene werden von den – mit Vollendung des 18. Lebensjahrs aktiv und passiv wahlberechtigten – Bürgern direkt, für eine Amtszeit von zwei Jahren und ebenfalls geheim gewählt*. Die Wahlkörper bzw. Wähler sind berechtigt, die Abgeordneten zu kontrollieren und jederzeit abzuberufen.

Die Volkskongresse treten mindestens einmal im Jahr zu einer Tagung zusammen. Ihre Zuständigkeit erstreckt sich auf die Beachtung und Durchführung der Verfassung, der Gesetze und Verordnungen sowie der Staatspläne; die Ausarbeitung von Plänen für die örtliche wirtschaftliche und kulturelle Entwicklung sowie für öffentliche Einrichtungen, die Prüfung und Bestätigung des örtlichen Wirtschafts- und Haushaltsplans, den Schutz des öffentlichen Eigentums, die Aufrechterhaltung der öffentlichen Ordnung, den Schutz der Rechte der Bürger, die Gewährleistung der Gleichberechtigung der nationalen Minderheiten, die Förderung der »Entwicklung der sozialistischen Revolution und des sozialistischen Aufbaus« (Verf., Art. 36 Abs. 1).

Vollziehende Organe der Volkskongresse und zugleich örtliche Organe der Staatsverwaltung sind die Revolutionskomitees. Sie führen nicht nur die Beschlüsse der Volkskongresse, sondern auch Beschlüsse und Anordnungen der jeweils übergeordneten Verwaltungsorgane aus. Dementsprechend sind sie sowohl dem Volkskongreß der gleichen Verwaltungsstufe als auch dem Verwaltungsorgan der jeweils nächsthöheren Verwaltungsstufe verantwortlich und rechenschaftspflichtig. Sämtliche Revolutionskomitees stehen »unter der einheitlichen Führung des Staatsrats« (Verf., Art. 37 Abs. 4).

Mit den im Verlauf der Kulturrevolution entstandenen wie auch mit den in der Verfassung von 1975 verankerten Revolutionskomitees haben die gegenwärtigen nur die Bezeichnung gemeinsam. Die 1967 gebildeten Revolutionskomitees waren aus Kadern, Vertretern der Massenorganisationen und Militärs bestehende »Dreier-Allianz«-Ausschüsse, die Funktionen sowohl der örtlichen Staatsverwaltung als auch der örtlichen Parteiorgane übernahmen. Mit dem nach 1969 eingeleiteten Wiederaufbau der KPCh mußten die Revolutionskomitees deren Funktionen wieder abgeben; sie blieben aber zunächst nicht nur als örtliche Organe der Staatsgewalt erhalten, sondern – bis

* Aufgrund des vom NVK am 1. Juli 1979 verabschiedeten Wahlgesetzes sollen künftig auch die Volkskongresse der Kreisebene direkt gewählt werden.

Ende 1977/Anfang 1978 – auch als Leitungsorgane von Fabriken, Schulen und Universitäten**.

In Großstädten gibt es unterhalb der Stadtbezirksebene Straßenkomitees, Einwohnerkomitees und Hausgemeinschaften. Diese Organisationseinheiten sind keine Verwaltungseinheiten, nehmen aber – unter unmittelbarer Beteiligung der Bürger – ihnen von den Revolutionskomitees übertragene Aufgaben auf dem Gebiet des Erziehungs- und Gesundheitswesens, der Familienplanung, des Wohnungsbaus und im Dienstleistungssektor wahr.

In den Regionen mit nationaler Autonomie: in autonomen Gebieten (wie Sinkiang, Innere Mongolei, Tibet), autonomen Bezirken und autonomen Kreisen sind die Volkskongresse und Revolutionskomitees außer beschließenden und ausführenden Organen der Staatsmacht auch »Organe der Selbstverwaltung« (Verf., Art. 38 Abs. 1). Inhalt der Selbstverwaltung, die gegenwärtig 54 Nationalitäten zugestanden wird, ist – der Verfassung nach – die Wahrnehmung autonomer Rechte zur Gewährleistung politischer, wirtschaftlicher und kultureller Besonderheiten. Dahingehende Regelungen bedürfen allerdings der Genehmigung durch den Ständigen Ausschuß des NVK. Übergeordnete Staatsorgane sind verpflichtet, den Minderheiten die Ausübung der Autonomie zu garantieren, sie beim Aufbau des Sozialismus unter Berücksichtigung der Besonderheiten und Bedürfnisse der Bevölkerung zu unterstützen und ihnen bei der Ausbildung eigener Kader zu helfen. (In Peking besteht seit 1951 ein Zentralinstitut für Nationalitäten, in dem Angehörige der Minderheiten für Verwaltungsaufgaben in ihrer Heimatregion ausgebildet werden.)

Eine eigene Gesetzgebungskompetenz haben die Regionen mit nationaler Autonomie allerdings ebensowenig wie eine zweite Kammer im NVK, über die sie auf gesamtstaatlicher Ebene zur Wahrung ihrer Interessen Einfluß auf Verfassung- und Gesetzgebung oder etwa auch auf die innerstaatliche Grenzziehung nehmen könnten. Sie sind lediglich mit 350 Abgeordneten – 10 Prozent der Gesamtzahl – in der einen Kammer des NVK, damit allerdings im Vergleich zur Bevölkerungszahl überproportional vertreten.

Die Wahrnehmung der Autonomie muß sich »im Rahmen der gesetzlich zugestandenen Befugnisse« bewegen (Verf., Art. 39

** Auf seiner Tagung vom Juni/Juli 1979 beschloß der NVK, die Revolutionskomitees durch »Volksregierungen« zu ersetzen.

Abs. 1); Manifestationen eines »lokalen Nationalismus« wird der Kampf angesagt (Art. 4 Abs. 2). Irredentistische und Unabhängigkeitsbestrebungen werden – was z.B. in Tibet 1958/59 demonstriert worden ist – mit militärischer Gewalt unterdrückt. In Anbetracht der systematischen Ansiedlung von Han-Chinesen verliert die Autonomie der nationalen Minderheiten allmählich an Substanz und reduziert sich tendenziell auf das Recht zum Gebrauch der nationalen Sprache.

## Rechtsprechung und Staatsanwaltschaft

Organe der Rechtsprechung sind das Oberste Volksgericht, Volksgerichte in den örtlichen Verwaltungseinheiten und Volks-Sondergerichte (Militär-und Transportgerichte). Das Oberste Volksgericht ist nicht nur höchste Rechtsprechungsinstanz, sondern auch oberste Aufsichtsinstanz gegenüber der Tätigkeit aller sonstigen Gerichte und ist dem NVK und dessen Ständigem Ausschuß verantwortlich und rechenschaftspflichtig. Die örtlichen Volksgerichte, von denen dasjenige der höheren diejenigen der nachgeordneten Verwaltungsebene überwacht, sind den Volkskongressen der entsprechenden Verwaltungsstufe rechenschaftspflichtig. Die Abgeordneten des NVK und der Volkskongresse haben gegenüber den Gerichten ein Interpellationsrecht.

Die Gerichte sind mit gewählten und abberufbaren Richtern besetzt, denen Vertreter der Volksmassen beigeordnet sind. Dem Grundsatz der »Massenlinie« folgend, müssen »bei schwerwiegenden konterrevolutionären und kriminellen Delikten« die Massen mobilisiert werden, damit sie diese Fälle »diskutieren und Vorschläge zu ihrer Behandlung machen« (Verf., Art. 41 Abs. 2). Hierdurch, durch die grundsätzliche Öffentlichkeit des Verfahrens wie auch durch die Praxis, Gerichtsverhandlungen am Tatort stattfinden zu lassen, soll gewährleistet sein, daß von der Rechtsprechung eine erzieherische Wirkung ausgeht. Die Richter sind nicht unabhängig, sondern Instrumente der Diktatur des Proletariats.

Die chinesische Rechtsauffassung und damit Rechtsprechung ist von der Widerspruchslehre Mao Tse-tungs beeinflußt, in der er »Widersprüche im Volk« und »Widersprüche zwischen uns und unseren Feinden« unterscheidet. Während erstere durch Überzeugungs- und Erziehungsarbeit, Kritik und Diskussion als lösbar gelten, könnten letztere, da antagonistisch, nur durch die revolutionäre Diktatur des Proletariats überwunden werden. Recht als Sanktionsinstrument steht im Dienste des Klassenkampfs, findet also insbesondere auf die »Feinde des Volkes« Anwendung – Personen, die z.B. den sozialistischen Aufbau sabotieren oder das Führungsmonopol der KPCh bekämpfen.

Im Unterschied zu den Praktiken der Kulturrevolution, die dadurch gekennzeichnet waren, daß die »Massenlinie« über die Rechtsprechung durch ausgebildete Richter die Oberhand gewann, wird jetzt allerdings wieder stärker Nachdruck auf das Recht als Richtschnur der Gerichtstätigkeit gelegt. Bei den Gerichtsverhandlungen soll künftig Beweismaterial stärker berücksichtigt werden.

Die Staatsanwaltschaft ist streng hierarchisch, parallel zu den Volksgerichten organisiert. Die örtlichen Volks-Staatsanwaltschaften stehen unter der Leitung und Aufsicht der Obersten Volks-Staatsanwaltschaft; die Staatsanwaltschaft der jeweils höheren Ebene überwacht die Tätigkeit derjenigen der nächstunteren Ebene. Die Oberste Volks-Staatsanwaltschaft ist dem NVK und dem Ständigen Ausschuß, alle Staatsanwaltschaften den entsprechenden örtlichen Volkskongressen verantwortlich und rechenschaftspflichtig. Zu den Aufgaben der Staatsanwaltschaft gehört außer der Tataufklärung und Strafverfolgung insbesondere auch – und zwar durch die Oberste Volks-Staatsanwaltschaft – die Überwachung der Verfassungs- und Gesetzmäßigkeit der Tätigkeit aller dem Staatsrat unterstehenden Dienststellen und der örtlichen Staatsorgane sowie die Aufsicht über die Beachtung von Verfassung und Gesetz durch die Bürger.

Diese staatsanwaltlichen Befugnisse gewinnen Bedeutung im Zusammenhang mit der Bestimmung, daß der Bürger seinerseits berechtigt ist, vor jedem Staatsorgan gegen Mitarbeiter von Staatsorganen, Unternehmen und – vage – »Institutionen« wegen Rechtsbruchs oder Vernachlässigung von Pflichten Klage zu führen und bei Verletzung seiner Rechte bei jedem Staatsorgan »beliebiger Ebene« Beschwerde zu erheben (Verf., Art. 55). Der Ersatz eines entstandenen Schadens auf der Grundlage einer Amtshaftung ist jedoch nicht vorgesehen. Der Kritik an Übergriffen der Verwaltungsorgane dient ferner die Anbringung von Wandzeitungen und die Veröffentlichung von Leserbriefen in den Tageszeitungen. Inwieweit Verwaltungsakte auch gerichtlich nachprüfbar und aufhebbar sind, ist unklar.

In Art. 47 der Verfassung ist der Bürger durch eine Habeas-Corpus-Klausel geschützt; eine Verhaftung darf nur auf gerichtlichen Beschluß oder mit Genehmigung einer Volks-Staatsanwaltschaft vorgenommen werden.

Die Verfassung gibt zumindest eine formale Grundlage für eine Verrechtlichung der sozialen Beziehungen, nachdem während der Kulturrevolution die Rechtsprechung weitgehend von politischer Disziplinierung verdrängt worden war. Der NVK soll künftig seine Gesetzgebungskompetenz verstärkt wahrnehmen und Gesetze auf dem Gebiet des Zivil-, Wirtschafts- und Strafrechts verabschieden.

## Außenpolitik und Landesverteidigung

Grundsätze der Außenpolitik der VR China sind, der Verfassungspräambel zufolge: 1. übergreifend – die friedliche Koexistenz; 2. die Einheit mit dem Proletariat in allen Ländern, mit den unterdrückten Völkern und unterjochten Nationen (Opfern des Kapitalismus, Imperialismus und sowjetischen »Sozialimperialismus«); 3. der Antihegemonismus. Deutungsmuster für das Geflecht internationaler Beziehungen und Handlungsanleitung der chinesischen Außenpolitik ist die auf Mao Tsetung zurückgehende »Drei-Welten-Theorie«, die von Deng Xiaoping im April 1974 an die Weltöffentlichkeit getragen wurde. Hiernach teilt die chinesische Führung die Welt, unter Abkehr vom Klassenkriterium, in drei Teile ein: die »Erste Welt«, der die imperialistische Supermacht USA und die als noch gefährlicher eingestufte »sozialimperialistische« Supermacht UdSSR angehören; die »Dritte Welt«, die von den Entwicklungsländern Asiens, Afrikas und Lateinamerikas gebildet wird; und die »Zweite Welt«, zu der die kapitalistischen und sozialistischen Industrieländer gezählt werden. Die auf diese Theorie gründende Außenpolitik zielt darauf ab, die »Zweite Welt« und »Dritte Welt« gegen die Hegemonialbestrebungen der Supermächte zu mobilisieren, andererseits allerdings die USA für eine Frontstellung gegen die UdSSR zu gewinnen.

In der chinesischen Außenpolitik lassen sich grob vier Phasen unterscheiden: Die erste, bis 1957/58 reichende, ist durch enge, freundschaftliche Beziehungen zur Sowjetunion einerseits und Bedrohungsvorstellungen im Verhältnis zu den USA andererseits, geprägt – in diesen Zeitraum fallen die Intervention in den

Korea-Krieg, ferner, durch die Teilnahme an der Konferenz von Bandung, erste Kontakte zur »Dritten Welt«. Die zweite Phase, ab 1958, wird von ersten Spannungen zwischen der VR China und der Sowjetunion eingeleitet und ist durch eine Ausweitung des Aktionsradius, insbesondere auf Staaten Afrikas sowie durch den Grenzkrieg mit Indien gekennzeichnet. Die dritte, ab 1966, ist eine Phase der durch die Kulturrevolution bedingten außenpolitischen Abstinenz – bei gleichzeitiger Verschärfung der Konfrontation mit der Sowjetunion, deren militärische Intervention in der Tschechoslowakei Befürchtungen vor einer »Strafaktion« weckte. Die mit dem Jahr 1970 einsetzende vierte Phase ist gekennzeichnet durch die Aufnahme in die UNO (im Oktober 1971) und eine vielseitige außenpolitische Aktivität mit dem Ziel, der sich in den 60er Jahren abzeichnenden Gefahr einer Einkreisung durch die USA und die UdSSR zu begegnen, die Sowjetunion durch Normalisierung der Beziehungen zu Japan und zu den USA sowie durch Ermunterung der NATO und der westeuropäischen Einigungspolitik einzudämmen.

Dieser nach Maos Tod konsequent weiterverfolgte außenpolitische Kurs hebt offensichtlich auf die Stabilisierung eines Mächte-Fünfecks (USA, Westeuropa, Japan, Sowjetunion und VR China) ab, das es China ermöglichen soll, sein Modernisierungsprogramm mit wirtschaftlicher und technischer Hilfe des »westlichen« Auslands und – entgegen früheren Grundsätzen – unter Heranziehung ausländischen Kapitals ohne größere Störungen zu verwirklichen, wobei der Anspruch, auch eine revolutionäre Macht zu sein, in den Hintergrund tritt.

Das Verhältnis zur Sowjetunion ist neben der ideologischen Kontroverse auch durch Streitigkeiten um die im 19. Jahrhundert in »ungleichen Verträgen« festgelegte Grenze belastet, die in den bewaffneten Auseinandersetzungen am Grenzfluß Ussuri im März 1969 gipfelten. Ein sowjetischer Vorschlag zum Abschluß eines Nichtangriffs- und Gewaltverzichtsvertrags ist chinesischerseits mit dem Junktim versehen worden, daß zunächst eine Einigung über die umstrittenen Gebiete erzielt werden müßte. Maos Tod brachte keine Wende in den beiderseitigen Beziehungen – dahingehende, auf die Uneinigkeit in der chinesischen Führung bauende sowjetische Erwartungen wurden enttäuscht. Zu einer weiteren Belastung des Verhältnisses wurde die sowjetisch-chinesische Rivalität in Indochina, insbesondere durch die vietnamesische Intervention in Kambodscha und den Sturz des dortigen von China protegierten Pol Pot-Regimes, wofür Vietnam von seiten der Sowjetunion sowohl verbale Hilfe als auch Hilfe in Form von Waffen und Ausrüstungen erhalten hat. Im April 1979 beschloß der Ständige Ausschuß des NVK, den nach dreißig Jahren auslaufenden chinesisch-sowjetischen Freundschafts- und Beistandsvertrag von 1950 nicht zu verlängern.

Als die 1969 mit der Sowjetunion aufgenommenen Verhandlungen keinen Erfolg versprachen, suchte die VR China eine Annäherung an Japan und die USA, wobei es beide Staaten für eine – auf die Sowjetunion gemünzte – Verurteilung hegemonialer Ambitionen im asiatisch-pazifischen Raum zu gewinnen suchte. Dies gelang sowohl anläßlich des Besuchs Nixons im Februar 1972 in China als auch mit der Unterzeichnung eines Friedens- und Freundschaftsvertrags mit Japan im August 1978. Nach mehrjährigen Verhandlungen nahmen die VR China und die USA am 1. Januar 1979 diplomatische Beziehungen auf. Im gemeinsamen Kommuniqué bekannten sich die USA zu der chinesischen Auffassung, daß Taiwan ein integraler Bestandteil der VR China ist, brachen unter Anerkennung der Regierung der VR China als der einzigen rechtmäßigen Regierung Chinas die diplomatischen Beziehungen zu Taiwan ab, stellten den Abzug ihrer Truppen in Aussicht und kündigten das Verteidigungsabkommen, obwohl chinesischerseits die Art der Wiedergewinnung Taiwans mit dem Hinweis, daß diese eine innere Angelegenheit sei, offengehalten wird.

Unter Zugrundelegung der Auffassung, daß Europa der strategische Schwerpunkt der amerikanisch-sowjetischen Auseinandersetzung sei, intensivierte die VR China ihre Beziehungen zu Westeuropa und zeigt starkes Interesse an einem geeinten Europa als Bollwerk gegen die Sowjetunion. In Anbetracht der bisherigen amerikanischen Weigerung, Waffen an die VR China zu verkaufen, spielt Westeuropa auch als Waffenlieferant eine Rolle im chinesischen außenpolitischen Kalkül. Im April 1978 schloß die VR China mit der EG ein Handelsabkommen.

Die Beziehungen zu den sozialistischen Staaten stehen, soweit diese dem sowjetischen Hegemonialbereich angehören, im Schatten des chinesisch-sowjetischen Konflikts; lediglich Rumänien hatte stets freundschaftliche, zuweilen auf Vermittlung abgestellte Kontakte zur VR China gepflegt. Auf der Grundlage einer gemeinsamen Frontstellung gegen hegemoniale Ambitionen der Sowjetunion führte ein Besuch Titos vom August/September 1977 in der VR China und der Gegenbesuch Hua Guofengs vom August 1978 zu einer völligen Aussöhnung mit den früher des Revisionismus bezichtigten jugoslawischen Kommunisten. Diese Entwicklung wurde jedoch zu einem mitauslösenden Moment für den Bruch zwischen der VR China und Albanien.

Die Beziehungen zur Dritten Welt sind weniger durch deren Revolutionierung als durch das Bemühen gekennzeichnet, dem sowjetischen Einfluß entgegenzuwirken. Dabei kann China insbesondere in den Ländern Erfolge verzeichnen, wo die Sowjetunion, wie in Ägypten, im Sudan und in Somalia, ihre Positionen verloren hat. Im asiatischen Raum ist die VR China bestrebt, das von der Sowjetunion verfochtene »kollektive Sicherheitssystem« für Asien zu verhindern und versucht, seine Beziehungen v.a. zur ASEAN auszubauen, dem andererseits eine, wenn auch reduzierte, Unterstützung kommunistischer Guerillas, z.B. in Thailand, entgegensteht.

Die Wiedervereinigung Vietnams und dessen enge Anlehnung an die Sowjetunion haben die Sorge vor einer Bedrohung der Südwestgrenze geweckt. Die VR China konnte jedoch weder die Bindung von Laos an Vietnam noch den Sturz der prochinesischen Regierung Pol Pots und die vietnamesische Intervention in Kambodscha verhindern. Repressionen gegen die in Vietnam lebenden Chinesen, Grenzstreitigkeiten und der vietnamesische Einfall in Kambodscha bewogen die Chinesen, im Februar 1979 Vietnam in einem vierwöchigen Grenzkrieg eine »Lektion« zu erteilen.

Zur Landesverteidigung unterhält die VR China Streitkräfte in Stärke von 4325000 Mann. Hiervon entfallen 3625000 auf das Heer, 300000 auf die Kriegsmarine und 400000 auf die Luftwaffe[5]. Hinzu kommt die Volksmiliz, über deren Stärke die Schätzungen weit auseinandergehen, und einige weitere paramilitärische Formationen wie die insbesondere im chinesisch-sowjetischen Grenzgebiet stehenden Produktions- und Aufbaukorps.

Die VBA ist noch überwiegend für die Anforderungen eines Volkskriegs ausgebildet und ausgerüstet; andererseits verfügt sie über eine nukleare Abschreckungsstreitmacht von 30–40 Interkontinental- und etwa ebensoviel Mittelstreckenraketen[6]. Unter Abkehr von Maos Theorem, daß Menschen und deren

[5] *The Military Balance 1978–1979*. London 1978, S. 56f.

[6] Ebd., S. 56.

Kampfgeist und nicht Waffen kriegsentscheidend seien – wozu die Erfahrungen aus dem Grenzkrieg mit Vietnam beigetragen haben –, werden die Streitkräfte mit modernen konventionellen Waffen aus dem kapitalistischen Ausland und aus der verstärkten Eigenproduktion ausgerüstet.

*Literatur*

Ansprenger, Franz, u. a.: *Die Außenpolitik Chinas. Entscheidungsstruktur, Stellung in der Welt, Beziehungen zur Bundesrepublik Deutschland.* München/Wien, Oldenbourg, 1975.

Bechtoldt, Heinrich: *Chinas Revolutionsstrategie. Mit der Dritten Welt gegen Rußland und Amerika.* Freiburg, Rombach, 1967; München, dtv, 1969.

Cardorff, Peter: *Über den Charakter der chinesischen Revolution und der KP Chinas.* Frankfurt a. M., ISP-Verlag, 1978.

Castner, Hartmut und Thilo Castner: *Die Volksrepublik China. Ein sozialistisches Modell.* Düsseldorf, Schwann, 1974.

Dittmar, Peter: *Wörterbuch der chinesischen Revolution. Ereignisse, Begriffe, Parolen.* Freiburg, Herder, 1975.

Domes, Jürgen: *Die Ära Mao Tse-tung. Innenpolitik in der Volksrepublik China.* Stuttgart usw., Kohlhammer, 1971.

–: *China nach der Kulturrevolution. Politik zwischen zwei Parteitagen.* (Mit einem Beitrag von Marie-Luise Näth.) München, Fink, 1975.

– und Marie-Luise Näth: *Die Außenpolitik der Volksrepublik China. Eine Einführung.* Düsseldorf, Bertelsmann Universitätsverlag, 1972.

Eberhard, Wolfram: *Geschichte Chinas. Von den Anfängen bis zur Gegenwart.* Stuttgart, Kröner, 1971.

Fischer, Harald, Christian Graf von Krockow und Hermann Schubnell: *China. Das neue Selbstbewußtsein. Gesellschaft, Erziehung, Bevölkerung.* München, Piper, 1978.

Fletcher, Merton Don: *Workers and Commissars. Trade Union Policy in the People's Republic of China.* Bellingham (Wash.), Western Washington State College, 1974.

Franke, Wolfgang und Brunhild Staiger (Hrsg.): *China-Handbuch.* Düsseldorf, Bertelsmann Universitätsverlag, 1974. Auszug: *China. Gesellschaft-Politik-Staat-Wirtschaft.* Düsseldorf, Bertelsmann Universitätsverlag, 1973; Reinbek, Rowohlt, 1977.

Harrison, James P.: *Der lange Marsch zur Macht. Die Geschichte der Kommunistischen Partei Chinas von ihrer Gründung bis zum Tode von Mao Tse-tung* (a. d. Engl.). Stuttgart/Zürich, Belser, 1978.

Hoffmann, Rainer: *Maos Rebellen. Sozialgeschichte der chinesischen Kulturrevolution.* Hamburg, Hoffmann und Campe, 1977.
–: *Kampf zweier Linien. Zur politischen Geschichte der chinesischen Volksrepublik 1949–1977.* Stuttgart, Klett-Cotta, 1978.
Kosta, Jiří und Jan Meyer: *Volksrepublik China. Ökonomisches System und wirtschaftliche Entwicklung.* Frankfurt a. M./Köln, Europäische Verlagsanstalt, 1976.
Liu, Alan P.: *Political Culture and Group Conflict in Communist China.* Santa Barbara (Cal.), Clio Books, 1976.
Maitan, Livio: *Party, Army and Masses in China. A Marxist Interpretation of the Cultural Revolution and its Aftermath* (a. d. Ital.). London, NLB, 1976.
Mao Tse-tung: *Ausgewählte Schriften.* Aus d. Chines. übers., hrsg. u. eingel. v. Tilemann Grimm. Frankfurt a. M., Fischer, 1964.
–: *Mao intern. Unveröffentlichte Schriften, Reden und Gespräche Mao Tse-tungs 1949–1971.* Hrsg. v. Helmut Martin. München, Hanser, 1974; München, dtv, 1977.
–: *Das Mao-System. Die Schriften von Mao Tse-tung. Analyse und Entwicklung.* Hrsg. v. Stuart R. Schram (a. d. Engl.). München, Hanser, 1972.
Martin, Helmut und Wolfgang Bartke: *Die Massenorganisationen der Volksrepublik China.* Hamburg, Inst. f. Asienkunde, 1975.
Mehnert, Klaus: *Peking und Moskau.* Stuttgart, Deutsche Verlags-Anstalt, 1962.
–: *Maos Erben machen's anders.* Stuttgart, Deutsche Verlags-Anstalt, 1979.
Opitz, Peter J. (Hrsg.): *Maoismus.* Stuttgart usw., Kohlhammer, 1972.
–: *Chinas Außenpolitik. Ideologische Prinzipien - strategische Konzepte.* Zürich, Edition Interfrom, 1977.
Ruge, Gerd: *Begegnung mit China. Eine Weltmacht im Aufbruch.* (a. d. Engl.). Düsseldorf/Wien, Econ, 1978.
Schäfer, Ingo: *Mao Tse-tung. Eine Einführung in sein Denken.* München, Beck, 1979.
Schram, Stuart R. (ed.): *Authority, Participation, and Cultural Change in China.* Cambridge (Eng.), Univ. Press, 1973.
Snow, Edgar: *Roter Stern über China. Mao Tse-tung und die chinesische Revolution* (a. d. Engl.). Frankfurt a. M., März, 1970; Fischer, 1974.
Sutter, Robert G.: *Chinese Foreign Policy after the Cultural Revolution, 1966–1977.* Boulder (Col.), Westview Press, 1978.
Taylor, Jay: *China and Southeast Asia. Pekings's Relations with Revolutionary Movements.* New York usw., Praeger, 1976.
Tomson, Edgar und Jyun-hsyong Su: *Regierung und Verwaltung der Volksrepublik China.* Köln, Verlag Wissenschaft und Politik, 1972.
Weggel, Oskar (Hrsg.): *Die Alternative China. Politik, Gesell-*

*schaft, Wirtschaft der Volksrepublik China.* Hamburg, Hoffmann und Campe, 1973.
–: *Miliz, Wehrverfassung und Volkskriegsdenken in der Volksrepublik China.* Boppard, Boldt, 1977.
–: *Die Außenpolitik der VR China.* Stuttgart usw., Kohlhammer, 1977.
Wilcox, Francis O. (ed.): *China and the Great Powers. Relations with the United States, the Soviet Union and Japan.* New York usw., Praeger, 1974.

## Konstitutive Merkmale des politischen Systems

Die Deutsche Demokratische Republik (DDR) ist nach Art. 1 ihrer durch Volksentscheid angenommenen Verfassung vom 6. April 1968, in der Fassung vom 7. Oktober 1974[1], ein »sozialistischer Staat der Arbeiter und Bauern« und als solcher, in der gegenwärtigen Entwicklungsphase, eine Diktatur des Proletariats. Die in der ersten Fassung verankerte Bezugnahme auf die »deutsche Nation« ist eliminiert worden. Als »politische Organisation der Werktätigen« steht die DDR unter der »Führung der Arbeiterklasse und ihrer marxistisch-leninistischen Partei« (Art. 1) – der Sozialistischen Einheitspartei Deutschlands (SED). Die führende Position der SED in Staat und Gesellschaft wird auch von den vier anderen noch bestehenden Parteien anerkannt.

Grundlagen der sozialistischen Staats- und Gesellschaftsordnung sind nach Art. 2 der Verfassung außer dem »Bündnis der Arbeiterklasse mit der Klasse der Genossenschaftsbauern, den Angehörigen der Intelligenz und den anderen Schichten des Volkes« das »sozialistische Eigentum an den Produktionsmitteln« und »die Leitung und Planung der gesellschaftlichen Entwicklung nach den fortgeschrittensten Erkenntnissen der Wissenschaft«. Die Beschlüsse und Weisungen der SED sind für die staatlichen Organe verbindlich und haben somit Vorrang vor staatlichen Normen.

## Die kommunistische Machtübernahme

Die Machtübernahme durch die aus einer Fusion der Kommunistischen Partei Deutschlands (KPD) und der Sozialdemokratischen Partei Deutschlands (SPD) der Sowjetischen Besatzungszone im April 1946 hervorgegangene SED vollzog sich im Rahmen der »antifaschistisch-demokratischen Umwälzung«. Bereits am 10. Juni 1945 initiierte die Sowjetische Militäradministration die Bildung von Parteien und Gewerkschaften. Einen

[1] Text in: Neues Deutschland v. 28. 9. 1974.

Tag darauf forderte die KPD in ihrem Gründungsaufruf die Aktionseinheit mit Sozialdemokraten und Bürgerlichen, die Abrechnung mit dem Nationalsozialismus, die Enteignung nationalsozialistischen Vermögens und des Großgrundbesitzes und die Umgestaltung des Bildungswesens. Am 15. Juni 1945 wurde die SPD (wieder)gegründet, am 26. Juni 1945 und am 15. Juli 1945 folgten die Christlich-Demokratische Union (CDU) und die Liberal-Demokratische Partei Deutschlands (LDPD). Im Juli 1945 schlossen sich die vier Parteien zum »Antifaschistisch-demokratischen Block« zusammen; unter Einbeziehung der am 25. April 1948 gegründeten Demokratischen Bauernpartei Deutschlands (DBD) und der einen Monat darauf gegründeten Nationaldemokratischen Partei Deutschlands (NDPD) und der Massenorganisationen ging aus ihm im September 1948 der Demokratische Block hervor.

Die SED, in der die ehemaligen SPD-Mitglieder anfangs in der Mehrheit waren, bezeichnete sich in ihrem ersten Statut von 1946 als »politische Organisation der deutschen Arbeiterklasse und aller Werktätigen«, verzichtete (noch) auf das Organisationsprinzip des demokratischen Zentralismus sowie auf einen Führungsanspruch in Staat und Gesellschaft. In den folgenden zwei Jahren wurde die SED jedoch organisatorisch und ideell nach und nach in eine in den Betrieben verankerte, dem Prinzip des demokratischen Zentralismus verhaftete leninistische Kaderpartei als »Vorhut« der Arbeiterklasse umgewandelt. Parallel hierzu wurde sie von unzuverlässigen ehemaligen SPD-Mitgliedern gesäubert; Führer der bürgerlichen Parteien, die sich den sozio-ökonomischen Umgestaltungen und dem Konzept der Einheitsfront widersetzten, wurden eliminiert. Im Ergebnis dieser Entwicklung stabilisierte die SED ihre Alleinherrschaft zwar nicht auf revolutionärem Wege, aber auch nicht über freie, Konkurrenzcharakter tragende Wahlen.

Anfang Dezember 1947 trat anläßlich der der Wiederherstellung der Einheit Deutschlands gewidmeten Londoner Außenministerkonferenz der Kriegsalliierten auf Initiative der SED der erste »Deutsche Volkskongreß« zusammen. Im März 1948 wählte der zweite »Deutsche Volkskongreß« als permanentes Organ den »Deutschen Volksrat«, der einen Verfassungsausschuß einsetzte. Der von diesem ausgearbeitete Verfassungsentwurf wurde am 19. März 1949 vom »Deutschen Volksrat« angenommen. Die nachfolgenden Wahlen zum dritten »Deutschen Volkskongreß« fanden über eine Wahlmöglichkeiten ausschließende Einheitsliste des Demokratischen Blocks statt; auf sie entfielen allerdings nur 76,1 Prozent der abgegebenen Stimmen, da die Bürger weitgehend noch von ihrem Recht auf Streichung von Kandidaten Gebrauch machten. Am 7. Oktober 1949 konstituierte sich der Volkskongreß als »Provisorische Volkskammer«, die die Verfassung verabschiedete. Mit deren Inkrafttreten gilt die DDR als gegründet.

Die Verfassung war die einer Volksdemokratie – als Vorstufe zum sozialistischen Staat –, d.h. einer auf der Einheitsfront der antifaschistisch-demokratischen Kräfte gründenden »besonderen Form der Volksmacht, die die Funktionen des Proletariats ausübt«[2]. Die SED und ihre Führungsrolle in Staat und Gesellschaft wurden in der Verfassung nicht erwähnt, so daß die reale Machtstruktur verschleiert wurde. Erst mit der Verfassung vom 6. April 1968 wurde die Verfassungsnorm auch insoweit mit der Verfassungswirklichkeit in Übereinstimmung gebracht.

## Die marxistisch-leninistische Partei

Die SED gründet ihren Führungsanspruch dem Programm vom Mai 1976 zufolge (Präambel) auf die Feststellung, daß sie der »bewußte und organisierte Vortrupp der Arbeiterklasse und des werktätigen Volkes« sei. Sie sieht ihre Aufgabe in der Gestaltung der »entwickelten sozialistischen Gesellschaft« im Hinblick auf das Endziel, die Errichtung einer kommunistischen Gesellschaftsordnung. Ende 1978 zählte die SED 2,108 Millionen Mitglieder und Kandidaten[3] – das waren rd. 16 Prozent der Bevölkerung. Der sozialen Herkunft nach kamen rd. 74 Prozent hiervon aus der Arbeiterklasse (56,7 Prozent waren Arbeiter), 4,8 Prozent waren Genossenschaftsbauern und 21,5 Prozent Angehörige der Intelligenz; 11,9 Prozent waren jünger als 25 Jahre, 32,5 Prozent Frauen[4].

Die Aufnahme in die Partei erfolgt über die Grundorganisation. Der Vollmitgliedschaft geht eine einjährige Probezeit als Kandidat voraus; Kandidat kann werden, wer das 18. Lebensjahr vollendet hat. Grundorganisationen werden – dem Produktionsprinzip folgend – in Betrieben, Genossenschaften, Einrich-

[2] *Grundlagen des Marxismus-Leninismus.* Nach der 2. russ. Ausg., Berlin(Ost) 1964, S. 644.

[3] Neues Deutschland v. 14. 12. 1978.

[4] Ebd.

tungen des Bildungs- und Gesundheitswesens, Forschungsinstituten und staatlichen Dienststellen, daneben auch in städtischen und ländlichen Wohngebieten – bei Vorhandensein von mindestens drei Mitgliedern – eingerichtet. Große Grundorganisationen in Betrieben usw. sind häufig in Abteilungs-Parteiorganisationen und diese wiederum, unter Berücksichtigung eines bestimmten Arbeitsabschnitts, in Parteigruppen untergliedert. Zum Zeitpunkt des IX. Parteitags (Mai 1976) gab es rd. 74000 Grund- und Abteilungs-Parteiorganisationen. Der politisch-administrativen Einteilung des Staatsgebiets entsprechend sind die Grundorganisationen in Kreis-, Stadt- und Stadtbezirksorganisationen, diese in Bezirksorganisationen zusammengefaßt. Organe der Partei sind die Mitgliederversammlungen der Grundorganisationen, die von ihnen gebildeten Kreisdelegiertenkonferenzen, die von letzteren konstituierten Bezirksdelegiertenkonferenzen und der von diesen beschickte Parteitag. Als ihre Vollzugs- und leitenden Organe wählen sie die Leitungen der Grundorganisationen, Kreisleitungen und Bezirksleitungen mit jeweils einem Sekretariat und dessen Sekretär sowie das ZK mit dessen Politbüro, Sekretariat und Generalsekretär.

Der Parteitag ist satzungsmäßig das höchste Organ der SED. Die Teilnehmer werden auf den Bezirksdelegiertenkonferenzen in geheimer Abstimmung gewählt. Er findet in der Regel alle fünf Jahre statt. Zu seinen Kompetenzen gehören die Verabschiedung des Parteiprogramms und -statuts, die Festlegung der Generallinie, die Wahl des ZK als dem formal höchsten Parteiorgan zwischen den Parteitagen (Mai 1976: 145 Vollmitglieder, 57 Kandidaten) und der Zentralen Revisionskommission sowie die Beschlußfassung über die Rechenschaftsberichte des ZK, der Revisionskommission und anderer zentraler Organe. Partei- und personalpolitische Entscheidungen kann zwischen den Parteitagen formal auch eine vom ZK einzuberufende Parteikonferenz treffen; sie kann u.a. Mitglieder des ZK abberufen und durch neue ersetzen. Das ZK wählt das Politbüro, das Sekretariat, den Generalsekretär und beruft die Zentrale Parteikontrollkommission.

Das Politbüro (Mai 1976: 19 Vollmitglieder und neun Kandidaten) ist das ständige Organ des mindestens zweimal, durchschnittlich viermal im Jahr zu einer Plenartagung zusammentretenden ZK. Zur »politischen Leitung der Arbeit« des ZK (Statut, Art. 42) bestimmt, ist es faktisch das höchste Entscheidungsorgan der SED und – in Anbetracht der Weisungsgewalt der Partei gegenüber den Organen des Staates – auch des letzteren. Das Sekretariat, mit dem Ersten Sekretär bzw. Generalsekretär – seit Mai 1971 Erich Honecker – an der Spitze, befaßt sich insbesondere mit der »Durchführung und Kontrolle der Parteibeschlüsse« und mit der Auswahl der Kader (ebd.). Über seine teilweise den ministeriellen Ressorts entsprechenden Abteilungen übt es maßgeblich Einfluß auf die Regierungstätigkeit aus. Die überwiegende Zahl der ZK-Sekretäre, einschließlich des Generalsekretärs, sind gleichzeitig Mitglieder des Politbüros. Durch Personalunion sind hohe Partei- und Staatsämter miteinander verknüpft: der Generalsekretär Honecker ist Vorsitzender des Staatsrats und des Nationalen Verteidigungsrats; es sind die Politbüromitglieder Stoph Vorsitzender des Ministerrats, Hoffmann Verteidigungsminister, Mielke Minister für Staatssicherheit; weitere Politbüromitglieder sind Mitglieder des Präsidiums des Ministerrats.

Die SED fühlt sich mit der KPdSU »brüderlich verbunden«; die Stellung zur KPdSU und zur UdSSR betrachtet sie als »Prüfstein für die Treue zum Marxismus-Leninismus« (Präambel und Abschnitt IV des Programms von 1976). Der »kompromißlose Kampf« gegen alle Erscheinungen u. a. des »Antisowjetismus« wird im Art. 2 des SED-Statuts von 1976 allen Parteimitgliedern zur Pflicht gemacht.

## Blockparteien, gesellschaftliche Organisationen und Nationale Front

Neben der SED gibt es vier weitere Parteien: die CDU (Ost), die LDPD, die DBD und die NDPD. 1977 zählten sie 115000, 75000, 92000 bzw. 85000 Mitglieder[5]. Sie sind in der Volkskammer vertreten, konkurrieren aber mit der SED nicht um die Macht, sondern erkennen deren führende Rolle in Staat und Gesellschaft an. Sie dienen v. a. dazu, Bürger, die der SED reserviert oder ablehnend gegenüberstehen, oder die aufgrund ihrer sozialen Herkunft eine Mitgliedschaft in der SED nicht erlangen können, für die Ziele von Partei und Staat zu mobilisieren. Während die DBD sich um die politische Aktivierung der Bauern bemüht, sind Mitglieder und Adressaten der LDPD und NDPD Angehörige der städtischen Mittelschicht – die Grün-

[5] Neue Zeit v. 31. 10. 1977; Der Morgen v. 3. 3. 1977; Bauern-Echo v. 19. 5. 1977; National-Zeitung v. 22. 4. 1977.

dung der NDPD erfolgte zu dem Zweck, v.a. Handwerker, Einzelhändler, Unternehmer, Angehörige der Intelligenz sowie diejenigen ehemaligen Berufssoldaten und NSDAP-Mitglieder politisch zu erfassen, die mit ihrer Vergangenheit gebrochen haben. Zu ihren Aufgaben gehört es ferner, die Entscheidungen von SED und Staatsorganen unter diesen Bevölkerungsteilen zu propagieren, Unterstützungsbereitschaft zu wecken und SED- und Staatsorgane zu beraten. (In den 50er Jahren, als die Zukunft der beiden deutschen Staaten noch Gegenstand von Verhandlungen war, hatten sie zudem eine nützliche Brückenfunktion zu den Parteien der BRD.)

Der Führungsanspruch der SED wird auch von den Massenorganisationen und sonstigen gesellschaftlichen Organisationen anerkannt. Zu den ersteren zählen der Freie Deutsche Gewerkschaftsbund (FDGB) mit 1977 8,37 Millionen Mitgliedern, die rd. 75 Prozent der Jugendlichen im Alter von 14 bis 25 Jahren erfassende Freie Deutsche Jugend (FDJ) und die 1,74 Millionen Kinder zwischen sechs und 14 Jahren zählende Pionierorganisation »Ernst Thälmann«, der Demokratische Frauenbund Deutschlands (DFD) mit 1977 1,4 Millionen Mitgliedern, die Gesellschaft für Deutsch-Sowjetische Freundschaft – mit 1977 5,2 Millionen Mitgliedern die zweitgrößte nach dem FDGB[6], der Kulturbund (KB), der Deutsche Turn- und Sportbund, die Gesellschaft für Sport und Technik, die Vereinigung der gegenseitigen Bauernhilfe, der Verband der Konsumgenossenschaften und die Volkssolidarität. An weiteren Organisationen sind zu nennen: die Gesellschaft zur Verbreitung wissenschaftlicher Kenntnisse (Urania) sowie die Fachverbände der Intelligenz wie der Schriftstellerverband, der Verband der bildenden Künstler, der Verband der Theaterschaffenden, der Verband der Journalisten u.a.m.

Die gesellschaftlichen Organisationen dienen der Mobilisierung der verschiedenen sozialen Schichten, Gruppen und Berufen angehörenden Bürger für die Ziele der SED, der Sozialisierung der Bürger in das von der SED vorgegebene Wertesystem, der Heranbildung des Nachwuchses für leitende Positionen in Partei, Staat und Wirtschaft sowie der Kontrolle der gesellschaftlichen Aktivitäten. Es wäre jedoch verfehlt, die Funktion dieser Organisationen auf diejenige eines »Transmissionsriemens« der SED zu reduzieren. Sie vertreten, wenngleich nicht

[6] *Statistisches Jahrbuch 1978 der DDR.* Berlin (Ost) 1978, S. 393.

autonom und nur insoweit, wie die Wahrung der von der SED definierten gesamtgesellschaftlichen Belange und Zielsetzungen nicht beeinträchtigt wird, auch spezifische Interessen ihrer Mitglieder. Deren Artikulierung ist für die Partei- und Staatsführung eine Quelle der Information über Einstellungen, Wünsche und das Unterstützungspotential der Bürger, was Korrekturen am politischen Kurs ermöglicht. Ferner können sich Partei und Staat das in den Organisationen akkumulierte Fachwissen nutzbar machen, so z. B. des FDGB auf dem Gebiet der Sozialpolitik und der Arbeitsbedingungen, der FDJ im Bereich der Jugendpolitik, des DFD bei Maßnahmen zur Gleichstellung der Frau. Dies geschieht u. a. dadurch, daß die Vorsitzenden bzw. Sekretäre der wichtigsten Organisationen auf den einzelnen Organisationsebenen der SED Mitglieder entsprechender Parteiorgane sind. Auf diese Weise sind die Organisationen in den Willensbildungsprozeß eingebunden, was als ein Merkmal der »sozialistischen Demokratie« gilt, und werden sachgerechte Entscheidungen begünstigt.

Der FDGB, die Einheitsorganisation von 16 Industrie- und anderen Gewerkschaften, hat z. B. nicht nur die Aufgabe, für die Planerfüllung und die Durchführung des »sozialistischen Wettbewerbs« zu sorgen, sondern hat über die Betriebsgewerkschaftsleitung – dem Leitungsorgan der Betriebsgewerkschaftsorganisation in Betrieben mit mehr als zehn Angehörigen – auch beschränkte Mitwirkungsrechte: die Betriebsgewerkschaftsleitungen schließen mit den Betriebsleitungen Kollektivverträge über die Erfüllung der Produktionspläne, aber auch über Maßnahmen zur Verbesserung der Arbeits- und Lebensbedingungen der Belegschaftsmitglieder. Im Rahmen der Ständigen Produktionsberatungen, Organen der Betriebsgewerkschaftsorganisationen, können die Belegschaftsmitglieder Beschlüsse etwa zur Verbesserung des Produktionsablaufs fassen, die allerdings in Anbetracht des Prinzips der betrieblichen Einzelleitung nur empfehlenden Charakter haben.

Die fünf Parteien sowie die Massenorganisationen und weitere gesellschaftliche Organisationen sind in der Nationalen Front der DDR zusammengeschlossen. Sie ist im Oktober 1949 aus der Volkskongreßbewegung hervorgegangen. Bei ihr handelt es sich um keine Massenorganisationen, sondern um ein »Bündnis aller Kräfte des Volkes« (Art. 3 der Verf.), ohne formelle Mitgliedschaft der Parteien, Massenorganisation oder einzelner Bürger. Höchstes Organ der Nationalen Front ist der von der Bevölkerung direkt gewählte Kongreß, der einen Nationalrat und dessen Präsidenten wählt. Aufgabe der Nationalen Front ist es, die Bürger zur Unterstützung der staatlichen Aktivitäten zu mobilisieren, die Kandidaten für die Volksvertretungen auf allen Ebenen der staatlichen Organisation zu benennen, das Wahlprogramm zu erläutern, die Wahlen vorzubereiten und durchzuführen, die Volksvertretungen in ihrer Tätigkeit zu unterstützen sowie den Bürgern in Hausgemeinschaften, den kleinsten Organisationseinheiten der Nationalen Front, die von der SED vorgegebenen Denk- und Verhaltensmuster einzupflanzen.

Außerhalb der Nationalen Front, der Parteien und gesellschaftlichen Organisationen ist eine politische Betätigung nicht möglich. Da der Staat im Selbstverständnis der DDR den Willen des gesamten Volkes verwirklicht, gibt es für eine Opposition »keine objektive politische oder soziale Grundlage«[7]. Systemkritik, wie sie insbesondere unter Philosophen, Gesellschaftswissenschaftlern und Schriftstellern zu beobachten ist, wird durch enge Auslegung und rigorose Anwendung der Straftatbestände der staatsfeindlichen Hetze und der Staatsverleumdung unterdrückt.

## Volksvertretung, Staatsoberhaupt, Regierung

Die Volkskammer ist laut Art. 48 der Verf. das »oberste staatliche Machtorgan«. Das schlägt sich normativ darin nieder, daß sie das ausschließliche verfassung- und gesetzgebende Organ ist, über die »Grundfragen der Staatspolitik [entscheidet]« und »in ihrer Tätigkeit den Grundsatz der Einheit von Beschlußfassung und Durchführung [verwirklicht]«.

Die 500 Abgeordneten der Volkskammer werden auf die Dauer von fünf Jahren gewählt: 434 von der Bevölkerung in direkter Wahl in Mehr-Mann-Wahlkreisen, 66 – mit Rücksicht auf den Vier-Mächte-Status Berlins – indirekt von der Ostberliner Stadtverordnetenversammlung*. Aktiv und passiv wahlberechtigt sind alle Bürger mit Vollendung des 18. Lebensjahrs. Die Wahlbeteiligung lag 1976 bei rd. 98,6 Prozent. Die Kandidaten werden von den Parteien, den Massenorganisationen

[7] *Kleines Politisches Wörterbuch.* Berlin (Ost) 1973, S. 617.

* Im Juni 1979 beschloß die Volkskammer auch für die Abgeordneten aus Ostberlin die Direktwahl.

FDGB, FDJ, DFD und KB sowie von Arbeitskollektiven in Betrieben und Genossenschaften vorgeschlagen; über die Aufnahme in die Einheitsliste und die Plazierung der Kandidaten entscheidet, im Rahmen der Nationalen Front, die SED – die Volkskammer-Mandate gehören zur Nomenklatur des ZK. Die Kandidaten sind verpflichtet, sich auf Wahlvertreterkonferenzen den Wählern vorzustellen; diese können – unverbindlich für die Nationale Front – die Absetzung eines Kandidaten vom Wahlvorschlag beantragen. Im Ergebnis bleiben nur solche Kandidaten auf der Liste, deren Unterstützungsbereitschaft für SED und Staat nicht in Frage steht. Die Listen können mehr Kandidaten enthalten als in einem Wahlkreis Mandate zu vergeben sind – bei den letzten Volkskammerwahlen von 1976 war dies in allen Wahlkreisen der Fall. Ein Stimmzettel ohne Streichungen gilt als Votum für die erstplazierten Kandidaten, die Mandatsstellen; ihre Zahl entspricht derjenigen der einem Wahlkreis zustehenden Mandate. Da aufgrund massiver Propaganda für eine offene Abstimmung Streichungen sehr selten sind, steht das Wahlergebnis praktisch bereits mit der Aufstellung der Einheitsliste fest. Dies ermöglicht die Einhaltung des seit 1963 unverändert gebliebenen Mandatsverteilungschlüssels – es entfallen auf die SED 127, die vier weiteren Parteien je 52, den FDGB 68, die FDJ 40, den DFD 35 und den KB 22 Sitze.

Die SED als Partei besitzt damit die absolute Mehrheit nicht, wohl aber zusammen mit den Abgeordneten der Massenorganisationen, die weit überwiegend – nur einige wenige sind parteilos oder gehören einer Blockpartei an – SED-Mitglieder sind. Sie alle sind in der Parteigruppe der SED in der Volkskammer zusammengefaßt, die dem ZK der SED untersteht. Abgesehen davon ist die Zahl der Mandate der SED wegen ihres unbestrittenen Führungsanspruchs irrelevant. Die Abgeordneten einer Partei oder Massenorganisation bilden Fraktionen. Diese haben u. a. das Recht der Gesetzesinitiative und entsenden ihre Vertreter ins Präsidium, stellen aber keine Gruppierungen mit eigenständiger politischer Willensbildung dar.

Die Abgeordneten haben sich einerseits von den Interessen des gesamten Volkes leiten zu lassen, andererseits haben sie Vorschläge und Kritik der Wähler zu beachten; die Koordinierung erfolgt durch »Erläuterung« der gesamtstaatlichen Politik (Art. 56 der Verf.). Die Verbindung zu den Wählern halten die Abgeordneten durch Abhaltung von Sprechstunden und Aussprachen; sie sind zur Rechenschaftslegung verpflichtet und –

im Falle grober Pflichtverletzung – abberufbar, genießen jedoch Immunität. Sie sind berechtigt, an den Tagungen der örtlichen Volksvertretungen mit beratender Stimme teilzunehmen, ferner Anfragen an den Ministerrat und jedes einzelne seiner Mitglieder zu richten.

Als Plenum versammelt sich die Volkskammer lediglich zu im Durchschnitt vier eintägigen Tagungen im Jahr. Die erste Tagung nach der Wahl wird vom von der Volkskammer der vorangehenden Wahlperiode gewählten Staatsrat, alle weiteren vom Präsidium der Volkskammer einberufen. Eine vorzeitige Auflösung der Volkskammer ist nur durch eigenen Beschluß möglich.

Gemäß dem Grundsatz der Gewalteneinheit legt die Volkskammer »endgültig und für jedermann verbindlich die Ziele der Entwicklung« der DDR und die »Aufgaben« der »Bürger, Gemeinschaften und Staatsorgane bei der Durchführung der staatlichen Pläne der gesellschaftlichen Entwicklung« fest (Verf., Art. 49 Abs. 1 u. 2). Die Durchführung ihrer Gesetze und Beschlüsse gewährleistet sie nach Art. 49 Abs. 3 dadurch, daß sie ihren Organen – dem Staatsrat und dem Ministerrat, ferner dem Nationalen Verteidigungsrat, dem Obersten Gericht und dem Generalstaatsanwalt – die »Grundsätze der Tätigkeit« vorschreibt. Die Volkskammer ist jedoch kein originäres Willensbildungsorgan: ihre Entscheidungen sind in Anbetracht der Führungsrolle der SED, ihrer Zusammensetzung und der Weisungsgewalt der zentralen Parteiorgane de facto immer solche der Partei. Darüber hinaus bestätigt die Volkskammer völkerrechtliche Verträge, falls sie Gesetzesänderungen notwendig machen, und beschließt über den Verteidigungszustand. Unter ihre Kreationsfunktion fallen die Wahl und Abwahl des Vorsitzenden und der Mitglieder des Staatsrats und des Ministerrats, des Vorsitzenden des Nationalen Verteidigungsrats, des Präsidenten und der Richter des Obersten Gerichts und des Generalstaatsanwalts.

Soweit die Volkskammer am politischen Entscheidungsprozeß überhaupt beteiligt ist, geschieht dies über ihre Ausschüsse. Ihnen obliegt die Beratung von Gesetzesentwürfen und die Kontrolle der Gesetzesdurchführung. Sie haben ebenso wie 15 Abgeordnete, die Fraktionen, der Staatsrat, der Ministerrat und der Bundesvorstand des FDGB das Recht der Gesetzesinitiative; die Mehrzahl der Gesetzesanträge kommt vom Staatsrat und Ministerrat. Die Ausschüsse können Fachleute von außerhalb der Volkskammer zur Konsultation heranziehen sowie die Anwesenheit von Ministern und Leitern anderer staatlicher Organe zwecks Einholung von Informationen verlangen. Entwürfe »grundlegender« Gesetze sind der Bevölkerung zur Erörterung vorzulegen. Gesetze werden vom Plenum in der Regel ohne kontroverse Debatte und einstimmig beschlossen – einzige Ausnahme: das Gesetz über Schwangerschaftsunterbrechung, das im März 1972 mit 14 Gegenstimmen bei acht Enthaltungen verabschiedet wurde.

Formal hat die Volkskammer an Bedeutung gewonnen, seitdem der Staatsrat – aufgrund der Verfassungsänderung vom Oktober 1974 – keine Funktionen eines »Ersatzparlaments« mehr hat. Er hat insbesondere nicht mehr die Kompetenz zum Erlaß gesetzesvertretender Dekrete, sondern faßt lediglich »Beschlüsse« zur Durchführung seiner Aufgaben. Auch verfassungsgerichtsspezifische Kompetenzen, wie die Normenkontrolle, werden nicht mehr von ihm, sondern von der Volkskammer wahrgenommen. Im Auftrag der Volkskammer unterstützt der Staatsrat die örtlichen Volksvertretungen und sorgt dafür, daß sie in ihrer Tätigkeit die sozialistische Gesetzlichkeit wahren, er überwacht die Verfassungs- und Gesetzmäßigkeit der Tätigkeit des Obersten Gerichts und des Generalstaatsanwalts, faßt grundsätzliche Beschlüsse zu Fragen der Landesverteidigung und beruft die Mitglieder des Nationalen Verteidigungsrats. In seiner Funktion als kollegiales Staatsoberhaupt verkündet der Staatsrat die Gesetze, vertritt die DDR völkerrechtlich und ratifiziert internationale Verträge.

Der Staatsrat besteht aus dem Vorsitzenden, seinen Stellvertretern (darunter je einer der Blockparteien), den Mitgliedern und dem Sekretär, die von der Volkskammer auf die Dauer von fünf Jahren gewählt werden. Das Vorschlagsrecht für den Vorsitz steht der SED-Fraktion zu. Der Vorsitzende – z. Z. der Generalsekretär der SED, Erich Honecker – leitet die Tätigkeit des Staatsrats, übt das aktive und passive Legationsrecht aus und verleiht Orden und Ehrentitel.

Der Ministerrat ist »als Organ der Volkskammer« (Verf., Art. 76) die Regierung der DDR. Er besteht aus dem Vorsitzenden – seit November 1976 (wie schon von 1964 bis 1973) Willi Stoph –, dessen Stellvertretern und den Ministern. Die stellvertretenden Vorsitzenden sind größtenteils gleichzeitig Leiter eines Ministeriums, einer sonstigen zentralen Behörde (z. B. der Plankommission) oder nehmen ein besonderes Aufgabengebiet wahr (z.B. die Ständige Vertretung beim RGW); nicht alle Mitglieder des Ministerrats leiten ein Ressort (wie der Vorsitzende des Komitees der Arbeiter- und Bauerninspektion, der Leiter des Preisamtes, der Präsident der Staatsbank, der Oberbürgermeister von Ost-Berlin).

Der Vorsitzende des Ministerrats wird von der SED-Fraktion der Volkskammer vorgeschlagen; er sowie die stellvertretenden Vorsitzenden und die Minister werden von der Volkskammer auf fünf Jahre gewählt. Die vier Blockparteien stellen je einen stellvertretenden Vorsitzenden. In Anbetracht der Größe des Ministerrats – er zählt über 40 Mitglieder – wird seine Effizienz von dessen Präsidium gewährleistet, das aus dem Vorsitzenden und den stellvertretenden Vorsitzenden sowie einigen wenigen weiteren Mitgliedern des Ministerrats gebildet wird. Das Präsidium bereitet die Entscheidungen vor und konzentriert die Arbeit des Ministerrats; Beschlüsse, die es zwischen den Sitzungen des Ministerrats faßt, gelten als solche des gesamten Organs.

Als Exekutivorgan der Volkskammer »leitet« der Ministerrat die »einheitliche Durchführung« (Art. 76 der Verf.) der Innen- und Außenpolitik, erarbeitet die zur Lösung anstehender Aufgaben erforderlichen Gesetzesentwürfe und sorgt für die Erfüllung der politischen, wirtschaftlichen, kulturellen und sozialen sowie der ihm übertragenen Verteidigungsaufgaben. Über die einschlägigen Fachressorts leitet er die Volkswirtschaft, sichert deren planmäßige Entwicklung, die »harmonisch abgestimmte Gestaltung der gesellschaftlichen Bereiche und Territorien« (hierunter fallen Entscheidungen über Industrieansiedlungen, infrastrukturelle Maßnahmen, Arbeitskräfteverteilung, Umweltschutz) sowie die ökonomische Integration im Rahmen des RGW. Ferner leitet, koordiniert und kontrolliert er die Tätigkeit der Ministerien, der sonstigen zentralen Staatsorgane und der Räte der Bezirke und sorgt für die Einhaltung der Gesetzlichkeit seitens der ihm unterstellten Organe, Kombinate und Betriebe. Die zur Durchführung der Gesetze und Beschlüsse der Volkskammer erforderlichen Entscheidungen trifft der Ministerrat in eigener Verantwortlichkeit. Da der Ministerrat die Gesetze und Beschlüsse der Volkskammer im wesentlichen vorbereitet, hat er im staatlichen Willensbildungs- und Entscheidungsprozeß das Übergewicht.

## Die örtlichen Organe

Die DDR ist – nach Auflösung der Länder im Jahre 1952 – territorial und politisch-administrativ untergliedert in: 15 Bezirke (einschließlich Ost-Berlin), Stadtkreise (kreisfreie Städte) und Landkreise, Stadtbezirke (in größeren Städten) sowie Gemeinden (kreisangehörige Städte und Landgemeinden). Städte und Gemeinden können sich zwecks gemeinsamer Lösung gemeinschaftlicher Aufgaben unter Wahrung ihrer Selbständigkeit zu Gemeindeverbänden zusammenschließen. Die Volksvertretungen der territorialen Verwaltungseinheiten sind: der Bezirkstag, die Stadtverordnetenversammlung (in Stadtkreisen und Städten), der Kreistag, die Stadtbezirksversammlung und die Gemeindevertretung. Die örtlichen Volksvertretungen werden, ebenfalls über Einheitslisten der Nationalen Front, von der Bevölkerung direkt gewählt.

Die als Organe der Staatsmacht qualifizierten örtlichen Volksvertretungen befassen sich in Verwirklichung des Prinzips der Gewalteneinheit mit der Vorbereitung, Durchführung und Kontrolle von Entscheidungen, woran die Bürger zu beteiligen sind. Ihre Aufgaben bestehen in der Mehrung und dem Schutz des sozialistischen Eigentums, der Verbesserung der Arbeits- und Lebensbedingungen der Bürger, der Förderung des gesellschaftlichen und kulturellen Lebens der Bürger und ihrer Gemeinschaften, der Hebung des sozialistischen Staats- und Rechtsbewußtseins, der Sicherung der öffentlichen Ordnung, der Festigung der sozialistischen Gesetzlichkeit und der Wahrung der Rechte der Bürger. Unter Beachtung gesamtstaatlicher Interessen entscheiden die örtlichen Volksvertretungen über alle Angelegenheiten, die ihr Territorium und ihre Bürger betreffen, in eigener Verantwortung. Die Beschlüsse eines Bezirkstags sind für die Stadtverordnetenversammlungen kreisfreier Städte und Kreistage, diejenigen der Kreistage für die Volksvertretungen der kreisangehörigen Städte und Gemeinden verbindlich.

Jede örtliche Volksvertretung wählt als ihre Organe einen Rat und Kommissionen. Die Räte bereiten die Entscheidungen der Volksvertretungen vor und führen die ihnen übertragenen Aufgaben auf der Grundlage von Rechtsakten der sie wählenden Volksvertretungen und der übergeordneten Staatsorgane aus. Ein Rat ist der ihn wählenden Volksvertretung sowie dem Rat der nächsthöheren Verwaltungsstufe (der Bezirksrat dem Ministerrat) untergeordnet. Die Räte bestehen aus dem Vorsitzenden – in den kreisfreien Städten ist es der Oberbürgermeister und in den sonstigen Städten mit über 20000 Einwohnern der Bürgermeister – und aus Stellvertretern des Vorsitzenden und Mitgliedern, die für die einzelnen Aufgabenbereiche zuständig sind. In ständige und nichtständige Kommissionen können auch Personen berufen werden, die nicht Mitglied des Vertretungsorgans sind. Hierdurch soll sachkundigen Bürgern die Mitwirkung an der Vorbereitung und Durchführung der Beschlüsse der Vertretungsorgane und an der Kontrolle der Räte im Hinblick auf die Durchführung von Rechtsnormen und Beschlüssen ermöglicht werden.

Der Bezirkstag und dessen Rat leiten die sozioökonomische Entwicklung auf dem Territorium des Bezirks: zu diesem Zweck erarbeitet der Rat und beschließt der Bezirkstag auf der Grundlage der vom Ministerrat vorgegebenen Plankennziffern den Fünf-Jahres-Plan, den Jahresplan und den Haushaltsplan; sie verwalten – durch den Bezirkswirtschaftsrat – die bezirksgeleitete Industrie (kleinere volkseigene Betriebe bestimmter Branchen und Privatbetriebe) und werden ferner tätig auf den Gebieten Preisbildung und Preiskontrolle, Handel und Dienstleistungen, Städte- und Wohnungsbau, Land- und Forstwirtschaft sowie Nahrungsgüter, Verkehrswesen, Energie, Wasserwirtschaft und Umweltschutz, Bildungs-, Gesundheitswesen, Kultur, Sport, Fremdenverkehr, soziale Fürsorge, Sicherheit und Ordnung sowie Zivilverteidigung.

Den Vertretungsorganen der Kreise, Städte und Landgemeinden und deren Räten obliegt, unter Beachtung gesamtstaatlicher Interessen und auf der Grundlage von Beschlüssen der Bezirkstage, die wirtschaftliche und kulturelle Entwicklung auf ihrem jeweiligen Territorium.

## Rechtsprechung und Staatsanwaltschaft

Die Rechtsprechung dient – und zwar in dieser Reihenfolge – der Wahrung der sozialistischen Gesetzlichkeit, dem Schutz und der Entwicklung der DDR und deren Staats- und Gesellschaftsordnung, dem Schutz der Freiheit, des Lebens, der Rechte und der Würde der Bürger (Verf., Art. 90). Die Achtung und der Schutz der Individualrechte ist für die Staatsorgane, gesellschaftlichen Kräfte und jeden einzelnen Bürger verpflichtend. Diese Rechte sind indessen keine Abwehrrechte gegenüber dem Staat, sondern beinhalten, dem Rechts- und Gesetzesverständnis eines sozialistischen Staates entsprechend, das Recht und die Pflicht, die Persönlichkeit »zum Wohle der Gesellschaft« und (nur) insoweit zum »eigenen Nutzen« zu entfalten, wie dieser sich in das übergeordnete Interesse der »sozialistischen Gemeinschaft« einfügt (Verf., Art. 19). Die Individualrechte sind als Rechte auf Mitwirkung an den Staatsangelegenheiten konzipiert; Meinungs-, Versammlungs- und Vereinigungsfreiheit sind durch die von der SED vorgegebenen Verfassungsgrundsätze und -ziele beschränkt.

Es gibt weder eine Verfassungs- noch Verwaltungsgerichtsbarkeit. Die Normenkontrolle ist in Verwirklichung des Gewalteneinheitsprinzips Sache der Volkskammer; Individualrechte sind nicht einklagbar. Gegen Eingriffe der Verwaltung steht dem Bürger, und zwar in enumerierten Fällen, lediglich die förmliche Beschwerde zur Verfügung, die bei dem Organ einzulegen ist, durch dessen Maßnahme er sich in seinen Rechten verletzt fühlt. Sie wird von diesem oder dem übergeordneten Organ beschieden. Ferner kann er mittels einer formlosen Eingabe Abhilfe verlangen, Vorschläge unterbreiten und Kritik üben; über sie befindet das der entscheidenden Stelle übergeordnete Organ innerhalb von vier Wochen. Für Schäden, die einem Bürger durch rechtswidrige Maßnahmen von Mitarbeitern der Staatsorgane entstehen, haftet das Organ, dessen Mitarbeiter den Schaden verursacht hat. Über den Anspruch auf Schadensersatz entscheidet der Leiter des Organs, durch dessen Mitarbeiter er verursacht wurde; er kann vom Geschädigten gerichtlich nicht geltend gemacht werden.

Organe der Rechtsprechung sind das Oberste Gericht, die Bezirksgerichte, die Kreisgerichte (in Ost-Berlin das Stadtgericht und Stadtbezirksgerichte) und die gesellschaftlichen Gerichte. Daneben gibt es eine besondere Militärgerichtsbarkeit. In allen erstinstanzlichen Verfahren, außer in Strafsachen vor dem Obersten Gericht, wirken neben Berufsrichtern auch Schöffen mit, die gleiches Stimmrecht haben wie erstere. Die Richter und Schöffen werden von den Volksvertretungsorganen der entsprechenden territorialen Ebene auf fünf Jahre gewählt – mit Ausnahme der Schöffen der Kreisgerichte, die von den Bürgern auf Wählerversammlungen gewählt werden. Sie sind dem Wahlorgan gegenüber verantwortlich und können von diesem abberufen werden, wenn sie gegen Verfassung, Gesetz oder ihre

Pflichten verstoßen. Die in der Verfassung gewährleistete Unabhängigkeit der Richter, Schöffen und Mitglieder der gesellschaftlichen Gerichte ist im Lichte des Gerichtsverfassungsgesetzes zu sehen. Es bestimmt, daß die Unabhängigkeit auf der »festen Verbindung mit dem Volke [beruht] und durch ein demokratisches System der Leitung und Kontrolle der Rechtsprechung gesichert [wird]« (§ 1 Abs. 3).

Das Oberste Gericht ist höchstes Organ der Judikative. Als solches sorgt es für die Einheitlichkeit der Rechtsprechung auf der Grundlage der Verfassung, der Gesetze und sonstiger Normen. Zu diesem Zweck erläßt es Richtlinien und Beschlüsse. Es ist in erster und alleiniger Instanz zuständig für Strafsachen, in denen der Generalstaatsanwalt wegen ihrer Bedeutung Anklage vor dem Obersten Gericht erhebt; in zweiter Instanz für die mit einem Rechtsmittel angefochtenen erstinstanzlichen Urteile der Bezirksgerichte; es kann ferner, als Kassationsgericht, rechtskräftige Entscheidungen in Straf-, Militärstraf-, Zivil-, Familien- und Arbeitsrechtssachen auf Antrag des Präsidenten des Obersten Gerichts oder des Generalstaatsanwalts aufheben. Die Kassation dient als Instrument der dem Obersten Gericht zufallenden Leitung der Rechtsprechung.

Die Bezirksgerichte sind zuständig in erster Instanz in bestimmten Strafsachen sowie in Zivil-, Familien- und Arbeitsrechtssachen, die vom Bezirksstaatsanwalt vor das Bezirksgericht gebracht werden oder vom Direktor des Bezirksgerichts an das Bezirksgericht gezogen werden; in zweiter Instanz als Rechtsmittelgericht gegen Entscheidungen der Kreisgerichte; als Kassationsinstanz gegenüber rechtskräftigen Urteilen der Kreisgerichte – auf Antrag des Direktors des Bezirksgerichts oder des Bezirksstaatsanwalts. Die Kreisgerichte sind in erster Instanz grundsätzlich für alle Rechtssachen zuständig; ferner als Rechtsmittelinstanz gegen Entscheidungen der gesellschaftlichen Gerichte.

Gesellschaftliche Gerichte gibt es in Gestalt der Konfliktkommissionen und der Schiedskommissionen. Erstere werden in volkseigenen Betrieben, Privatbetrieben, Einrichtungen des Gesundheits- und Bildungswesens, Behörden sowie in gesellschaftlichen Organisationen gebildet. Ihre Mitglieder werden von den Angehörigen der Betriebe (dort auf Vorschlag der Betriebsgewerkschaftsleitung) usw. für die Dauer von zwei Jahren gewählt. Schiedskommissionen gibt es in den Wohngebieten der Städte, Gemeinden, in Landwirtschaftlichen Produktionsgenossenschaften und Produktionsgenossenschaften der Handwerker, Fischer und Gärtner. In den Städten und Gemeinden werden ihre Mitglieder von den entsprechenden Volksvertretungen auf Vorschlag der Nationalen Front, in den Produktionsgenossenschaften von den Mitgliederversammlungen auf Vorschlag ihrer Vorstände auf vier Jahre gewählt. Auch die Mitglieder der gesellschaftlichen Gerichte sind abberufbar. Die Anleitung und Qualifizierung der Mitglieder der Konfliktkommissionen obliegt dem Bundesvorstand des FDGB, diejenige der Schiedskommissionen dem Justizministerium. Beide Organe sind berechtigt, beim Obersten Gericht den Erlaß von Richtlinien für die Tätigkeit der gesellschaftlichen Gerichte zu beantragen.

Die Zuständigkeit der gesellschaftlichen Gerichte erstreckt sich auf Arbeitsrechtssachen, Vergehen von geringer gesellschaftlicher Gefährlichkeit (unter bestimmten Voraussetzungen), Verfehlungen (Eigentumsverfehlung, Hausfriedensbruch, Beleidigung, Verleumdung), Ordnungswidrigkeiten, Verletzungen der Schulpflicht, arbeitsscheues Verhalten sowie einfache zivilrechtliche Streitfälle. Sie werden auf Antrag des Geschädigten oder aufgrund einer Übertragung der Sache durch die Polizei, Staatsanwaltschaft oder ein ordentliches Gericht tätig. Die Verhandlungen erfolgen unter aktiver Beteiligung der anwesenden Mitglieder des Arbeiterkollektivs bzw. der Bevölkerung eines Wohngebiets oder einer Gemeinde. Die Entscheidungen sollen erzieherische Wirkung haben; gegen sie ist Einspruch bei den Kreisgerichten möglich. Die Tätigkeit der gesellschaftlichen Gerichte entlastet erheblich die ordentlichen Gerichte und wirkt entkriminalisierend.

In Gestalt der »Arbeiter- und Bauerninspektionen« – einer Art »gesellschaftlicher Polizei« – werden die Bürger in die Rechtspflege und in die gesellschaftliche und staatliche Kontrolle der Einhaltung des »sozialistischen Rechts« einbezogen.

Die Staatsanwaltschaft wird vom Generalstaatsanwalt geleitet, der von der Volkskammer gewählt wird und ihr bzw., zwischen ihren Tagungen, dem Staatsrat verantwortlich ist. Er beruft die ihm unterstehenden Staatsanwälte der Bezirke und Kreise; sie sind an seine Weisungen gebunden, ihm verantwortlich und können von ihm abberufen werden.

Zu den Befugnissen und Aufgaben der Staatsanwaltschaft gehören: die Bekämpfung der Kriminalität, die Leitung des Ermittlungsverfahrens, die Anklageerhebung, das Recht zur Beantragung der Kassation gegen rechtskräftige Urteile beim Obersten Gericht und bei Bezirksgerichten, ferner insbesondere auch die Kontrolle über die Einhaltung der »sozialistischen Gesetzlichkeit« zur »Sicherung der sozialistischen Gesellschafts- und Staatsordnung und der Rechte der Bürger« (Verf., Art. 97). Bei Feststellung einer Gesetzesverletzung legt sie bei dem Organ, in dessen Bereich sie begangen worden ist, Protest ein. Falls dieses Organ diesem Protest nicht stattgibt, kann der übergeordnete Staatsanwalt den Protest beim übergeordneten Organ einlegen. Gibt dieses dem Protest nicht statt, so ist er abgelehnt.

### Außenpolitik und Landesverteidigung

Der Außenpolitik der DDR liegen fünf Leitprinzipien zugrunde, die in folgender Reihen- und Prioritätenfolge in Art. 6 der Verfassung verankert sind: 1. das »für immer und unwiderruflich« bestehende Bündnis mit der Sowjetunion; 2. die »untrennbare« Zugehörigkeit zur »sozialistischen Staatengemeinschaft«, deren Mitgliedern gegenüber sich die DDR zu »Freundschaft, allseitiger Zusammenarbeit und gegenseitigem Beistand« im Sinne des »sozialistischen Internationalismus« verpflichtet; 3. die Unterstützung der Völker im Kampf gegen Imperialismus und Kolonialismus; 4. die friedliche Koexistenz mit Staaten unterschiedlicher Gesellschaftsordnung und 5. das Eintreten für Sicherheit und Zusammenarbeit in Europa, eine stabile Weltfriedensordnung und eine allgemeine Abrüstung. Wichtigste außenpolitische Aktionsfelder sind die in der WPO und/oder im RGW organisierte sozialistische Staatengemeinschaft, die BRD und die »Dritte Welt«.

Bestimmender Faktor der Außenpolitik der DDR ist deren Einbindung in den nach 1945 entstandenen sowjetischen Hegemonialverband. Als eine der vier Sieger- und Besatzungsmächte räumte die Sowjetunion der DDR am 25. März 1954 (formal) die außenpolitische Handlungsfreiheit mit der Erklärung ein, die DDR könne über ihre inneren und äußeren Angelegenheiten, einschließlich ihrer Beziehungen zur BRD selbständig entscheiden, wobei sie sich jedoch Eingriffsrechte aufgrund der aus den Abkommen mit den westlichen Alliierten erwachsenden Verpflichtungen vorbehielt. Im Staatsvertrag vom September 1955 bestätigte sie den souveränen Status der DDR. Mit diesem Schritt sowie mit der Beteiligung der DDR an der Gründung der WPO trug die Sowjetunion der Westintegration und Wiederbewaffnung der BRD Rechnung, die sie durch Wiedervereinigungsangebote, insbesondere in Form der eine Neutralisierung Gesamtdeutschlands ins Auge fassenden »Stalin-Note« vom März 1952 zu verhindern getrachtet hat.

Die Sowjetunion und die WPO garantieren die Unantastbarkeit der DDR-Grenzen; die Existenz der DDR als Produkt der sowjetischen Besatzungspolitik ermöglichte die politische und militärische Präsenz der Sowjetunion in Mitteleuropa. Hieraus erwächst eine Interessenkongruenz. Die Maximen des »proletarisch-sozialistischen Internationalismus« lassen der DDR nur begrenzten außenpolitischen Handlungsspielraum. Die Verfolgung eigenständiger Interessen ist nur insoweit möglich, wie diese wesentliche Interessen der Sowjetunion nicht berühren. Immerhin sind auch Abweichungen festzustellen: die DDR verfocht die von der sowjetischen Regierung 1958 geforderte Umwandlung Westberlins in eine freie und entmilitarisierte Stadt auch dann noch weiter, als die Sowjetunion die Realisierung dieses Plans nicht mehr für aktuell hielt; und sie paßte sich den sowjetischen Bemühungen um eine Détente in Europa durch die Aufnahme von Verhandlungen mit der BRD – unter Verzicht auf die vorherige völkerrechtliche Anerkennung – erst an, als sie durch die deutsch-sowjetischen Verhandlungen in Zugzwang geraten war.

Im Juni 1964 schlossen die DDR und die Sowjetunion einen Freundschafts- und Beistandspakt. Ihm folgten 1967 Freundschafts- und Beistandsverträge mit Polen, der ČSSR, Ungarn und Bulgarien, in denen die Zwei-Staaten-These und die These von der selbständigen politischen Einheit Westberlins, allerdings nicht dessen Umwandlung in eine freie und entmilitarisierte Stadt, bekräftigt wurden. Mit Rumänien kam ein solcher Vertrag erst im Mai 1972 zustande, da die Aufnahme diplomatischer Beziehungen zwischen Rumänien und der BRD 1967 eine nachhaltige Verstimmung seitens der DDR hervorrief. Im Oktober 1975 erneuerte die DDR den Vertrag mit der UdSSR bis zum Jahre 2000 und im Laufe des Jahres 1977 die Verträge mit Ungarn, Polen, Bulgarien und der ČSSR. Im gleichen Jahre schloß die DDR Freundschafts- und Beistandspakte auch mit den der WPO nicht angehörenden Staaten Mongolei und Vietnam, die jedoch – im Unterschied zu den anderen Verträgen – keine militärische Beistandspflicht begründen und auch nicht auf die internationalistische Pflicht der sozialistischen Länder zum gegenseitigen Schutz ihrer Errungenschaften Bezug nehmen, wohl aber auch bekunden, daß die Vertragspartner West-Berlin nicht als Bestandteil der BRD betrachten.

Durch ihre gemeinsame Grenze mit der BRD ist die DDR für die WPO von großer strategischer Bedeutung, die auch dadurch unterstrichen wird, daß der größte Teil der außerhalb der Sowjetunion befindlichen sowjetischen Streitkräfte, rd. 400000 Mann[8], auf der Grundlage des Stationierungsvertrags von 1957 auf dem Territorium der DDR steht.

Im Rahmen des RGW, in den sie im September 1950 aufgenommen wurde, nimmt die DDR aufgrund ihrer wirtschaftlichen Leistungsfähigkeit – sie hat das höchste Pro-Kopf-Einkommen aller RGW-Länder – eine gewichtige Position ein. Im Rahmen »gegenseitiger Hilfe« gewährt sie ihren Partnern umfangreiche Kredite und unterstützt nachdrücklich alle Integrationsvorhaben der Sowjetunion.

Das Verhältnis der DDR zur VR China wird von der sowjetischen China-Politik bestimmt. Die DDR unterstützte von Anfang an die sowjetische Kampagne gegen die ideologische und politische Verselbständigung der KPCh. Mit Jugoslawien nahm die DDR im Oktober 1957 diplomatische Beziehungen auf; in der Hoffnung auf eine Anerkennung durch »ungebundene« Länder, innerhalb deren Bewegung Jugoslawien eine führende Stellung einnimmt, wurde sie jedoch enttäuscht.

Im Verhältnis der DDR zur BRD lassen sich grob zwei Phasen unterscheiden: bis 1955 war es im Gefolge der sowjetischen Deutschlandpolitik durch eine abwartende Haltung gegenüber der Möglichkeit einer Wiedervereinigung gekennzeichnet. In der Folgezeit verfocht die DDR die These von der Existenz zweier deutscher Staaten, der die BRD ihren Alleinvertretungsanspruch und die hierauf gründende »Hallstein-Doktrin« entgegenstellte. Seit dem Inkrafttreten des im Dezember 1972 unterzeichneten »Grundlagenvertrags« unterhält die DDR zur BRD staatliche Beziehungen unter dem von seiten der BRD aufrechterhaltenen Vorbehalt, daß beide Staaten füreinander kein Ausland sind. Während die DDR in ihrer Verfassung von 1968 sich als »sozialistischer Staat deutscher Nation« (Art. 1) bezeichnete und die Wiedervereinigung »auf der Grundlage der Demokratie und des Sozialismus« zum Programm erhob, hat sie mit der Verfassungsrevision von 1974 den Nationsbegriff durch das Klassenkriterium ersetzt, indem sie sich als »soziali-

[8] *DDR Handbuch.* Köln 1975, S. 926.

stischer Staat der Arbeiter und Bauern« (Art. 1) bezeichnet. Im Zusammenhang und im Gefolge des Grundlagenvertrags traf die DDR mit der BRD eine Reihe von Vereinbarungen, die – bei gleichzeitigen Abgrenzungsbemühungen – eine Zusammenarbeit auf verschiedenen Gebieten ermöglicht haben oder, soweit Verhandlungen im Gange sind, ermöglichen sollen.

Der Grundlagenvertrag ebnete den Weg für eine weltweite völkerrechtliche Anerkennung der DDR, darunter auch seitens der drei westlichen Kriegsalliierten. Nach einem vergeblichen Aufnahmeantrag im Februar 1966 wurde sie im September 1973 – zusammen mit der BRD – in die UNO aufgenommen und arbeitet seit 1972 auch offiziell in zahlreichen Sonderorganisationen mit.

Die Beziehungen zu Ländern der »Dritten Welt« standen in den 50er und 60er Jahren im Zeichen von Bemühungen um die diplomatische Anerkennung durch »ungebundene« und/oder »fortschrittliche« Staaten wie Ägypten, Syrien, Algerien, Ghana, Tansania, Indien, Birma, Ceylon, denen die DDR Kredite und Ausbildungshilfe für Studenten und Facharbeiter gewährte. In zahlreichen Staaten konnte sie konsularische Vertretungen oder zumindest Handelsmissionen, z. T. mit diplomatischem Status errichten. Die Entwicklungs- sowie Militärhilfe in Form von Rüstungslieferungen und der Entsendung von Beratern stand damit im eigenen Interesse, diente und dient aber auch der Imagepflege zugunsten des Sozialismus und dem Drang der Sowjetunion nach einer Ausweitung ihrer Einflußsphäre. Die Entwicklungshilfe in Form von Gütern, Kapital- und technischer Hilfe ist jedoch gemessen am Wirtschaftspotential der DDR bescheiden.

Die Wiederbewaffnung Ostdeutschlands erfolgte bereits 1948 in Form der Kasernierten Volkspolizei. Aus ihr ist kurz nach der Gründung der WPO die Nationale Volksarmee (NVA) hervorgegangen. Sie gilt als zuverlässiger Partner der Sowjetunion – im August 1968 beteiligte sie sich an der Intervention in der ČSSR. Die »enge Waffenbrüderschaft mit den Armeen der Sowjetunion und anderer sozialistischer Staaten« ist Verfassungsgrundsatz (Art. 7).

Die Organisation der Landesverteidigung obliegt dem die grundsätzlichen Beschlüsse fassenden Staatsrat und dem Nationalen Verteidigungsrat. Im Verteidigungsfall, der von der Volkskammer oder – bei Dringlichkeit – vom Staatsrat festgestellt wird, ist der Vorsitzende des Verteidigungsrats Oberbefehlshaber aller »bewaffneten Kräfte«.

Zu ihnen gehören die 157000 Mann starke, dem Vereinigten Oberkommando der WPO unterstehende NVA, die durch rd. 300000 Reservisten verstärkt werden kann; 46500 Mann Grenztruppen, 25000 Mann Sicherheitstruppen und die rd. eine halbe Million starken, z. T. mit schweren Waffen ausgerüsteten »Kampfgruppen der Arbeiterklasse« in Betrieben, Landwirtschaftlichen Produktionsgenossenschaften und Behörden[9]. Deren Aufgaben sind u. a. Objektschutz, Unterdrückung von Unruhen, logistische Unterstützung der Streitkräfte. Hinzu kommt noch die Volkspolizei, soweit sie mit Aufgaben der Landesverteidigung betraut ist.

Der 1962 – nach dem Bau der Berliner Mauer – eingeführten allgemeinen Wehrpflicht unterliegen auch die Bürger von Berlin (Ost); sie dauert achtzehn Monate. Im Rahmen der rd. 1,5 Millionen Mitglieder zählenden Gesellschaft für Sport und Technik erfahren DDR-Bürger eine vormilitärische Ausbildung. 1978 ist, gegen den Widerstand der Kirchen, Wehrkunde als Unterrichtsfach an Schulen eingeführt worden.

*Literatur*


Arens, Uwe: *Die andere Freiheit. Die Freiheit in Theorie und Praxis der Sozialistischen Einheitspartei Deutschlands.* München, tuduv Verlagsges., 1976.

Autorenkollektiv (unter d. Leitung v. G. Schulze): *DDR. Gesellschaft, Staat, Bürger.* Berlin (Ost), Staatsverlag der DDR, 1974.

Autorenkollektiv (W. Assmann u. a.): *Sozialistischer Staat und staatliche Leitung. Aktuelle Probleme der Tätigkeit der Staatsmacht in der DDR.* Berlin (Ost), Staatsverlag der DDR, 1976.

Autorenkollektiv (unter d. Leitung v. E. Diehl u. G. Roßmann): *Geschichte der Sozialistischen Einheitspartei Deutschlands. Abriß.* Berlin (Ost), Dietz und Frankfurt a. M., Verlag Marxistische Blätter, 1978.

Bruns, Wilhelm: *Die UNO-Politik der DDR.* Stuttgart, Verlag Bonn Aktuell, 1978.

Bundesministerium für innerdeutsche Beziehungen (Hrsg.) *DDR Handbuch.* Köln, Verlag Wissenschaft und Politik, 1975.


[9] *The Military Balance 1978–1979.* London 1978, S. 13f.

Dasbach-Mallinckrodt, Anita: *Wer macht die Außenpolitik der DDR? Apparat, Methoden, Ziele.* Düsseldorf, Droste, 1972.
*Die DDR-Verfassungen.* Eingel. und bearb. v. Herwig Roggemann. Berlin, Berlin Verlag, 1975.
Deuerlein, Ernst (Hrsg.): *DDR. Geschichte und Bestandsaufnahme.* München, dtv, 1966, [3]1971.
Doernberg, Stefan: *Kurze Geschichte der DDR.* Berlin (Ost), Dietz, 1964.
Erbe, Günter, u.a.: *Politik, Wirtschaft und Gesellschaft in der DDR. Studientexte für die politische Bildung.* Opladen, Westdeutscher Verlag, 1979.
Förtsch, Eckart: *Die SED.* Stuttgart usw., Kohlhammer, 1969.
Forster, Thomas M.: *Die NVA. Kernstück der Landesverteidigung der DDR.* Köln, Markus Verlag, [4]1972.
Graf, Herbert und Günther Seier: *Wahl und Wahlrecht im Klassenkampf.* Berlin (Ost), Staatsverlag der DDR, 1971.
Jänicke, Martin: *Der Dritte Weg. Die antistalinistische Opposition gegen Ulbricht seit 1953.* Köln, Neuer Deutscher Verlag, 1964.
Knötzsch, Dieter: *Innerkommunistische Opposition. Das Beispiel Robert Havemann.* Opladen, Leske, 1968.
Koch, Hans-Gerhard: *Staat und Kirche in der DDR. Zur Entwicklung ihrer Beziehungen von 1945–1974.* Stuttgart, Quell Verlag, 1975.
Lamm, Hans Siegfried und Siegfried Kupper: *DDR und Dritte Welt.* München/Wien, Oldenbourg, 1976.
Lapp, Peter Joachim: *Der Staatsrat im politischen System der DDR (1960–1971).* Opladen, Westdeutscher Verlag, 1972.
–: *Die Volkskammer der DDR.* Opladen, Westdeutscher Verlag, 1975.
Legters, Lyman H. (ed.): *The German Democratic Republic. A Developed Socialist Society.* Boulder (Col.), Westview Press, 1978.
Leptin, Gert (Hrsg.): *Die Rolle der DDR in Osteuropa.* Berlin, Duncker & Humblot, 1974.
Ludz, Peter Christian: *Parteielite im Wandel. Funktionsaufbau, Sozialstruktur und Ideologie der SED-Führung. Eine empirisch-systematische Untersuchung.* Köln/Opladen, Westdeutscher Verlag, 1968, [3]1970.
–: *Die DDR zwischen Ost und West. Politische Analysen 1961 bis 1976.* München, Beck, 1977.
Mampel, Siegfried: *Herrschaftssystem und Verfassungsstruktur in Mitteldeutschland.* Köln, Verlag Wissenschaft und Politik, 1968.
*Die neue Verfassung der DDR.* Mit einem einleitenden Kommentar v. Dietrich Müller-Römer. Köln, Verlag Wissenschaft und Politik, 1974.
Neugebauer, Gero: *Partei und Staatsapparat in der DDR. Aspekte der Instrumentalisierung des Staatsapparats durch die SED.* Opladen, Westdeutscher Verlag, 1978.

Norden, Albert, Hermann Matern und Friedrich Ebert: *Zwei deutsche Staaten. Die nationale Politik der DDR.* Wien, Europa Verlag, 1967.

Osten, Walter: *Die Außenpolitik der DDR. Im Spannungsfeld zwischen Moskau und Bonn.* Opladen, Leske, 1969.

Rausch, Heinz und Theo Stammen (Hrsg.): *DDR. Das politische, wirtschaftliche und soziale System.* München, Beck, ²1974.

Rilling, Rainer (Hrsg.): *Sozialismus in der DDR. Dokumente und Materialien.* 2 Bde. Köln, Pahl-Rugenstein, 1977/78.

Rudolph, Hermann: *Die Gesellschaft der DDR – eine deutsche Möglichkeit? Anmerkungen zum Leben im anderen Deutschland.* München, Piper, 1972.

Schneider, Eberhard: *Die DDR. Geschichte, Politik, Wirtschaft, Gesellschaft.* Stuttgart, Verlag Bonn Aktuell, 1975.

– (Hrsg.): *SED-Programm und Statut von 1976.* Text, Kommentar, didaktische Hilfen. Opladen, Leske und Budrich, 1977.

Sieveking, Klaus: *Die Entwicklung des sozialistischen Rechtsstaatsbegriffs in der DDR.* Baden-Baden, Nomos, 1975.

Sontheimer, Kurt und Wilhelm Bleek: *Die DDR. Politik, Gesellschaft, Wirtschaft.* Hamburg, Hoffmann und Campe 1972, ⁵1979.

Sorgenicht, Klaus u. a. (Hrsg.): *Verfassung der DDR.* Dokumente, Kommentar. 2 Bde. Berlin (Ost), Staatsverlag der DDR, 1969.

Starrels, John and Anita M. [Dasbach-]Mallinckrodt: *Politics in the German Democratic Republic.* New York usw., Praeger, 1975.

Thomas, Rüdiger: *Modell DDR. Die kalkulierte Emanzipation.* München, Hanser, ³1973.

*Verfassung der DDR.* Text, Einführung, Kommentar, Hinweise auf das Grundgesetz. Bearb. v. Gerd Joachim Sieger. München, Bayerische Landeszentrale für politische Bildungsarbeit, ²1976.

Weber, Hermann: *DDR. Grundriß der Geschichte 1945–1976.* Hannover, Fackelträger, 1976.

– und Fred Oldenburg: *25 Jahre SED. Chronik einer Partei.* Köln, Verlag Wissenschaft und Politik, 1971.

Winzer, Otto: *Deutsche Außenpolitik des Friedens und des Sozialismus.* Berlin (Ost), Staatsverlag der DDR, 1969.

## Konstitutive Merkmale des politischen Systems

Die Sozialistische Föderative Republik Jugoslawien (SFRJ) ist nach Art. 1 ihrer Verfassung vom 21. Februar 1974[1] ein aus den Sozialistischen Republiken Bosnien-Herzegowina, Kroatien, Mazedonien, Montenegro, Serbien – mit den Sozialistischen Autonomen Provinzen Kosovo und Vojvodina – und Slowenien bestehender Bundesstaat. Sie versteht sich als eine »auf der Macht und der Selbstverwaltung der Arbeiterklasse und aller Werktätigen beruhende sozialistische, selbstverwaltete, demokratische Gemeinschaft der Werktätigen und Bürger und der gleichberechtigten Völker und Völkerschaften«. Als »leitende, ideelle und politische Kraft der Arbeiterklasse und aller Werktätigen« normiert die Verfassung in Kapitel VIII der Präambel den marxistisch-leninistischen Bund der Kommunisten Jugoslawiens (BdKJ).

Weitere grundlegende und für das politische und sozioökonomische System der SFRJ charakteristische Elemente sind die Selbstverwaltung der Arbeiter und die direkte oder über Delegierte vermittelte Selbstverwaltung der Bürger in Ortsgemeinschaften, Kommunen, Republiken, Provinzen und im Bund. Sie wird im Statut des BdKJ von 1974 als »eine Form der Diktatur des Proletariats in der gegenwärtigen Entwicklungsphase der jugoslawischen Gesellschaft« qualifiziert.

Vorgesehen ist die Einführung des Prinzips der kollektiven Leitung in allen Partei-, Staats- und Selbstverwaltungsorganen sowie den gesellschaftlich-politischen Organisationen und – mit Ausnahme der Organisationen der assoziierten Arbeit – des Einjahresmandats.

## Die kommunistische Machtübernahme

Die Machteroberung durch die 1919 gegründete Kommunistische Partei Jugoslawiens (KPJ), die sich seit 1952 BdKJ nennt,

[1] Deutsche Übersetzung: *Verfassung der Sozialistischen Föderativen Republik Jugoslawien.* Beograd, Sekretariat für den Informationsdienst der Bundesversammlung, 1974.

ist das Ergebnis des Sieges der von Josip Broz Tito geführten Partisanen über die deutsche und italienische Besatzungsmacht. Sie erfolgte im wesentlichen ohne sowjetische Hilfe. Tito, Generalsekretär der KPJ, verfolgte zugleich mit dem Befreiungskampf ein revolutionär-politisches Ziel. In den von den Partisanen kontrollierten Gebieten übernahmen Volksbefreiungsausschüsse die Administration; mit einem Teil ihrer Zuständigkeiten deuteten sie bereits auch die sozialistische Perspektive der ins Auge gefaßten Nachkriegsentwicklung Jugoslawiens an. Im November 1942 wurde von Vertretern der »Volksbefreiungsfront« der »Antifaschistische Rat für die Nationale Befreiung Jugoslawiens« gegründet. Auf seiner zweiten Tagung, im November 1943, bildete der Rat ein Präsidium, das sich für die Dauer des Krieges zum obersten gesetzgebenden und vollziehenden Organ erklärte. Es setzte unter der Bezeichnung »Nationales Befreiungskomitee« ein aus 13 Mitgliedern bestehendes permanentes Organ mit Tito an der Spitze ein, das sich als provisorische Regierung Jugoslawiens betrachtete.

Im Mai 1944 stimmte der exilierte König Peter der Bildung einer Regierung zu, die mit dem Nationalen Befreiungskomitee zusammenarbeiten und schließlich in ihm aufgehen sollte. Im März 1945 kam es auf der Grundlage einer im Juni 1944 zwischen Tito und dem ehemaligen Gouverneur von Kroatien, Ivan Šubašić, getroffenen Vereinbarung zur Bildung einer neuen provisorischen Regierung aus 20 Mitgliedern des Antifaschistischen Rats, fünf Vertretern nicht kompromittierter Vorkriegsparteien und drei Vertretern der Londoner Exilregierung mit Tito als Ministerpräsidenten. Diese Übereinkunft war eine Geste an die Adresse der westlichen Alliierten, die, im Unterschied zur Sowjetunion, die Partisanen unterstützt hatten; sie entsprang keiner innenpolitisch gebotenen Notwendigkeit, denn bei Kriegsende lag die ganze militärische und zivile Gewalt bei den von den Spitzenfunktionären der KPJ geführten Partisanen und deren politischen Organen. Die antifaschistische Koalition währte bis Oktober 1945. Am 11. November 1945 wurde über eine Einheitsliste der drei Monate zuvor als Nachfolgerin der Volksbefreiungsfront gegründeten »Volksfront« eine verfassunggebende Versammlung gewählt. Von deren 510 Mitgliedern waren 470 Kommunisten. Auf der ersten Sitzung dieses Organs, am 29. November 1945, wurde die Monarchie durch die Proklamierung der Föderativen Volksrepublik Jugoslawien abgeschafft.

Der Anfang 1978 1,63 Millionen Mitglieder zählende BdKJ[2] – das sind rd. 7,4 Prozent der Bevölkerung – ist ein Zusammenschluß der Bünde der Kommunisten in den Republiken und Autonomen Provinzen. Seit 1969 gelten die Republiksbünde, seit 1974 auch diejenigen der Provinzen als im Rahmen des BdKJ selbständige Organisationen. Die Mitgliedschaft im BdKJ wird durch die Zugehörigkeit zum BdK einer Republik bzw. Provinz vermittelt. Verbindende Klammer sind der Abwehrkampf gegen die deutsch-italienische Okkupation, ein Statut und ein gemeinsames Programm mit der Entwicklung des Selbstverwaltungssozialismus als Kernstück, die Autorität Titos und gemeinsame Zentralorgane. Die Republik- und Provinzbünde verfolgen jedoch nicht nur eine einheitliche Politik im Rahmen des BdKJ, sondern sie vertreten auch voneinander abweichende Ansichten über Fragen der politischen und sozioökonomischen Ordnung, wie z.B. über das Verhältnis von Markt und Plan, das Verhältnis des BdKJ zu Massenmedien, Intellektuellen und Religionsgemeinschaften. Die Standpunkte klafften zuweilen so weit auseinander, daß eine einheitliche Politik nicht mehr gewährleistet war – durch die »kroatische Krise« von 1971 war der BdKJ sogar einer Zerreißprobe ausgesetzt. Durch die Identifizierung mit spezifischen Interessen der Völker und Volksgruppen nimmt das Verhalten der BdKs der Republiken und Provinzen untereinander mitunter Züge eines Mehr-Parteien-Systems an. Zwar treten sie bei Wahlen zu den Vertretungsorganen nicht mit Alternativprogrammen und solche unterschiedliche Programme vertretenden Kandidaten auf, sie bringen aber regionale Interessen und mit ihnen alternative Lösungsvorschläge in den Willensbildungsprozeß von Partei und Staat auf Föderationsebene ein.

Andererseits schränkt das Prinzip des demokratischen Zentralismus den Spielraum der acht Parteien ein: Sie sind verpflichtet, die von den zentralen Organen gefaßten Beschlüsse auszuführen und tragen ihnen gegenüber die Verantwortung auch für Beschlüsse, die sie auf der Grundlage der »Generallinie« in eigener Verantwortung fassen.

Das Organisationsprinzip des demokratischen Zentralismus wird vom BdKJ unter stärkerer Betonung der demokratischen Komponente angewandt: ein Parteimitglied, das in der Minder-

[2] Borba v. 10. 2. 1978.

heit geblieben ist, muß zwar dem Mehrheitsbeschluß gemäß handeln, es darf aber seine abweichende Ansicht weiter vertreten. Mit dieser Regelung korrespondiert das Recht auf Rücktritt von einem Parteiamt, damit ein Parteimitglied nicht in Konflikt gerät zwischen der eigenen Meinung und der Ausführung eines Beschlusses. Gruppen- bzw. Faktionsbildung ist indessen strikt verboten – Parteimitglieder und -organe sind verpflichtet, derartige Erscheinungen aufzudecken und rigoros zu bekämpfen, wodurch eine weitere Belastung des ohnehin prekären Zusammenhalts von BdKJ und Föderation verhindert werden soll. Durch die Besetzung leitender Positionen in allen gesellschaftlichen Bereichen mit zuverlässigen Parteimitgliedern wird sichergestellt, daß der Parteiwille befolgt wird. Andererseits will der BdKJ nicht »mittels eines politischen Monopols« herrschen, sondern die »Interessen der Arbeiterklasse und damit auch die Interessen aller Werktätigen und der Gesellschaft innerhalb des Selbstverwaltungssystems« zum Ausdruck bringen, das auf dem »demokratischen Pluralismus der Interessen der Selbstverwaltungssubjekte« gründet[3].

Der BdKJ beschränkt sich jedoch noch nicht auf die Sozialisation eines der Selbstverwaltung der Arbeiter und Bürger zugrundeliegenden Wertesystems und nicht auf die Definition und Vertretung allgemeiner und die Koordinierung partikularer Interessen. Solange der BdKJ eine privilegierte Kraft und nicht gleichberechtigter integraler Bestandteil des Selbstverwaltungssystems ist und dessen Willensbildungsmuster sich zueigen macht, erweisen sich beide als unvereinbar.

Die Basis der Partei bilden die Grundorganisationen in Arbeitsstätten, Ortsgemeinschaften und in Einheiten der Volksarmee. Über sie erfolgt die Aufnahme in die Partei, wobei die Absolvierung einer Probezeit als »Kandidat« – wie in anderen KPs üblich – nicht erforderlich ist. Auf dem Territorium einer Kommune bilden die Grundorganisationen die Kommunalorganisationen, innerhalb einer Republik den BdK einer Republik; in Serbien sind auf dem Gebiet der Vojvodina und des Kosovo die BdKs der Provinzen dazwischengeschaltet. Formal höchstes Organ eines Provinzbundes ist die Konferenz, eines Republikbundes der Kongreß, zwischen deren Tagungen das Komitee bzw. das ZK mit Präsidien als »politisch-exekutiven« Organen und einem Parteipräsidenten an der Spitze.

[3] E. Kardelj, *Pravci razvoja političkog sistema socijalističkog samoupravljanja.* Beograd 1977, S. 49.

Organe des BdKJ sind: der alle vier Jahre einzuberufende Parteikongreß, der Parteipräsident, das ebenfalls vom Parteikongreß gewählte ZK, dessen Präsidium, die Satzungskommission und die Kontrollkommission. Die Zusammensetzung dieser Organe weist einige u.a. auch dem föderativen Organisationsprinzip des BdKJ Rechnung tragende Besonderheiten auf. So wurde der XI. Parteikongreß vom Juni 1978 sowohl nach dem Grundsatz ein Delegierter für je 1000 Mitglieder als auch nach dem Grundsatz einer proportionalen Vertretung der Republiken und Provinzen mit je 60 bzw. 40 Delegierten beschickt, die auf den vorausgehenden Kongressen bzw. Konferenzen der Republiks- und Provinzbünde gewählt wurden; die Volksarmee entsandte 30 Delegierte; ferner waren die Mitglieder des ZK sowie der Satzungs- und Kontrollkommission kraft Amtes Delegierte des Parteikongresses. Die Wahl des ZK durch den Parteikongreß hat einen nur akklamatorischen Charakter, denn es setzt sich aus je 20 bzw. 15 Mitgliedern der Republiks- und Provinzparteien zusammen, die ebenfalls von deren Kongressen bzw. Konferenzen benannt werden. Hinzu kommen 15 Vertreter der Streitkräfte, so daß das ZK einschließlich des Parteipräsidenten Tito 166 Mitglieder zählt.

Gleiches gilt für die Bildung des Präsidiums, des »politisch-vollziehenden« Organs des ZK (Pkt. 80 des Statuts). Es besteht aus 24 Mitgliedern: je drei werden von den Republiks-, je zwei von den Provinzbünden, unter denen sich kraft Amtes der jeweilige Parteipräsident befindet, entsandt; ein Mitglied stellt die Parteiorganisation der Volksarmee; einen Sitz nimmt kraft Amtes der auf Lebenszeit gewählte BdKJ-Präsident Tito ein. Das früher für die technisch-operative Ausführung der Präsidiumsbeschlüsse zuständige Exekutivkomitee ist aufgelöst worden. An seine Stelle sind der Sekretär des Präsidiums, der Mitglied dieses Gremiums ist, und Exekutivsekretäre getreten, die unter Beachtung des regionalen Proporzes aus den Reihen der ZK-Mitglieder zu wählen und dem Präsidium verantwortlich sind. Sie sind Verbindungsorgan zwischen dem BdKJ-Präsidium und den BdKs der Republiken und Provinzen. Nach dem XI. Parteikongreß ist daneben noch das Amt eines Geschäftsführenden Vorsitzenden des Präsidiums des ZK geschaffen worden, der u.a. die Aufgabe hat, Sitzungen des Präsidiums in Abwesenheit Titos zu leiten; seine Amtszeit ist allerdings auf ein Jahr beschränkt. (Nach Tito soll es keinen »Präsidenten des BdKJ« mehr geben.)

Bei der Besetzung der Parteiämter sind zwei Grundsätze zu beachten: derjenige der Rotation, demzufolge ein Parteimitglied nur einmal in das gleiche Amt wiedergewählt werden darf, und derjenige der Trennung von Partei- und Staatsamt. Beides gilt nicht für Tito; letzteres wird auch bei der Besetzung anderer hoher Ämter in Partei und Staat durchbrochen. Außer Tito sind die acht weiteren Mitglieder des Staatspräsidiums gleichzeitig Mitglieder des BdKJ-Präsidiums. Dieses legt den politischen Kurs des BdKJ fest und koordiniert die Aktivitäten der gesamten Partei. Durch Personalunion ist die Führungsfunktion der Partei nicht nur über deren oberstes Leitungsorgan, sondern auch in Gestalt des höchsten Staatsorgans gewährleistet. (Gegenwärtig sind auch der Ministerpräsident und der Verteidigungsminister Mitglieder des BdKJ-Präsidiums.)

Das Verhältnis des BdKJ zur KPdSU ist durch eine beharrliche Weigerung gekennzeichnet, sich dem sowjetischen Führungsanspruch zu unterwerfen. Die Wurzel dieser Haltung liegt in der Eigenständigkeit der Machteroberung. Nicht wegen einer Abweichung vom sowjetischen Sozialismus-Modell, sondern weil sich die KPdSU nicht bereitgefunden hatte, den Gleichberechtigungsanspruch der KPJ zu akzeptieren, kam es 1948 zum Bruch zwischen beiden Parteien. Versuche der KPdSU, den BdKJ auf das Prinzip des »proletarischen Internationalismus« – im Sinne einer Unterordnung unter sowjetische Interessen – festzulegen, sind vom BdKJ immer wieder zurückgewiesen worden. So u.a. auch auf der Konferenz der europäischen KPs in Ostberlin vom Juni 1976, die – von der KPdSU nicht unangefochten – nicht zuletzt auf Drängen des BdKJ übereinkam, dieses Prinzip im Sinne einer freiwilligen solidarischen Zusammenarbeit bei Wahrung der Gleichberechtigung und Unabhängigkeit einer jeden KP anzuwenden. Das Beharren auf eine autonome Bestimmung des Weges zum Sozialismus und dessen inhaltlicher Ausgestaltung verbindet den BdKJ mit den sog. »Eurokommunisten«.

## Organisationen und Vereinigungen

Außer dem BdKJ gibt es vier weitere »gesellschaftlich-politische Organisationen«: den Sozialistischen Bund des Werktätigen Volkes Jugoslawiens (SBdWVJ) mit 1976 über 12,5 Millionen Mitgliedern, den Gewerkschaftsbund mit 1977 rd. 4,5 Millionen Mitgliedern, den Jugendverband, der 1976 rd. 3,3 Millionen Mitglieder zählte, sowie den Veteranenverband, dem 1976 eine Million Mitglieder angehörten[4]. Von den gesellschaftlich-politischen Organisationen abzugrenzen sind die »gesellschaftlichen Organisationen« und »Bürgervereinigungen«. Zu ihnen gehören humanitäre (wie das Rote Kreuz), kulturelle, Berufs- und wissenschaftliche Vereinigungen, Sportverbände, Vereinigungen zur Freizeitgestaltung und solche auf Glaubensgrundlage, ferner Vereinigungen nationaler Minderheiten zur Pflege ihrer kulturellen Tradition.

Die Mitgliedschaft im aus der Volksbefreiungsfront hervorgegangenen SBdWVJ wird über die Zugehörigkeit zu einer der angeschlossenen Organisationen bzw. Vereinigungen oder individuell erworben. Mitgliedschaft und Mitwirkung sind nicht an das Bekenntnis zu den Theoremen des Marxismus-Leninismus – in ihrer besonderen jugoslawischen Auslegung und Anwendung – geknüpft; sie setzen allerdings die Identifizierung mit den konstitutiven Elementen des politischen und sozioökonomischen Systems Jugoslawiens, insbesondere mit dem Selbstverwaltungssozialismus voraus. Aufgabe des nach dem Territorialprinzip organisierten SBdWVJ ist es v.a., Bürger für politische Aktivitäten zu mobilisieren, die Verfahren zur Nominierung von Kandidaten für die Delegationen der Werktätigen und Bürger sowie für die Versammlungen zu organisieren und die Wahlen durchzuführen, den Willensbildungsprozeß in diesen Organen mitzugestalten und zu kontrollieren.

Der Gewerkschaftsbund – Dachorganisation der Gewerkschaftsverbände der Republiken und Provinzen und in sechs Branchengewerkschaften gegliedert – ist verfassungsmäßig berechtigt und verpflichtet, sich für die Verwirklichung und Beachtung der Selbstverwaltungsrechte der Arbeiter und für eine leistungsgerechte Einkommensverteilung einzusetzen, Einzel-, Gruppen- und gesamtgesellschaftliche Interessen aufeinander abzustimmen, für die Hebung des Bildungsniveaus der Arbeiter zu sorgen, Kandidaten für die Vertretungsorgane der Arbeiter- und territorialen Selbstverwaltung zu nominieren. Bei Streiks, die in Jugoslawien zwar nicht legalisiert sind, aber toleriert werden, nehmen die Gewerkschaften eine Schlichtungsfunktion wahr.

Der Organisationszweck der Organisationen und Vereini-

[4] *Statistički Kalendar Jugoslavije 1978.* Beograd 1978, S. 25.

gungen besteht zwar nicht in der Ausübung von Druck im politischen Willensbildungsprozeß, so daß es nicht gerechtfertigt wäre, sie als Interessengruppen im Sinne von »pressure groups« zu bezeichnen. Nichtsdestoweniger sind sie in der Lage, spezifische Interessen ihrer Mitglieder in diesen Prozeß einzubringen, da sie, einschließlich des BdKJ, integrierende Bestandteile des als Einheitsfront der organisierten sozialistischen Kräfte konzipierten SBdWVJ sind. Dieser soll den Pluralismus der Selbstverwaltungsinteressen unter Gewährleistung eines maßgeblichen Einflusses der Kommunisten, die ihrerseits meinungsbestimmenden und verhaltenssteuernden Einflüssen ihrer sozialen bzw. nationalen Bezugsgruppen ausgesetzt sind, koordinieren und bündeln.

Zu einem hohen Grad autonome Strukturen zur Artikulierung partikularer Interessen sind die Organe der Arbeiter- und der territorialen Selbstverwaltung. Durch das Selbstverwaltungssystem wie auch durch die Dezentralisierung der Willensbildung auf der Grundlage des Föderalismus ist die Verfolgung von Sonderinteressen geradezu institutionalisiert.

Bekundungen von das Führungsmonopol des BdKJ, den Selbstverwaltungssozialismus und die Föderation in Frage stellenden Interessen – seien es Forderungen nach einem Mehr-Parteien-System oder einer stärkeren Demokratisierung der innerparteilichen Willensbildung, Kritik an bürokratischen Auswüchsen, nationalistische Bestrebungen einerseits, Forderungen nach Übernahme des sowjetischen Sozialismus-Modell und einer »proletarisch-internationalistischen« Unterordnung unter die Interessen der UdSSR andererseits – werden jedoch als systemfeindlich qualifiziert und, soweit sie einen Straftatbestand erfüllen, gerichtlich geahndet. Im Vergleich zu anderen sozialistischen Staaten sind Kritik und Dissens jedoch relativ weite Grenzen gesetzt.

## Die administrativ-föderative Gliederung

Basiseinheit der territorialen (Selbst)Verwaltung sind die Ortsgemeinschaften. Sie werden in städtischen und ländlichen Siedlungen und je nach deren Größe, in Teilen von Siedlungen oder für mehrere Siedlungen gebildet. Über die Ortsgemeinschaften wird den Bürgern die Möglichkeit eröffnet, ihre Angelegenheiten, soweit nicht breitere Interessen berührt werden, autonom und unmittelbar an der Wohnstätte zu regeln. Die Partizipation der Bürger an der lokalen Willensbildung erfolgt über die Wählerversammlung.

Grundlegende, in sanktionsfähigen Rechtsakten sich niederschlagende, Macht ausübende »gesellschafts-politische Gemeinschaft« ist die Kommune – in der Regel ein Verbund von Stadt und mehreren umliegenden ländlichen Siedlungen. Ihr obliegen die Wahrnehmung aller Verwaltungsangelegenheiten, soweit sie nicht durch die Verfassung dem Kompetenzbereich einer Republik oder Provinz oder dem Bund zugewiesen ist. Insbesondere sind sie zuständig für wirtschaftliche Entwicklungsmaßnahmen, das Bildungs-, Gesundheits- und Sozialversicherungswesen, den Wohnungsbau, Dienstleistungen, Arbeitsvermittlung, Umweltschutz, Bodennutzung, Raumplanung, Verwaltung gesellschaftlichen Grund und Bodens und seiner Schätze, Volksverteidigung. Die Finanzierung erfolgt aus Steuermitteln (Einkommens-, Umsatz-, Vermögenssteuer) und Gebühren, die von den Kommunen selbst erhoben werden.

Die Republiken gelten als selbständige Staaten. Ihr Verhältnis zum Bund weist föderative und konföderative Elemente auf. Sie haben eigene, mit der Bundesverfassung im Grundsätzlichen übereinstimmende Verfassungen. Ausschließlich zuständig sind sie für Bildung, Forschung, Gesundheitswesen, soziale Fürsorge, Massenkommunikationsmittel, Sport; auch die Organisationsgewalt über die Kommunen fällt in ihre Kompetenz. Maßnahmen auf dem Gebiet der Emmissions-, Kredit und Devisenpolitik, zur Preisüberwachung und ähnliche wirtschaftspolitische Maßnahmen ergreifen sie auf der Grundlage oder in Ausführung bundeseinheitlicher Regelungen. Im Rahmen der von den Bundesorganen festgelegten Außenpolitik unterhalten die Republiken Beziehungen zu Organen und Organisationen auswärtiger Staaten und zu internationalen Organisationen; der Abschluß »internationaler Verträge« ist dem Bund vorbehalten. Die Rechte der Republiken auf dem Gebiet der Landesverteidigung leiten sich weniger aus ihrer Staatlichkeit ab als daraus, daß sie auch als Selbstverwaltungsgemeinschaften und die Landesverteidigung als Selbstverwaltungsangelegenheit konzipiert sind. Sie haben demgemäß keine eigenen regulären Streitkräfte, stellen aber Einheiten der Territorialverteidigung auf. Das Sezessionsrecht ist zwar als ein dem freiwilligen Zusammenschluß korrespondierendes Recht in den Republiksverfassungen verankert, indessen ist die Föderation durch die Bundesverfassung zur Wahrung der territorialen Integrität Jugoslawiens verpflichtet.

Die Beziehungen der Republiken untereinander sind aufgrund der historisch bedingten Animositäten zwischen den das Territorium Jugoslawiens besiedelnden Nationen und des steilen Entwicklungsgefälles z. T. sehr gespannt. Die Forderung der höher entwickelten Republiken, insbesondere Kroatiens, nach unbeschränkter Verfügung über die Erträge ihrer Wirtschaft hatte wiederholt ernste Konflikte zur Folge.

Die Provinzen besitzen zwar keine Staatlichkeit, sie sind indessen den Republiken weitgehend gleichgestellte Teile der Föderation. Ihre Rechte gehen über die Wahrnehmung einer auf ethnische und kulturelle Eigenart gegründeten Autonomie hinaus. Sind Bundesgesetze zustimmungsbedürftig, so können sie durch das Veto einer Provinz ebenso blockiert werden wie durch dasjenige einer Republik. Die Republik Serbien nimmt die Angelegenheiten der auf ihrem Territorium gelegenen Provinzen nur insoweit wahr, als dies im Interesse der ganzen Republik liegt. Die Provinzen können Angelegenheiten auch dann regeln, wenn diese in die Zuständigkeit Serbiens fallen, solange hierüber kein auf die ganze Republik bezogenes Republiksgesetz ergeht.

Der Bund steht im Innenbezug in keinem übergeordneten Verhältnis zu den Republiken, sondern ist ein Instrument zur einheitlichen Wahrnehmung gemeinsamer Interessen und Aufgaben: Außenpolitik, Landesverteidigung, Staatssicherheit, Wahrung der Gleichberechtigung aller Völker und Volksgruppen, Gewährleistung des Selbstverwaltungssystems und eines einheitlichen Marktes, Aufstellung des Bundesgesellschaftsplans und des Bundeshaushalts. Letztere bedürfen der Zustimmung der Republiken und Provinzen ebenso wie eine Änderung der Bundesverfassung und die Ratifizierung internationaler Verträge – soweit sie den Erlaß neuer oder die Änderung geltender Gesetze der Republiken und Provinzen notwendig machen oder für diese besondere Verpflichtungen beinhalten.

## Die Arbeiterselbstverwaltung

Die Ausübung der Arbeiterselbstverwaltung erfolgt im Rahmen der drei strukturellen Elemente der jugoslawischen sozioökonomischen Ordnung: dem überwiegend gesellschaftlichen Eigentum an den Produktionsmitteln, dem Markt als wirtschaftlichen Regelungsmechanismus und der Rahmenplanung. Das Recht der Arbeiter auf Selbstverwaltung schließt u.a. ein: Die Verwaltung einer »Organisation assoziierter Arbeit« (z.B. eines Industriebetriebs) oder einer »Arbeitsgemeinschaft« (z.B. einer Bank), die Nutzung der vergesellschafteten Mittel zugunsten der Organisation und der gesamten Gesellschaft, die Bestimmung von Art und Umfang der Produktion, die Verteilung des Einkommens, die Gestaltung der Arbeitsbeziehungen und -bedingungen, die Regelung von Urlaub, Weiterbildung und Arbeitsschutz, die Entscheidung über den Zusammenschluß mit anderen Unternehmen oder die Verselbständigung von Unternehmensteilen.

Träger der Arbeiterselbstverwaltung ist das Arbeitskollektiv – z.B. die Belegschaft eines Industrieunternehmens oder Dienstleistungsbetriebs; Lehrer und Verwaltungspersonal einer Schule, Ärzte, Pflege-, Verwaltungs- und technisches Personal einer Klinik. Das Arbeitskollektiv nimmt seine Selbstverwaltungsrechte entweder unmittelbar durch die Versammlung und das Referendum, oder über gewählte und ernannte Organe wahr. Im allgemeinen hat eine Organisation assoziierter Arbeit zwei Selbstverwaltungsorgane: den Arbeiterrat als Verwaltungsorgan und die Geschäftsleitung als Vollzugsorgan. Die zahlenmäßige Zusammensetzung des Arbeiterrats, das Wahlverfahren, die detaillierte Aufgabenstellung sind Sache der Organisation. Gesetzlich vorgeschrieben ist die Amtsdauer – sie ist auf maximal zwei Jahre begrenzt – sowie die Rotation – niemand darf mehr als zweimal nacheinander in denselben Arbeiterrat gewählt werden. Die Zusammensetzung des Arbeiterrats muß die soziale Struktur der Organisation widerspiegeln. Die Geschäftsleitung kann von einer Einzelperson oder kollegial ausgeübt werden. Der Direktor wird vom Arbeiterrat aufgrund einer öffentlichen Ausschreibung und auf Vorschlag einer Kommission ernannt, die aus Vertretern der Organisation, der Gewerkschaft und einer gesellschaftlich-politischen Gemeinschaft (z.B. Kommune) besteht. Die Amtsdauer beträgt vier Jahre, sie kann allerdings beliebig oft erneuert werden.

Die Verknüpfung der Arbeiterselbstverwaltung mit einem marktwirtschaftlichen System und die Kompetenz der Arbeitskollektive zur Einkommensverteilung zeitigen zwei Probleme. Das eine besteht im Gegensatz zwischen Arbeitsleistung und Ertragsbeteiligung – das persönliche Einkommen ist von der

Honorierung der Produkte durch den Markt und damit auch vom geschäftlichen Erfolg eines Unternehmens und nicht nur von der individuellen und kollektiven Arbeitsleistung abhängig. Das andere besteht in der Freiheit der Wahl zwischen Investitionen und Konsum. Durch Selbstverwaltungsabkommen zwischen Unternehmen und Absprachen zwischen territorialen Selbstverwaltungsorganen, Gewerkschaften und weiteren Institutionen werden leistungsgerechte, für gleiche Beschäftigtenkategorien regional und überregional einander angenäherte Einkommen angestrebt; durch die Berücksichtigung der »verflossenen«, in Anlagen usw. »vergegenständlichten« Arbeit bei der Berechnung des persönlichen Einkommens wird der Neigung der Arbeiter, Investitionen zugunsten ihres Einkommens zu vernachlässigen, entgegengetreten.

### Das Versammlungssystem

Über die auf dem Delegationsprinzip beruhenden Versammlungen der Werktätigen und/oder Bürger als höchsten Organen der Macht in den gesellschaftlich-politischen Gemeinschaften (Kommune, Republik, Provinz und Bund) ist die Arbeiterselbstverwaltung in die territoriale (Selbst)Verwaltung eingebunden. Das Delegationen- und Versammlungssystem bietet den Bürgern eine einzigartige (formale) Partizipationsmöglichkeit; gegenwärtig sind – bei einer Bevölkerungszahl von knapp 22 Millionen – rd. eine Million Bürger Mitglieder von Delegationen.

Auf kommunaler Ebene besteht die Versammlung aus dem Rat der assoziierten Arbeit, dem Rat der Ortsgemeinschaften und dem Gesellschaftlich-politischen Rat. Die Mitglieder des Rats der assoziierten Arbeit werden delegiert aus der Mitte von Delegationen: der Werktätigen in Organisationen assoziierter Arbeit (Industrie-, Handels-, Dienstleistungsunternehmen; Schulen, Verlagen, Kliniken); Arbeitsgemeinschaften (Banken, Versicherungen); Genossenschaften (landwirtschaftlichen und handwerklichen) und Vertraglichen Organisationen assoziierter Arbeit (z.B. selbständiger Handwerker mit nicht über eigene Arbeitsmittel verfügenden Personen); der aktiven Angehörigen der Streitkräfte; der Schüler und Studenten (im Bereich des Bildungswesens). Die Mitglieder des Rates der Ortsgemeinschaften werden aus der Mitte von Delegationen entsandt, die von den Bürgern der Ortsgemeinschaften (Dorf, Stadtbezirk) gebildet werden. Nur die Mitglieder des Gesellschaftlich-politischen Rats werden von den Bürgern direkt gewählt, und zwar aus der Mitte von Delegationen der Angehörigen gesellschaftlich-politischer Organisationen.

Die Räte der Kommunalversammlungen wählen unter den Mitgliedern der Delegationen – nicht unter ihren Mitgliedern – Delegierte in entsprechende Räte der Republiks- und Provinzversammlungen: den Rat der assoziierten Arbeit, den Rat der Kommunen und den Gesellschaftlich-politischen Rat.

Die Spitze des Versammlungssystems bildet die Versammlung der SFRJ. Sie besteht aus zwei Räten, in denen die Republiken und die Autonomen Provinzen jeweils paritätisch vertreten sind: dem 220 Delegierte zählenden Bundesrat und dem 88 Delegierte umfassenden Rat der Republiken und Provinzen. Der Bundesrat ist die Vertretung der Selbstverwaltungsorganisationen und -gemeinschaften sowie der gesellschaftlich-politischen Organisationen in den Republiken und Provinzen. Die Kandidaten werden von den Delegationen dieser Organisationen aus deren Mitte unter Beteiligung der Bürger vorgeschlagen, auf Nominierungskonferenzen des SBdWVJ in den Republiken und Provinzen auf eine Wahlliste gesetzt und von den Kommunalversammlungen gewählt – 30 je Republik und 20 je Provinz. Das Vertretungsorgan der Republiken und Provinzen wird aus Delegationen gebildet, deren jede aus 12 Mitgliedern je Republik und acht je Provinz besteht. Sie werden von den Versammlungen der Republiken und Provinzen unter ihren Mitgliedern auf einer gemeinsamen Sitzung aller ihrer Räte gewählt. Ihr Mandat in der sie entsendenden Versammlung behalten sie bei.

Die Anzahl der Kandidaten und Versammlungsmandate braucht nicht übereinzustimmen. In der Praxis werden aber lediglich für die Wahlen zu den Kommunalversammlungen mehr Kandidaten aufgestellt als Sitze zu vergeben sind. Bürger dürfen nicht mehr als zweimal hintereinander, und zwar auf jeweils vier Jahre, in die Delegation der gleichen Selbstverwaltungsorganisation bzw. -gemeinschaft gewählt werden; dasselbe gilt für die Delegierten in den Versammlungen. Die Delegierten behalten ihren Arbeitsplatz; zur Ausübung ihres Mandats werden sie beurlaubt. Die von den Delegationen in die Versammlungen entsandten Bürger erhalten Richtlinien für ihre Tätigkeit, sind verpflichtet Rechenschaft abzulegen und abberufbar.

Die rätedemokratische Konzeption ist jedoch insofern durchbrochen als die Delegierten keinem imperativen Mandat unterliegen. Sie haben zwar die Auffassungen ihrer Organisationen und Delegationen zu vertreten, sollen diese jedoch mit den Interessen der übrigen Entsendungsgremien und mit übergeordneten gesellschaftlichen Interessen in Einklang bringen. Bei der Entscheidung über ihr Abstimmungsverhalten sind sie frei. Eine Sonderregelung gilt für den Rat der Republiken und Provinzen: Er bedarf für seine Beschlüsse der Zustimmung der Republiks- und Provinzversammlungen; andererseits sind die ihm angehörenden Delegationen verpflichtet, die sie entsendenden Republiks- und Provinzversammlungen zu unterrichten und wirken bei der Beschlußfassung der delegierenden Versammlungen zwecks Erzielung eines Einvernehmens mit. Zustimmungsbedürftige Beschlüsse können nur mit den Stimmen aller Delegationen des Rats der Republiken und Provinzen gefaßt werden. Droht durch die Verweigerung der Zustimmung ein schwerer Schaden für den Bund, weil z. B. internationale Verpflichtungen nicht erfüllt werden könnten, so kann die Bundesversammlung ein Gesetz über »einstweilige Maßnahmen« beschließen.

Die Durchführung der von den Versammlungen beschlossenen Gesetze und sonstigen Rechtsakte obliegt Exekutivräten und Verwaltungsorganen, die von den Versammlungen auf vier Jahre gewählt bzw. ernannt werden und ihnen gegenüber verantwortlich sind. Die Vorsitzenden der Exekutivräte können für maximal zwei aufeinanderfolgende Amtsperioden, Mitglieder der Exekutivräte sowie Funktionäre der Verwaltungsorgane ausnahmsweise auch ein drittes Mal hintereinander gewählt bzw. ernannt werden.

## Staatsoberhaupt und Regierung der SFRJ

Staatsoberhaupt ist gegenwärtig der von der Versammlung der SFRJ auf Lebenszeit gewählte »Präsident der Republik«, Josip Broz Tito. Er vertritt den Bund im In- und Ausland, verkündet die Gesetze, ist Oberbefehlshaber der Streitkräfte, kann an Sitzungen des Bundesexekutivrats teilnehmen und führt dann den Vorsitz; er ist Vorsitzender des Präsidiums der SFRJ.

Das Präsidium ist das für den Fall seines Ausscheidens vorgesehene »kollegiale Staatsoberhaupt«. Es setzt sich aus je einem Mitglied aus jeder Republik und Provinz zusammen, das von deren Versammlungen gewählt wird, wodurch in der Staatsspitze die Gleichberechtigung der Republiken und Provinzen und die Harmonisierung ihrer Interessen gewährleistet sein sollen; außerdem gehört ihm – ex officio – der Vorsitzende des BdKJ an. Die Amtsdauer der Mitglieder des Präsidiums beträgt fünf Jahre; eine einmalige anschließende Wiederwahl ist zulässig. Der Vorsitz im Präsidium wechselt jährlich – für Tito gilt eine Ausnahme. Abgesehen von den derzeit von Tito als Staatspräsidenten und Vorsitzenden des Präsidiums wahrgenommenen Aufgaben steht dem Präsidium das Recht zu, der Versammlung der SFRJ Vorschläge zur Innen- und Außenpolitik zu unterbreiten und die zu deren Verwirklichung erforderlichen Gesetze und sonstigen Rechtsakte zu initiieren; es kann vom Bundesexekutivrat verlangen, bestimmte Maßnahmen zur Ausführung von Gesetzen zu treffen; es kann vor der Bundesversammlung dem Exekutivrat die Vertrauensfrage stellen; falls im Kriegszustand die Versammlung nicht zusammentreten kann, erläßt es Verordnungen mit Gesetzeskraft und kann einzelne Verfassungsbestimmungen, insbesondere auch Grundrechte außer Kraft setzen. Es ist der Bundesversammlung gegenüber nicht verantwortlich.

Gesamtstaatliches Vollzugsorgan ist der Bundesexekutivrat. Er besteht aus dem von der Versammlung der SFRJ auf Vorschlag des Präsidiums der SFRJ gewählten Vorsitzenden und den nach dem Grundsatz einer gleichberechtigten Repräsentanz der Republiken und einer angemessenen Vertretung der Provinzen zu wählenden Mitgliedern – den von der Versammlung auf Vorschlag des Vorsitzenden gewählten Stellvertretenden Vorsitzenden, Mitgliedern ohne Portefeuille und Bundessekretären (Ministern für Auswärtiges, Inneres, Verteidigung, Finanzen u. a. m.); ferner gehören ihm an Vorsitzende von Bundeskomitees (z. B. für Energetik und Industrie, Landwirtschaft, Verkehr, Arbeit) und Leiter weiterer Bundesverwaltungsorgane. Sind Vorsitzender und Mitglieder des Bundesexekutivrates Delegierte der Bundesversammlung, erlischt ihr Mandat. Der Bundesexekutivrat ist der Versammlung gegenüber rechenschaftspflichtig; er kann die Vertrauensfrage stellen und zurücktreten; die Versammlung kann das Mißtrauen aussprechen; der Rücktritt oder die Abberufung des Vorsitzenden hat den Rücktritt bzw. die Amtsenthebung des gesamten Exekutivrats zur Folge.

## Rechtsprechung und Rechtsschutz

Die Rechtsprechung wird wahrgenommen von ordentlichen Gerichten der Kommunen, Republiken, Provinzen und des Bundes, deren Mitglieder von den entsprechenden Versammlungen gewählt werden, Militärgerichten sowie Selbstverwaltungsgerichten. Oberste Gerichte der SFRJ sind das Bundesgericht sowie das Bundesverfassungsgericht, deren Vorsitzende und Richter nach Maßgabe einer paritätischen Vertretung der Republiken und Berücksichtigung der Provinzen von der Bundesversammlung gewählt werden. Das Bundesgericht entscheidet in bestimmten Streitsachen und über Todesurteile in letzter Instanz; in erster Instanz über vermögensrechtliche Streitsachen zwischen Republiken und Provinzen sowie zwischen Bund, Republiken und Provinzen, über die Gesetzmäßigkeit von Verwaltungsakten der Bundesorgane, über Kompetenzstreitigkeiten zwischen Gerichten aus zwei oder mehreren Republiken bzw. Provinzen sowie zwischen Militär- und Zivilgerichten.

Die Zuständigkeit des Verfassungsgerichts der SFRJ erstreckt sich auf die Normenkontrolle (Prüfung der Verfassungsmäßigkeit von Bundesgesetzen, der Übereinstimmung von Gesetzen und sonstigen Rechtsakten der Republiken, Provinzen und Kommunen mit der Bundesverfassung und mit Bundesgesetzen); Organstreitigkeiten (die Rechte und Pflichten zwischen Bund und Republiken bzw. Provinzen, zwischen Republiken und Provinzen, zwischen Kommunen, wenn diese auf den Territorien verschiedener Republiken liegen, betreffend) und Zuständigkeitsstreitigkeiten (zwischen Gerichten, Gerichten und sonstigen Staatsorganen sowie zwischen Bundesorganen einerseits, und Republiks- bzw. Provinzorganen andererseits). Stellt das Verfassungsgericht die Unvereinbarkeit von Gesetzen des Bundes, einer Republik oder Provinz mit der Bundesverfassung oder eines Republiks- bzw. Provinzgesetzes mit einem Bundesgesetz fest, so sind die zuständigen Versammlungen verpflichtet, die Konformität herzustellen; anderenfalls setzt das Verfassungsgericht ein solches Gesetz oder einzelne seiner Bestimmungen durch Beschluß außer Kraft. Sonstige inkonforme Vorschriften oder Selbstverwaltungsakte kann es für nichtig erklären oder aufheben. Das Verfassungsgericht kann auf Antrag oder aus eigener Initiative tätig werden.

Nicht zuständig ist das Verfassungsgericht der SFRJ – und das gilt auch für die Verfassungsgerichte der Republiken und

Provinzen – für die Entscheidung über Grundrechtsverletzungen. Das Institut der Verfassungsbeschwerde gibt es nicht. Gegen Verwaltungsakte kann der Bürger lediglich Beschwerde beim zuständigen Organ einlegen; über die Gesetzmäßigkeit solcher Akte befindet ein ordentliches Gericht im Verwaltungsstreitverfahren.

Selbstverwaltungsgerichte gibt es in Gestalt von Gerichten assoziierter Arbeit, Schiedsgerichten, Friedensräten u.a. Sie werden auf Grund von Selbstverwaltungsvereinbarungen gebildet, in denen Zusammensetzung, Zuständigkeiten, Verfahren und Rechtsmittel geregelt werden. Sie entscheiden über Streitsachen in Selbstverwaltungsangelegenheiten, sofern hierfür nicht die Zuständigkeit eines ordentlichen Gerichts gegeben ist.

Der Schutz der Selbstverwaltungsrechte obliegt darüber hinaus gesellschaftlichen Selbstverwaltungsanwälten, die auf Antrag von Bürgern, Selbstverwaltungsorganisationen, Staatsorganen, oder aus eigener Initiative tätig werden und Verfahren vor den Versammlungen der gesellschaftlich-politischen Gemeinschaften und Gerichten anstrengen können. Selbstverwaltungs- und Staatsorgane sind verpflichtet, den Selbstverwaltungsanwälten die erforderlichen Informationen zu überlassen. Zur Wahrung der Selbstverwaltungsrechte auf Bundesebene ernennt die Versammlung der SFRJ einen Bundesanwalt.

Die Strafverfolgung liegt auf Bundesebene beim öffentlichen Bundesankläger, der von der Versammlung der SFRJ ernannt und seines Amtes enthoben wird. Er kann den Anklägern der Republiken und Provinzen bindende Anweisungen erteilen und die Verfolgung bestimmter Strafhandlungen an sich ziehen.

### Außenpolitik und Landesverteidigung

Die jugoslawische Außenpolitik gründet auf solchen weltpolitischen Ordnungsvorstellungen wie Unabhängigkeit und Gleichberechtigung der Staaten, Selbstbestimmung der Völker, Sicherheit, Demokratisierung der internationalen Beziehungen. Hiervon abgeleitet sind die außenpolitischen Konzeptionen der Blockfreiheit und der friedlichen aktiven Koexistenz. Die Konzeption der Blockfreiheit beinhaltet die Ablehnung jeglicher Blockbildung und jeglichen Führungsanspruchs eines Staates; sie impliziert aber nicht Neutralismus im Sinne von Unparteilichkeit – Jugoslawien versteht sich als ein sozialistischer Staat, der BdKJ als marxistisch-leninistische Partei, woraus sich mit den sozialistischen Ländern und mit »fortschrittlichen« Befreiungsbewegungen in der »Dritten Welt« gemeinsame Interessen ergeben.

Geopolitische Situation und ideologische Position als Determinanten der jugoslawischen Außenpolitik machen die Sowjetunion zu Jugoslawiens wichtigstem außenpolitischen Partner bzw. Kontrahenten. Im Juni 1948 war Jugoslawien auf Betreiben der Sowjetunion wegen des Gleichberechtigungsanspruchs der KPJ aus dem Kommunistischen Informationsbüro (Kominform) ausgeschlossen worden. Die sowjetische Partei- und Staatsführung fand sich erst 1955 bereit, die Unabhängigkeit und Gleichberechtigung Jugoslawiens und das Prinzip der Nichteinmischung in die inneren Angelegenheiten und damit das Recht Jugoslawiens auf einen eigenständigen Sozialismus anzuerkennen. In den folgenden zwei Jahrzehnten hat sie mehrfach versucht, diese in der Belgrader Deklaration vom Juni 1955 und in der Moskauer Deklaration vom Juni 1956 bekräftigten Prinzipien für die Beziehungen auf Staats- und Parteiebene zu entwerten. Auf wiederholtes Drängen Jugoslawiens sind sie im November 1976 seitens der sowjetischen Führung erneut bestätigt worden.

Unter dem Eindruck der sowjetischen Intervention in der ČSSR vom August 1968 haben Jugoslawien und die VR China ihre jahrelang eingefrorenen Beziehungen reaktiviert und auf der Grundlage einer gemeinsamen Frontstellung gegen den »Hegemonismus« der UdSSR ausgebaut. Der Besuch Titos in Peking im August/September 1977 und der Gegenbesuch des chinesischen Partei- und Regierungschefs im August 1978 wurden zu Höhepunkten dieser Politik. Die Abwehr sowjetischer hegemonialer Ambitionen verbindet Jugoslawien außenpolitisch auch mit Rumänien, während die Beziehungen zu Bulgarien wegen der »Mazedonienfrage« (der Weigerung Bulgariens, die Mazedonier als Volk anzuerkennen) und zu Albanien wegen der jugoslawischen Nachkriegspolitik einer Bevormundung gegenüber diesem Land und des albanischerseits als revisionistisch verworfenen jugoslawischen Sozialismusmodells belastet sind.

Innerhalb der Bewegung der »Ungebundenen«, zu deren Initiatoren Tito zählt, ist Jugoslawien bemüht zu verhindern, daß diese Staatengruppe, den Vorstellungen insbesondere Kubas und Vietnams folgend, in der UdSSR ihren »natürlichen« Verbündeten erblickt. Auf der Konferenz von Colombo im Sommer 1976 setzte Tito den prosowjetischen Akzenten den Appell zur konstruktiven Zusammenarbeit mit den kapitalistischen Industrieländern entgegen, zu denen Jugoslawien – seiner im Ost-West-Verhältnis auf Balance bedachten Außenpolitik entsprechend – ebenfalls rege Beziehungen unterhält.

Die Landesverteidigung ist unter Wiederbesinnung auf Traditionen des Volksbefreiungskrieges aufgrund des Gesetzes von 1969 Bestandteil der Selbstverwaltung von der Kommune bis hin zum Bund. Alle gesellschaftlich-politischen Gemeinschaften sind verpflichtet, auf ihrem Territorium Verteidigungsmaßnahmen zu treffen und den bewaffneten Kampf zu lenken. Dementsprechend ist die Landesverteidigung stark dezentralisiert, wobei die Republiken und Provinzen, insbesondere im Falle einer Besetzung ihres Territoriums, weitgehende Kompetenzen innehaben. Die Anerkennung der Okkupation Jugoslawiens oder eines Landesteils sowie die Kapitulation sind verfassungswidrig.

Die Streitkräfte bestehen aus der Volksarmee und Einheiten der Territorialverteidigung. Die regulären Streitkräfte zählen 267000 Mann; 200000 hiervon sind im Heer, 27000 in der Kriegsmarine, 40000 in der Luftwaffe. Hinzu kommen 16000 Mann Grenztruppen[5]. Die Einheiten der Territorialverteidigung werden auf rd. 1 Million geschätzt[6]. Sie sind nach dem Produktions- und dem Territorialprinzip organisiert, d. h., daß sie sowohl von den Organisationen der Arbeiterselbstverwaltung als auch von den Kommunen, Republiken und Provinzen aufgestellt und unterhalten werden. Zur Leitung der Territorialverteidigung sind bei den gesellschaftlich-politischen Gemeinschaften Stäbe eingerichtet, die in Friedenszeiten untereinander weitreichende Selbständigkeit genießen. Im Kriegsfall sind die Operationen der Territorialverteidigung mit denjenigen der Volksarmee abzustimmen; die Einheiten der Territorialverteidigung den Kommandeuren der militärischen Einheit, mit der sie operieren, unterstellt.

Hinsichtlich der Kommandosprache sind die Nationen und Nationalitäten Jugoslawiens gleichberechtigt. Die Führungspositionen sind nach dem Republiks- und Provinzproporz zu besetzen. Die Volksarmee gilt als Element und Garant der Einheit der Föderation.

[5] *The Military Balance 1978–1979*. London 1978, S. 32f.
[6] Ebd., S. 33.

Auty, Phyllis: *Tito. Staatsmann aus dem Widerstand* (a. d. Engl.). München usw., Bertelsmann, 1972.
Clissold, Stephen (ed.): *Yugoslavia and the Soviet Union 1939–1973. A documentary survey.* London, Oxford Univ. Press, 1975.
Denitch, Bogdan D.: *The Legitimation of a Revolution. The Yugoslav Case.* New Haven/London, Yale Univ. Press, 1976.
Djilas, Milovan: *Die neue Klasse. Eine Analyse des kommunistischen Systems.* (a. d. Serbokroat.). München, Kindler, 1963.
Drulović, Milojko: *Arbeiterselbstverwaltung auf dem Prüfstand. Erfahrungen in Jugoslawien* (a. d. Serbokroat.). Berlin/Bonn-Bad Godesberg, Dietz, 1976.
Dunn, William N. and Josip Obradović (eds.): *Workers' Self-Management and Organizational Power in Yugoslavia.* Pittsburgh, Univ. Center for International Studies, 1978.
Furtak, Robert K.: *Jugoslawien: Politik, Gesellschaft, Wirtschaft.* Hamburg, Hoffmann und Campe, 1975.
Grothusen, Klaus-Detlef (Hrsg.): *Südosteuropa-Handbuch, Bd. 1: Jugoslawien.* Göttingen, Vandenhoeck & Rupprecht, 1975.
Haberl, Othmar N.: *Parteiorganisation und nationale Frage in Jugoslawien.* Wiesbaden, Harrassowitz, 1976.
Horvat, Branko: *Die jugoslawische Gesellschaft. Ein Essay* (a. d. Serbokroat.). Frankfurt, Suhrkamp, 1972.
Ihlau, Olaf und Miodrag Vukić (Hrsg.): *Jugoslawien – Modell im Wandel.* Frankfurt a. M., Fischer, 1973.
Kardelj, Edvard: *Die Wege der Demokratie in der sozialistischen Gesellschaft* (a.d. Serbokroat.). Beograd, Verlag Aktuelna pitanja socijalizma, 1978.
Jambrek, Peter: *Development and Social Change in Yugoslavia. Crises and Perspectives of Building a Nation.* Westmead, Saxon House und Lexington (Mass.), Lexington Books, 1975.
Lemân, Gudrun: *Das jugoslawische Modell.* Frankfurt a. M./Köln, Europäische Verlagsanstalt, 1976.
Marković, Mihailo: *Dialektik der Praxis* (a. d. Serbokroat.). Frankfurt a. M., Suhrkamp, 1968.
– and Robert S. Cohen: *Yugoslavia. The Rise and Fall of Socialist Humanism. A History of the Praxis Group.* Nottingham, Spokesman Books, 1975.
Reuter-Hendrichs, Irena: *Jugoslawische Außenpolitik 1948–1968.* Köln usw., Heymanns, 1976.
Roggemann, Herwig: *Das Modell der Arbeiterselbstverwaltung in Jugoslawien,* Frankfurt a. M., Europäische Verlagsanstalt, 1970.
Rubinstein, Alvin Z.: *Yugoslavia and the Nonaligned World.* Princeton (N. J.), Princeton Univ. Press, 1970.

Shoup, Paul: *Communism and the Yugoslav National Question.* New York usw., Columbia Univ. Press, 1968.
Stojanović, Svetozar: *Kritik und Zukunft des Sozialismus* (a. d. Serbokroat.). München, Hanser, 1970; Frankfurt a.M., Fischer, 1972.
Supek, Rudi und Branko Bošnjak (Hrsg.): *Jugoslawien denkt anders. Marxismus und Kritik des etatistischen Sozialismus* (a. d. Serbokroat.). Wien usw., Europa-Verlag, 1971.
Vukmanović-Tempo, Svetozar: *Mein Weg mit Tito. Ein Revolutionär erinnert sich* (a. d. Engl.). München/Zürich, Droemer-Knaur, 1972.
Zukin, Sharon: *Beyond Marx and Tito. Theory and Practice in Yugoslav Socialism.* London, Cambridge Univ. Press, 1975.

## Konstitutive Merkmale des politischen Systems

Die Demokratische Volksrepublik Korea (DVRK) hat seit dem 27. Dezember 1972 die Verfassung eines »sozialistischen Staates«[1]. Er beruht auf der »politisch-ideologischen Einheit des gesamten Volkes, das von dem durch die Arbeiterklasse geleiteten Arbeiter- und Bauernbündnis geführt wird« (Art. 2) und »übt die Diktatur des Proletariats aus« (Art. 10). Leitender und verpflichtender Grundsatz aller Politik ist nach Art. 4 die »›Dschutsche‹-Idee der [marxistisch-leninistischen] Partei der Arbeit Koreas« (PAK).

Dieses von Kim Il Sung (Kim Ir Sen) erstmals im Dezember 1955 formulierte und in den 60er Jahren weiterentwickelte Bündel von Maximen – eine »schöpferische Anwendung des Marxismus-Leninismus für die Realität des Staates« (Art. 4) – beinhaltet den Anspruch auf Verfolgung einer den nationalen Besonderheiten und Bedürfnissen angepaßten Politik im Vertrauen auf die eigene Kraft: »Dschutsche [Eigenständigkeit] in der Ideologie, Unabhängigkeit in der Politik, Selbständigkeit in der Wirtschaft, Selbstverteidigung beim Schutz des Landes«[2].

Die Weiterentwicklung des Sozialismus erfolgt ferner auf der Grundlage des »Tschongsan-Ri«-Geistes und der »Tschongsan-Ri«-Methode (benannt nach einer landwirtschaftlichen Produktionsgenossenschaft) sowie der vom chinesischen »Großen Sprung nach vorn« inspirierten »Tschollima«-Bewegung (benannt nach einem fliegenden Pferd in der koreanischen Mythologie). Hierbei handelt es sich um ideelle und organisatorische Instrumente zur umfassenden Mobilisierung der eigenen humanen und materiellen Ressourcen durch eine Verknüpfung der Entscheidungsmacht der PAK und der Organisationsgewalt des Staates mit der schöpferischen Initiative der Massen.

Partei und Staat stehen in einem hierarchischen Verhältnis zueinander. Alle staatliche Tätigkeit ist an der »Dschutsche«-Idee ausgerichtet, das Politbüro leitet nach Art. 37 des Parteistatuts vom April 1960 direkt alle Organe der Staatsgewalt. Kim

[1] Deutsche Übersetzung in: WGO – Monatshefte für Osteuropäisches Recht 15 (1973), S. 47–62.

[2] Kim Ir Sen, *Ausgewählte Werke*, Bd. 4, Pyongyang 1974, S. 241.

Il Sung, Generalsekretär der PAK, hat auch verfassungsmäßig eine große Machtfülle. Kraft seines Amtes als Staatsoberhaupt ist er Vorsitzender des Zentralen Volkskomitees, Oberbefehlshaber der Streitkräfte und Vorsitzender des Nationalen Verteidigungskomitees und kann den Regierungsvorsitz übernehmen. Die Identifizierung Kim Il Sungs mit der die nationale Identität verkörpernden »Dschutsche«-Idee sowie sein charismatischer Führungsstil sind Grundlage eines im Epithethon »Sonne der Nation« sich manifestierenden Personenkults, worin überkommene konfuzianische Haltungen und Überzeugungen nachwirken.

## Die kommunistische Machtübernahme

Im August 1945 besetzten – jeweils bis zum 38. Breitengrad – US-amerikanische Truppen den südlichen, sowjetische Truppen den nördlichen Teil Koreas. Aus der Sowjetunion kehrten dort geborene und/oder ausgebildete Kommunisten, aus China die sog. »Yenan-Faktion« und aus der Mandschurei Kim Il Sung, wo er seit den 30er Jahren Partisaneneinheiten geführt hatte, nach Nord-Korea zurück. Von den sowjetischen Besatzungsorganen begünstigt, unterwarf Kim Il Sung durch Schaffung des Nordkoreanischen Zentralbüros der Koreanischen Kommunistischen Partei (im Oktober 1945) die »einheimischen« Kommunisten seiner Kontrolle. Im Dezember 1945 ging aus dem Zentralbüro die Nordkoreanische Kommunistische Partei hervor, die sich vor allem auf die zahlenmäßig nur sehr schwache Industriearbeiterschaft stützte. Die China-Heimkehrer schlossen sich dieser Partei zunächst nicht an; sie gründeten vielmehr im März 1946 die Neue Volkspartei, die – der »neudemokratischen« Konzeption Mao Tse-tungs folgend – ihre Anhänger unter den Bauern, dem Kleinbürgertum und der Intelligenz rekrutierte. Indessen fusionierten im August 1946 beide Parteien unter dem Führer der »Yenan-Faktion« zur Nordkoreanischen Partei der Arbeit.

Im Februar 1946 wurde unter dem Vorsitz Kim Il Sungs der Nordkoreanische Provisorische Volksrat als zentrales Vollzugsorgan gebildet. Er trat an die Stelle des unter dem Führer der Nordkoreanischen Demokratischen Partei, Tscho Man-Shik, stehenden Verwaltungsbüros der Fünf Provinzen, des anfangs paritätisch mit Kommunisten und bürgerlichen Nationalisten besetzten Zentralorgans der örtlichen Volksräte. Gestützt auf die Nordkoreanische Demokratische Einheitsfront, der die Nordkoreanische KP, die Neue Volkspartei, die von den Kommunisten unterwanderte christlich-bürgerliche Demokratische Partei und die religiös-nationalistische Nordkoreanische Tschondogio (= Himmelsweg-Religion)-Bruderschafts-Partei angehörten, leitete der Nordkoreanische Provisorische Volksrat eine Bodenreform sowie die Verstaatlichung der Industrie und Banken ein. Im Februar 1947 fand ein Kongreß der örtlichen Volksräte statt. Aus ihm ging als Gesetzgebungsorgan eine Volksversammlung hervor, die einen von Kommunisten dominierten Volksrat wählte, der – wiederum unter Kim Il Sung – den Provisorischen Volksrat ablöste.

Im November 1947 beschloß die UN-Vollversammlung für ganz Korea freie Wahlen zu einem gesamtnationalen Vertretungsorgan. Von der Sowjetunion und vom nordkoreanischen Regime boykottiert, fanden diese unter UNO-Aufsicht im Mai 1948 nur im südlichen Landesteil statt, wo am 15. August 1948 die Republik Korea gegründet wurde. Nördlich des 38. Breitengrades wurden zehn Tage darauf über eine Einheitsliste der Demokratischen Einheitsfront die Koreanische Oberste Volksversammlung gewählt und am 9. September 1948, nach Verabschiedung einer »volksdemokratischen« Verfassung, die Demokratische Volksrepublik Korea ausgerufen. Chef der neugebildeten Regierung wurde Kim Il Sung.

Im Juni 1949 verschmolz die Nordkoreanische Partei der Arbeit mit der nach dem Norden verlegten marxistisch-leninistischen Südkoreanischen Arbeiterpartei zur PAK, deren Führung Kim Il Sung übernahm. Auf ihrem IV. Parteitag vom Mai 1961 proklamierte die PAK die Vollendung des Aufbaus des Sozialismus.

## Die marxistisch-leninistische Partei

Die 1949 gegründete PAK war von Anfang an als eine Massenpartei konzipiert worden. 1975 zählte sie rd. 2 Millionen Mitglieder[3] und umfaßte damit 12,5 Prozent der 1974 auf rd. 16 Millionen geschätzten Bevölkerung. Bis 1958 war sie Schauplatz heftiger Auseinandersetzungen unter den um die Macht

[3] Chong-Sik Lee in: Problems of Communism 1977, 2, S. 65.

rivalisierenden Gruppierungen – der »Einheimischen« der aus der Sowjetunion heimgekehrten Kommunisten, der »Yenan-Faktion« und der mandschurischen Partisanen –, wobei auch die Frage einer engeren Anlehnung an die KPdSU oder KP Chinas zur Debatte stand. Kim Il Sung konnte sich mittels mehrmaliger Säuberungen durchsetzen und seine Führungsposition als Vorsitzender bzw. Generalsekretär der Partei, gestützt auf die Partisanengruppe und loyal ergebene »nachrevolutionäre« Kader, in den Folgejahren festigen.

Formal höchstes Parteiorgan ist der nach dem Statut alle vier Jahre zusammentretende Parteitag. Als Organ zwischen den Parteitagen fungiert das mindestens dreimal im Jahr tagende ZK. Zu seinen Zuständigkeiten gehört die Festlegung der Parteipolitik zwischen den Parteitagen, die Einrichtung, Leitung und Kontrolle von »Politbüros« in Behörden, Unternehmen, Bildungseinrichtungen, militärischen Einheiten u.a.m. – zwecks Indoktrination der Mitarbeiter –, sowie die Auswahl, Ausbildung und Ernennung der Parteikader. Es wählt ferner den Politischen Ausschuß. Dieser ist das faktisch höchste Entscheidungsorgan der Partei und in Anbetracht seiner Weisungsbefugnis gegenüber den Organen des Staates auch des letzteren. Das ebenfalls vom ZK gewählte Sekretariat, mit dem Generalsekretär an der Spitze, sorgt für die Ausführung der Parteitags- und ZK-Beschlüsse und kontrolliert die Parteiarbeit.

Die an der Basis in Grundorganisationen zusammengefaßten Parteimitglieder sind verpflichtet, den Bürgern das Wertesystem des »Dschutsche« einzupflanzen, die Einheit des Volkes zwecks Abwehr äußerer Feinde durch Überwindung des traditionellen Hangs zur Gruppenbildung zu festigen, die Neigung zur Nachahmung fremder Entwicklungsmodelle zu bekämpfen, die Massen mit disziplinierten Kadern zu durchdringen und das schöpferische Potential der Bürger für die von der Parteiführung gesetzten Ziele zu aktivieren, wobei das Prinzip der »Massenlinie« allerdings weniger unter Akzentuierung der Spontaneität als vielmehr im Sinne der Erziehung zum Gehorsam angewendet wird.

Innerhalb der kommunistischen Weltbewegung, und das betrifft insbesondere auch das Verhältnis zur KPdSU und zur KP Chinas, verficht die PAK, der »Dschutsche«-Idee entsprechend, den Grundsatz der Gleichheit und Unabhängigkeit aller KPs.

## Gesellschaftliche Organisationen

Der Erziehung zu einer disziplinierten, freiwilligen, von Begeisterung getragenen Erfüllung der Parteidirektiven und zur Bereitschaft zur Verantwortung vor dem Kollektiv dienen insbesondere auch die gesellschaftlichen Organisationen: die Gewerkschaften, der Verband der Sozialistischen Jugend der Arbeit, die Pionierorganisation, der Frauenverband, der die Genossenschaftsbauern sowie die Arbeiter und Angestellten der landwirtschaftlichen Staatsbetriebe erfassende Verband der Werktätigen der Landwirtschaft.

Die gesellschaftlichen Organisationen sind als Transmissionsriemen der PAK konzipiert. Die Gewerkschaften z.B. sollen Schule der kommunistischen Erziehung der Arbeiter sein, für die Planerfüllung sorgen, die Arbeitsdisziplin heben; daneben sind sie allerdings auch mit der Weiterbildung der Arbeiter betraut und wirken an der Festlegung der Arbeitsnormen und -löhne mit durch Veranstaltung von Beratungen mit den Arbeitern und Weitergabe der Ergebnisse an die Betriebsleitung, der neben dem Betriebsleiter auch der Vorsitzende des Betriebsparteikomitees angehört.

## Volksvertretung, Staatsoberhaupt, Regierung

Nationales Vertretungsorgan ist die Oberste Volksversammlung. Ihre Mitglieder werden alle vier Jahre in allgemeinen, gleichen und unmittelbaren Wahlen bestimmt. Aktiv und passiv wahlberechtigt sind die Bürger mit Vollendung des 17. Lebensjahres. Die Wahl erfolgt über eine Einheitsliste der Demokratischen Front.

Die Oberste Volksversammlung als das der Verfassung nach »höchste Organ der Staatsgewalt« (Art. 73) ist verfassung- und gesetzgebendes Organ, sie legt (formal) die Grundsätze der Innen- und Außenpolitik fest, bestätigt den Volkswirtschaftsplan und den Staatshaushalt und entscheidet über Krieg und Frieden. Als Kreationsorgan wählt sie den Staatspräsidenten und – auf dessen Vorschlag – den Vizepräsidenten und die übrigen Mitglieder des Zentralen Volkskomitees sowie den Ministerpräsidenten; sie ernennt ferner den Präsidenten des Zentralen Gerichts und den Zentralstaatsanwalt.

Da die Oberste Volksversammlung nur ein- oder zweimal im

Jahr zusammentritt, beschränkt sich die Tätigkeit des Plenums im wesentlichen darauf, die von ihrem permanenten Organ, dem Ständigen Komitee, stellvertretend für das Plenum beschlossenen Gesetzesvorlagen zu sanktionieren, die vom Staatspräsidenten, Zentralen Volkskomitee, Präsidium der Obersten Volksversammlung, Exekutivrat und von einzelnen Deputierten eingebracht werden können. Ferner legt das Ständige Komitee die geltenden Gesetze aus, wählt die Richter und Volksbeisitzer des Obersten Gerichts und übt das Verordnungsrecht aus.

Das »höchste Führungsorgan der Staatsgewalt« (Verf., Art. 100) ist das von der Obersten Volksversammlung auf vier Jahre gewählte und ihr formal verantwortliche Zentrale Volkskomitee. Es besteht aus dem Vorsitzenden, stellvertretenden Vorsitzenden, dem Sekretär und 21 Mitgliedern. Es bestimmt die Richtlinien der Innen- und Außenpolitik, lenkt die Tätigkeit des Staats-Verwaltungs-Rats, der örtlichen Vertretungs- und Verwaltungsorgane, der Gerichte und der Staatsanwaltschaften; berät über Fragen der nationalen Verteidigung und der Staatssicherheit; überwacht die Einhaltung der Verfassung, der Gesetze und Verordnungen sowie der von ihm erlassenen Dekrete und hebt verfassungs- und gesetzeswidrige Rechtsakte der Staatsorgane auf; ernennt – auf Vorschlag des Ministerpräsidenten – die Minister und sonstigen Regierungsmitglieder, Botschafter und hohe Offiziere; erklärt den Kriegszustand und ordnet die Mobilmachung an.

Der Vorsitzende des Zentralen Volkskomitees ist Präsident der DVRK und damit Staatsoberhaupt. Er wird – ohne Beschränkung der Wiederwahl – von der Obersten Volksversammlung auf vier Jahre gewählt. Dadurch, daß er das Zentrale Volkskomitee »unmittelbar« (Verf., Art. 91) leitet, den Staats-Verwaltungs-Rat »falls es sich als notwendig erweist« (Art. 92) leitet und kraft Amtes Oberkommandierender der Streitkräfte und Vorsitzender der Nationalen Verteidigungskomitees ist, liegt alle staatliche Gewalt, für deren Ausübung er der Verfassung nach der Obersten Volksversammlung allerdings (formal) verantwortlich ist, in seiner Hand.

Der Staats-Verwaltungs-Rat (Regierung) ist, abgesehen von der Kompetenz zum Abschluß internationaler Verträge – deren Ratifizierung und Kündigung wiederum Sache des Staatspräsidenten ist – und zur Aufstellung des Volkswirtschafts- und Haushaltsplans, bloßes Vollzugs- und Verwaltungsorgan in den zahlreichen Bereichen staatlicher Tätigkeit (Industrie, Landwirtschaft, Binnen- und Außenhandel, Finanzwesen, Bauwesen, Verkehrs- und Kommunikationswesen, Bildungs- und Gesundheitswesen, Wissenschaft und Kultur). Er besteht aus dem Ministerpräsidenten, dessen Stellvertretern, Ministern und weiteren Mitgliedern. Entscheidungen werden im Rahmen seiner Ständigen Kommission vorbereitet.

## Die örtlichen Organe

Die DVRK wird zentralistisch verwaltet. Sie ist administrativ gegliedert in Provinzen, drei Städte mit Sonderstatus (darunter die Hauptstadt Pjongjang), sonstige Städte, Kreise, Bezirke und Gemeinden (Dörfer und Arbeitersiedlungen).

Örtliche Organe der Staatsgewalt sind die Volksausschüsse, die auf Provinzebene und in den drei Städten alle vier, in den übrigen Verwaltungseinheiten alle zwei Jahre gewählt werden. Sie treten lediglich ein- oder zweimal im Jahr zusammen; in der Zwischenzeit werden ihre Aufgaben von Volkskomitees wahrgenommen. Die Ausführung der von den örtlichen oder übergeordneten Organen getroffenen Entscheidungen obliegt Verwaltungskomitees. Sie sind insbesondere für die Entwicklung der örtlichen Volkswirtschaft zuständig. Die Arbeit eines Volkskomitees wird von demjenigen der nächsthöheren Verwaltungsstufe angeleitet und kontrolliert; dieses kann ungeeignete Beschlüsse eines Volkskomitees und Weisungen eines Verwaltungskomitees aufheben sowie Entscheidungen des Volksausschusses einer nachgeordneten Verwaltungseinheit aussetzen.

## Rechtsprechung und Staatsanwaltschaft

Die Rechtsprechung obliegt dem Zentralgericht, Provinzgerichten, Gerichten der unmittelbar der Zentralgewalt unterstellten Städte, Volksgerichten und Sondergerichten (Militär- und Transportgerichten). Die Richter und Volksbeisitzer aller ordentlichen Gerichte werden gewählt: der Präsident des Zentralgerichts von der Obersten Volksversammlung, dessen Mitglieder von deren Ständigem Komitee; diejenigen der sonstigen Gerichte von den entsprechenden Volksausschüssen. Das Zentralgericht ist oberstes Weisungs- und Aufsichtsorgan gegenüber den übrigen Gerichten; seinerseits ist es der Obersten Volksversammlung, dem Staatspräsidenten und dem Zentralen Volkskomitee verantwortlich; die nachgeordneten Gerichte sind es den Volksausschüssen gegenüber.

Die Gerichte haben nicht nur die Aufgabe, das sozialistische System, das staatliche und genossenschaftliche Eigentum und die Rechte der Bürger zu schützen, sondern werden ausdrücklich auch in den Dienst des Klassenkampfes gestellt.

Die Staatsanwaltschaft, unter der Leitung des von der Obersten Volksversammlung gewählten und ihr, dem Staatspräsidenten und dem Zentralen Volkskomitee verantwortlichen Zentralstaatsanwalts, beaufsichtigt die Einhaltung der Gesetze durch Staatsorgane, Unternehmen, Genossenschaften, gesellschaftliche Organisationen, Amtsträger und Bürger; wacht darüber, daß alle Maßnahmen der Staatsorgane mit den vom Zentralen Volkskomitee, Staatspräsidenten, Staats-Verwaltungs-Rat und Ständigen Komitee der Obersten Volksversammlung erlassenen Normen in Einklang stehen; nimmt die Strafverfolgung und Anklageerhebung wahr und kontrolliert den Vollzug der Gerichtsurteile.

## Außenpolitik und Landesverteidigung

Aktionsfelder und Verhaltensweisen der Außenpolitik der DVRK sind bestimmt: Erstens, von der Teilung der Nation und der militärischen Präsenz der USA in Süd-Korea; zweitens von ihrer Eigenschaft als sozialistischer Staat im Spannungsfeld der ebenfalls sozialistischen, einander aber befehdenden Nachbarn UdSSR und VR China. Grundsätze ihrer Außenpolitik sind nach Art. 16 der Verfassung einerseits diejenigen der friedlichen Koexistenz (Gleichheit, Unabhängigkeit, gegenseitige Achtung, Nichteinmischung in die inneren Angelegenheiten, gegenseitiger Vorteil), andererseits diejenigen des Marxismus-Leninismus und proletarischen Internationalismus (Bündnis mit den sozialistischen Staaten und allen antiimperialistischen Völkern, Unterstützung nationaler Befreiungsbewegungen). Überwölbt werden auch diese Grundsätze von der »Dschutsche«-Idee, so daß die Außenpolitik Instrument zur Sicherung der im nationalen Interesse stehenden eigenständigen Entwicklung ist.

In Art. 5 der Verfassung setzt sich die DVRK das Ziel, Korea mit friedlichen Mitteln zu vereinigen. Das schließt zwar die Anwendung von äußerer Gewalt, wie bei der Offensive gegen Süd-Korea vom Juni 1950, normativ aus, nicht aber die Förderung von Unzufriedenheit und Unruhen und damit instabilen Verhältnissen in Süd-Korea zwecks dessen Revolutionierung von innen heraus. In den Jahren 1966–1968 verfolgte die DVRK – offensichtlich um in Anbetracht verweigerter sowjetischer Militärhilfe ihre Unabhängigkeit zu demonstrieren – eine militante »antiimperialistische« Politik, die sich in der Aufbringung des amerikanischen Schiffes ›Pueblo‹, dem Versuch einer Ermordung des südkoreanischen Staatspräsidenten und im Abschuß eines US-Aufklärungsflugzeugs niederschlug. Vor dem Hintergrund der Détente zwischen den USA und der VR China brachte Nord-Korea im April 1971 Bewegung in das durch den Waffenstillstand vom Juli 1953 geprägte Verhältnis beider Teilstaaten. Die DVRK unterbreitete einen Acht-Punkte-Plan zur Wiedervereinigung. Im Mai/Juni 1972 fanden beiderseitige Gespräche statt; im Juli wurde in einer Gemeinsamen Erklärung festgestellt, daß die Wiedervereinigung eine koreanische Angelegenheit sei, und die Bildung eines Nord-Süd-Koordinierungsausschusses beschlossen. 1973 wurden die Kontakte abgebrochen. Im Januar 1979 bekundete die DVRK, einer Initiative des südkoreanischen Staatspräsidenten folgend, die Bereitschaft zu Gesprächen mit diesem und schlug die Einberufung eines »Nationalen Wiedervereinigungskongresses« vor. Nahziel der nordkoreanischen Wiedervereinigungspolitik ist der Abzug der US-Truppen aus Süd-Korea und die Auflösung des UNO-Kommandos.

Parallel zu den Offerten an die Republik Korea entfaltete die DVRK eine rege Aktivität zur Stärkung ihrer internationalen Position. In den Jahren 1972 bis 1976 verdoppelte sich die Zahl der Länder, mit denen Nord-Korea diplomatische Beziehungen unterhielt. Es baute zwecks Erwerbs moderner Technologie die Wirtschaftsbeziehungen zu Westeuropa und Japan aus und scheute, entgegen dem »Dschutsche«, auch keine hohe Verschuldung, um gegenüber Süd-Korea – mit dessen höherem Lebensstandard – eine stärkere Attraktivität zu entfalten. (Mitte der 70er Jahre besann sich die DVRK allerdings wieder stärker auf die eigenen Kräfte.) Gegenüber den Ländern der »Dritten Welt« propagiert die DVRK das »Dschutsche« als Kern der Fortschrittsideologie des »Kimilsungismus«; Befreiungsbewegungen und »fortschrittlichen Regierungen« erweist sie Waffen-

und Ausbildungshilfe. Im August 1975 wurde die DVRK in die Bewegung der »ungebundenen« Staaten aufgenommen. Eine Mitgliedschaft in der UNO blieb ihr (ebenso wie Süd-Korea) bisher versagt; allerdings konnte sie im Rahmen der UNO im November 1975 insofern einen Teilerfolg verzeichnen, als sich die Vollversammlung in einer ihrer beiden Korea-Resolutionen die Forderung der DVRK nach direkten Verhandlungen mit den USA über eine Änderung des Status quo zueigen machte.

Im Verhältnis zur UdSSR und VR China lassen sich Phasen einer einseitigen bzw. stärkeren Anlehnung an erstere, eines Manövrierens zwischen beiden und einer auf Selbständigkeit bedachten Neutralität unterscheiden. Die Entstalinisierung in der UdSSR und deren Politik einer friedlichen Koexistenz mit den USA einerseits, der Personenkult um Kim Il Sung und die Entscheidung für eine prioritäre Entwicklung der Schwerindustrie andererseits, bewirkten in der zweiten Hälfte der 50er Jahre eine zeitweilige Entfremdung zwischen der DVRK und der UdSSR. Im Juli 1961 schloß sie Freundschafts- und Beistandspakte sowohl mit der UdSSR als auch mit der VR China, an die sie sich in Anbetracht des als Kapitulation empfundenen Nachgebens der UdSSR in der Kuba-Krise (vom Oktober 1962) unter Rückbesinnung auf die Waffenbrüderschaft im Korea-Krieg von 1950–1953 und auf der Grundlage einer gemeinsamen »anti-revisionistischen Haltung« enger anlehnte. Mitte der 60er Jahre kühlte das Verhältnis zwischen der DVRK und der VR China ab, da erstere auf eine Beilegung des sowjetisch-chinesischen Disputs zugunsten einer Aktionseinheit der sozialistischen Länder im eskalierenden Vietnam-Krieg drängte. Die Unfähigkeit der während der Kulturrevolution mit sich selbst beschäftigten VR China zu Wirtschafts- und Militärhilfe veranlaßte die DVRK zu einem erneuten Ausbau der Beziehungen zur UdSSR, wobei sie allerdings auf politische, ideologische und militärische Ungebundenheit bedacht blieb, was sich ab 1969 in einer erneuten Verbesserung des Verhältnisses zur VR China niederschlug.

Die DVRK steht außerhalb des von der UdSSR dominierten Staatensystems. Sie ist weder Mitglied des Warschauer Pakts noch des RGW; im letzteren hat sie lediglich einen Beobachterstatus. Auch die Besuchsreise Kim Il Sungs u.a. nach Jugoslawien und Rumänien im Frühjahr 1975 markiert den Willen der DVRK zu guten Beziehungen zu allen sozialistischen Staaten. Die vietnamesische Intervention in Kambodscha vom Januar

1979 hat sie als Mißachtung der Integrität eines Staates verurteilt.

Die militärische Ungebundenheit ist Ausdruck der in Art. 14 der Verfassung verankerten, auf der »Dschutsche«-Idee beruhenden »Militärkonzeption der nationalen Selbstverteidigung«. 1978 unterhielt die DVRK Streitkräfte in einer Stärke von 512000 Mann, die z.T. mit modernen sowjetischen Waffen ausgerüstet sind. Hinzu kommen rd. 40000 Mann Sicherheits- und Grenztruppen sowie eine auf 1 bis 2 Millionen Angehörige geschätzte Miliz[4]. Die hohen Verteidigungsausgaben sind eine starke Belastung für die wirtschaftliche Entwicklung.

## *Literatur*


Chung, Chin O.: *P'yongyang between Peking and Moscow. North Korea's Involvement in the Sino-Soviet Dispute, 1958–1975*. Alabama, Univ. of Alabama Press, 1978.

Kim, Ilpyong J.: *Communist Politics in North Korea*. New York usw., Praeger, 1975.

Kux, Ernst und Joseph C. Kun: *Die Satelliten Pekings. Nordvietnam, Nordkorea*. Stuttgart usw., Kohlhammer, 1964, ²1965.

Lee, Chong-Sik: *The Korean Workers Party: A Short History*. Stanford (Cal.), Hoover Institution Press, 1978.

Nam, Koon Woo: *The North Korean Communist Leadership, 1945–1965. A Study of Factionalism and Political Consolidation*. Alabama, Univ. of Alabama Press, 1974.

Scalapino, Robert A. and Chong-Sik Lee: *Communism in Korea*. 2 vols., Berkeley (Cal.), Univ. of California Press, 1972.

Sichrovsky, Harry: *Koreareport. Vom Bruderkrieg zur Wiedervereinigung?* Wien, Europa-Verlag, 1973.

Suh, Dae-Sook and Chae-Jin Lee (eds.): *Political Leadership in Korea*. Seattle/London, Univ. of Washington Press, 1976.


[4] *The Military Balance, 1978–1979*, London 1978, S. 63f.

## Republik Kuba

### Konstitutive Merkmale des politischen Systems

Der sozialistische Charakter der Republik Kuba ist in Art. 1 der Verfassung vom 24. Februar 1976 verankert[1]. »Alle Macht gehört dem werktätigen Volk«, das sie über die »Versammlungen der Volksmacht« und sonstige Staatsorgane oder unmittelbar ausübt (Art. 4 Abs. 1). »Höchste führende Kraft von Gesellschaft und Staat« ist die marxistisch-leninistische Kommunistische Partei Kubas (Art. 5). Das Institutionengefüge wird von einem personalistisch-paternalistischen Beziehungsmuster zwischen einem mit charismatischen Eigenschaften begabten Führer, Fidel Castro, und Volk überwölbt. Als Verkörperung der lateinamerikanischen Figur des Caudillo, sucht Castro die direkte Legitimierung durch das Volk in Form des geistigen und verbalen Dialogs und der Akklamation, so daß dem politischen System Kubas auch Elemente einer plebiszitären Demokratie eigen sind. Es weist ferner durch die Personalunion von Staatsoberhaupt und Regierungschef, der allerdings nicht vom Volk gewählt wird und der Volksvertretung gegenüber verantwortlich ist, Elemente eines Präsidialsystems auf. Durch die Kumulierung dieser Ämter und des Oberbefehls über die Streitkräfte trägt die Verfassung der überragenden Führerpersönlichkeit Fidel Castros Rechnung. Hierdurch und durch den Parteivorsitz ist alle Macht in seiner Person vereinigt.

### Die castristische Machtübernahme

Kuba unterscheidet sich von allen anderen sozialistischen Staaten darin, daß die sozialistische Ordnung nicht das Ergebnis der Machtergreifung durch eine kommunistische Partei ist. Sie ist nicht das Werk der früher in der marxistisch-leninistischen Sozialistischen Volkspartei (SVP) organisierten kubanischen Kommunisten, sondern von dem städtischen und ländlichen Bürgertum entstammenden, ideologisch heimatlosen Intellektuellen, die sich in Erinnerung an einen gescheiterten Handstreich

[1] Text in: Granma (Havanna) v. 7. März 1976.

gegen eine Kaserne vom 26. Juli 1953 in der Bewegung des 26. Juli (M-26-7) zusammenschlossen.

Am 2. Dezember 1956 landete Fidel Castro mit 81 Gefolgsleuten in der Provinz Oriente, um den Kampf gegen den diktatorisch regierenden General Fulgencio Batista wiederaufzunehmen. Die soziale Basis des Aufstands bildeten nicht die Industriearbeiter, sondern arme Bauern und Pächter. Aber auch diese hatten sich der Aufstandsbewegung bis kurz vor dem Sieg nur vereinzelt angeschlossen. Der von Fidel Castro geführte Aufstand war also weder eine proletarische noch eine Bauernrevolution. Auch waren die von ihm proklamierten Ziele des Aufstands nicht die einer proletarischen Revolution, sondern die Wiedereinführung der liberal-demokratisch-rechtsstaatlichen Verfassung von 1940, die durch den Staatsstreich Batistas vom März 1952 suspendiert worden war, sowie eine Agrarreform.

Die in der M-26-7 organisierten Kubaner und die Guerillas hatten nur vereinzelt Kontakt zur SVP. Diese verhielt sich dem Aufstand gegenüber bis Mitte 1958 reserviert, wurde allerdings nach dem Sieg der Aufstandsbewegung legalisiert und konnte als einzige Partei frei ihre Tätigkeit entfalten, die von kommunistenfreundlichen Kräften innerhalb der M-26-7, insbesondere von Fidel Castros Bruder, Raúl, gefördert wurde.

Anfang Januar 1959 übernahmen Fidel Castro und die Guerillas mit den in der M-26-7 zusammengeschlossenen Revolutionären die Macht. Der überkommene Staatsapparat wurde zerstört, die politischen Parteien – mit Ausnahme der SVP – verboten; Wahlen wurden als Attribut einer repräsentativen Demokratie verworfen. Neben dem Rebellenheer und seiner politischen Organisation, der M-26-7, sowie der SVP konnte sich nach dem Sturz Batistas nur noch das Revolutionäre Direktorium des 13. März (D-13-3), eine studentische Widerstandsorganisation, als dritte, weniger bedeutende Kraft behaupten.

Erst in der nachinsurrektionellen Phase, nachdem die Revolution einen sozialistischen Kurs eingeschlagen hatte, gingen die castristischen Revolutionäre daran, die von nationalen und internationalen Bedingungen determinierte Praxis der revolutionären Umgestaltungen durch das Gedankengebäude einer KP, den Marxismus-Leninismus, theoretisch abzustützen. Fidel Castro bekannte sich am 1. Dezember 1961 öffentlich zum Marxismus-Leninismus. Ob er schon vorher Marxist-Leninist war, ist umstritten – sicherlich war er nicht Mitglied der SVP. Seine vorher verfaßten Reden, Manifeste und Schriften geben keinen schlüssigen Hinweis auf eine frühere Identifizierung mit der marxistisch-leninistischen Lehre. Ebensowenig war die von Castro geführte Bewegung kommunistisch. Es besteht keine Veranlassung, an Castros Darstellung zu zweifeln, daß er erst im Laufe der Jahre, vor allem angesichts der sozialistischen Umgestaltungen, sein revolutionäres Bewußtsein in Übereinstimmung mit dem revolutionären Sein brachte. Dieses war bereits seit Ende 1960 so gut wie sozialistisch und wurde von Castro am 15. April 1961 als solches proklamiert.

Im gleichen Jahr wurde der Zusammenschluß der dem radikalen Kurs Fidel Castros loyal folgenden Mitglieder der M-26-7 und des D-13-3 mit der SVP eingeleitet. Die aus der Integration hervorgegangene neue Partei erhielt die Bezeichnung Einheitspartei der Sozialistischen Revolution Kubas. Im Verlaufe des Organisationsprozesses wurden zusätzlich Mitglieder in einem komplizierten Ausleseverfahren unter »vorbildlichen Werktätigen« ausgewählt. Anfang Oktober 1965 wurde die Einheitspartei in Kommunistische Partei Kubas (KPK) umbenannt.

Der kubanische Sozialismus wies zunächst auch eine Reihe vom sowjetischen Modell abweichender Besonderheiten auf. Hierzu gehörten vor allem die im Ergebnis der »Planungsdebatte« (1962–1965) – der Konzeption Ernesto (Ché) Guevaras von der Schaffung eines »neuen Menschen« folgend – beschlossene Bevorzugung moralischer Arbeitsanreize und, damit verbunden, die Abschaffung von Arbeitsnormen und Leistungslohn sowie – bis 1968 – ein relativ großer kultureller Freiheitsraum. Erst in den 70er Jahren wurden die politischen Institutionen und das Wirtschaftssystem weitgehend dem sowjetischen Vorbild angeglichen. Am 2. November 1976 wurde erstmals seit der Machtergreifung durch Fidel Castro ein nationales Vertretungsorgan – die »Nationalversammlung der Volksmacht« – gewählt.

### Die marxistisch-leninistische Partei

Die Aufnahme in die KPK erfolgt über deren Grundorganisationen. Die Mitglieder werden vorwiegend unter Arbeitern und Bauern rekrutiert, die von den Kollektiven in den Produktionsstätten vorgeschlagen, von Parteikommissionen überprüft und schließlich von den Kollektiven als Parteimitglieder bestätigt oder abgelehnt werden. Ende September 1975 zählte die KPK rd. 203 000 Mitglieder und Kandidaten[2]. Damit ist das ursprüngliche Limit von 60 000 zwar mehrfach überschritten worden, dennoch umfaßt die KPK nur rd. 2,2 Prozent der Bevölkerung und damit einen wesentlich kleineren Bevölkerungsanteil als die anderen regierenden KPs.

Organe der KPK sind – auf nationaler Ebene: der Parteikongreß, der erst im Dezember 1975 zum ersten Mal zusammentrat, das vom Parteikongreß gewählte ZK, das Politbüro und das Sekretariat des ZK mit Fidel Castro als Erstem und seinem Bruder Raúl als Zweiten Sekretär. Im ZK-Sekretariat und Politbüro dominieren die aus dem Rebellenheer und aus der M-26-7 hervorgegangenen engen Gefolgsleute Fidel und/oder Raúl Castros. Bemerkenswert ist ferner der hohe Anteil von Offizieren der revolutionären Streitkräfte und der Sicherheitsorgane unter den Mitgliedern des ZK.

Die KPK übt ihre Leitungsfunktion in Staat und Gesellschaft weniger als Partei aus als vielmehr durch die in ihr wirkenden, aus der Aufstandsbewegung und den Streitkräften hervorgegangenen, zum Teil hohe Parteiämter innehabenden Offiziere. Nicht so sehr die Partei, sondern die Streitkräfte, deren Offiziere organisatorische Fähigkeiten besitzen, sind das Rekrutierungsfeld für die politische und administrative Elite.

Das Verhältnis der Castristen bzw. KPK zur KPdSU war in den ersten Jahren der kubanischen Revolution nicht frei von Meinungsverschiedenheiten und Spannungen. Fidel Castro war nicht bereit, »etwas in der Art einer Kirche, einer religiösen Doktrin, mit einem Rom, einem Papst und einem ökumenischen Konzil« anzuerkennen[3]. Die Entscheidung für die sinoguevaristische Konzeption eines »neuen Menschen« war eine ideologische Herausforderung der KPdSU, hatten doch die Kubaner hierdurch zu verstehen gegeben, daß sie die kommunistische Gesellschaftsordnung schneller zu verwirklichen gedachten als die Sowjetunion. Teils vor der Anpassung des Institutionengefüges und Wirtschaftssystems an dasjenige der Sowjetunion, teils parallel hierzu schwenkte die kubanische Führung auf die ideologische Position der KPdSU ein und identifiziert sich völlig mit der sowjetischen Interpretation des »proletarisch-sozialistischen Internationalismus«.

[2] Granma, Wochenausg. v. 4. 1. 1976.
[3] Bohemia, v. 8. 10. 1965.

Größte Massenorganisation – mit Ende 1976 rund fünf Millionen Mitgliedern – sind die Komitees zur Verteidigung der Revolution (KVR). Ihnen gehört damit mehr als die Hälfte der Bevölkerung an. Weitere Massen- bzw. gesellschaftliche Organisationen sind der Gewerkschaftsverband, dessen Hauptaufgabe nach der Wiedereinführung von Arbeitsnormen im September 1970 darin besteht, zu deren Erfüllung zu stimulieren und deren Erfüllung zu kontrollieren sowie den sozialistischen Wettbewerb zwischen Arbeitskollektiven zu organisieren; der Kommunistische Jugendverband als Nachwuchsorganisation der KPK; der Studentenverband, der Verband der Mittelschüler, der Pionierverband, der Frauenverband und die Vereinigung der Kleinlandwirte.

Alle diese Organisationen haben eine zweifache Aufgabe. Sie vertreten, z.B. durch die Wahrnehmung des Rechts der Gesetzesinitiative, spezifische Interessen bestimmter Bevölkerungs- und Berufsgruppen in Konformität mit dem von der Partei gesetzten Ziel der Errichtung des Sozialismus und Kommunismus; insbesondere aber mobilisieren sie die Bürger zur Unterstützung von Partei und Regierung und unterstützen beide bei der Einpflanzung von der marxistisch-leninistischen Menschen- und Gesellschaftskonzeption entsprechenden Werten, Überzeugungen und Verhaltensweisen, und der Bereitschaft sie zu verteidigen durch ideologische Schulung, Arbeitseinsätze und paramilitärische Ausbildung. Besonderer Nachdruck wird gelegt auf das Wissen und das Bewußtsein um die lateinafrikanische Herkunft, die in den Unabhängigkeitskriegen gegen Spanien wurzelnde Tradition und um die Pflicht zum Kampf gegen Imperialismus und Neokolonialismus. Ihnen obliegt auch die Organisierung von Massenkundgebungen, die als Kommunikationsmedium zwischen Fidel Castro und Volk dienen.

Eine zentrale Rolle hierbei spielen die KVR. Sie sind eine spezifisch kubanische Massenorganisation, da sie Ende 1960 als Hilfsorgane der Streitkräfte und der Miliz zur Abwehr konterrevolutionärer Aktionen gegründet wurden. Mit deren Rückgang nach 1961 entfiel die Schutz- und Verteidigungsfunktion der KVR oder erfuhr einen inhaltlichen Wandel. Sie hat sich vom Aufspüren tatsächlicher und/oder vermeintlicher Konterrevolutionäre auf die Aufdeckung von Korruptionsfällen, Schwarzmarktgeschäften u.ä. verlagert. Ferner übernahmen sie in Anbetracht eines fehlenden örtlichen Verwaltungsapparats öffentliche Aufgaben, insbesondere im Wohnungs-, Gesundheits- und Distributionssektor und kontrollierten den Vollzug revolutionärer Maßnahmen. Ein Teil dieser Aufgaben ist zwar auf die mittlerweile landesweit errichteten örtlichen Verwaltungsorgane übergegangen; ihre Bedeutung als Instrument zur Sozialisation und Mobilisierung der Massen haben die KVR jedoch behalten. Im Schnittpunkt von Weisungsgebundenheit und Eigeninitiative sollen die KVR bei den kubanischen Bürgern sowohl in der Produktions- als auch Privatsphäre die Bereitschaft wecken, gesellschaftliche Verantwortung zu übernehmen, sich mit den Aufgaben und Problemen des kollektiven Wohls des Wohnblocks und des Munizips zu identifizieren, innerhalb der von Partei und Staatsorganen gesetzten Grenzen und Ziele und in deren Auftrag am Willensbildungsprozeß zu partizipieren.

### Volksvertretung, Staatsoberhaupt, Regierung

Höchstes, formal mit weitreichenden Kompetenzen ausgestattetes Staatsorgan ist die »Nationalversammlung der Volksmacht«. Ihre Mitglieder werden nicht direkt vom Volk, sondern, auf die Dauer von fünf Jahren, von den Munizipalversammlungen gewählt. Wählbar sind Bürger mit Vollendung des 18. Lebensjahrs – sie müssen nicht Deputierte einer Munizipalversammlung sein. Unter den im November 1976 gewählten 481 Abgeordneten sind alle Mitglieder des Politbüros und Sekretariats und beinahe alle Mitglieder des ZK der KPK, die Führer der Massenorganisationen und zahlreiche Offiziere.

Die Nationalversammlung tritt zweimal im Jahr zu Sessionen zusammen. Zu ihren Befugnissen gehören u. a.: die Änderung der Verfassung (eine Totalrevision bedarf außerdem einer Volksabstimmung); die Gesetzgebung (Gesetzentwürfe über bestimmte Materien können zur vorhergehenden Erörterung dem Volk vorgelegt werden); die Prüfung der Verfassungskonformität von Gesetzen, die Prüfung der Übereinstimmung von Gesetzes-Dekreten des Staatsrats sowie Dekreten und Verordnungen des Ministerrats mit Verfassung und Gesetz; die Verabschiedung des Wirtschafts- und Gesellschaftsplans sowie des Staatshaushalts; die Billigung der Richtlinien der Innen- und

Außenpolitik, die Ausschreibung von Referenda sowie die Rechtsaufsicht über alle Staatsorgane.

Die Mitglieder der Nationalversammlung sind verpflichtet, Klagen, Vorschläge und Kritik der Bürger entgegenzunehmen, ihnen die Politik des Staates zu erläutern und über ihre Amtsausübung Rechenschaft abzulegen und sind abberufbar; sie haben jedoch kein imperatives Mandat. Eine Mindestzahl von 10000 wahlberechtigten Bürgern hat das Recht der Gesetzesinitiative. Die Deputierten haben ein Interpellationsrecht gegenüber dem Staatsrat und dem Ministerrat in toto und gegenüber einzelnen Mitgliedern dieser Organe; Staatsrat und Ministerrat sowie die staatlichen Unternehmen sind verpflichtet, die Deputierten bei der Erfüllung ihrer Aufgaben zu unterstützen. Die Ausübung des Mandats ist ehrenamtlich. Die Mandatsträger werden von ihrem Arbeitsplatz ohne Lohn/Gehalt beurlaubt; sie erhalten Diäten sowie eine Aufwandsentschädigung.

Die Nationalversammlung wählt unter ihren Mitgliedern ein permanent tagendes Organ: den Staatsrat. Aus 31 Mitgliedern bestehend, repräsentiert er kollegial den Staat nach innen und außen und führt die Beschlüsse der Nationalversammlung aus. Er nimmt aber auch gesetzgebende und judikative Funktionen wahr: Zwischen den Sitzungsperioden der Nationalversammlung erläßt er Dekrete mit Gesetzeskraft, die allerdings, so bestimmt es – formal – die Verfassung, vom Plenum ganz oder teilweise aufgehoben werden können; er hat das Recht, Gesetze verbindlich auszulegen, den Gerichten und der Staatsanwaltschaft Weisungen zu erteilen. Zu seinen Aufgaben gehört ferner die Ratifizierung und Kündigung internationaler Verträge, die Durchführung von Referenda, die Verfügung der Generalmobilmachung.

Der Vorsitzende des Staatsrats ist Staatsoberhaupt und kraft dieses Amtes Regierungschef sowie Oberbefehlshaber der Streitkräfte. Als Inhaber des höchsten Amts in Staat und Regierung bestimmt er die Richtlinien der Politik; er überwacht nicht nur die Tätigkeit der Ministerien, sondern ist auch berechtigt, jedes Ressort an sich zu ziehen; er nimmt Rücktrittgesuche der Minister entgegen oder schlägt der Nationalversammlung oder dem Staatsrat die Abberufung und die Ernennung von Ministern vor. Im Falle seiner Abwesenheit vom Amt, Krankheit oder Tod vertritt ihn der Erste Stellvertretende Vorsitzende des Staatsrats, z.Z. Fidel Castros Bruder Raúl.

Der Ministerrat ist das höchste Vollzugs- und Verwaltungsorgan. Ihm gehören an: Außer dem Vorsitzenden und Erstem stellvertretenden Vorsitzenden, z.Z. den Brüdern Castro, acht stellvertretende Vorsitzende, die das Exekutivkomitee des Ministerrats – ein inneres Kabinett – bilden, das in dringenden Fällen stellvertretend für den Ministerrat tätig werden kann; Minister, Vorsitzende von Staatskomitees, der Vorsitzende des Zentralen Planungsrats, der Sekretär der Regierung und Vorsitzende weiterer staatlicher Institutionen (wie z.B. der Akademie der Wissenschaften). Der Generalsekretär des Gewerkschaftsbundes ist berechtigt, an den Sitzungen des Ministerrats bzw. des Exekutivkomitees teilzunehmen. Minister sind Leiter »klassischer« wie auch durch die Zentralverwaltungswirtschaft bedingter spezieller wirtschaftlicher Ressorts. Staatskomitees gibt es u.a. für Wissenschaft und Technik, Normenwesen, Preise, soziale Sicherheit und für die Nationalbank. Die Mitglieder des Ministerrates werden auf Vorschlag des Staatsratsvorsitzenden/Ministerratsvorsitzenden von der Nationalversammlung, zwischen den Sessionen vom Staatsrat ernannt und abberufen. Ebenso wie zwischen Politbüro und Staatsrat gibt es eine enge personelle Verflechtung von Politbüro und Ministerrat.

Zu den Aufgaben des Ministerrats gehören u.a.: die Ausführung der Gesetze und Beschlüsse der Nationalversammlung sowie der Dekret-Gesetze des Staatsrats, der Erlaß von Durchführungsverordnungen, die Ausarbeitung von Gesetzesvorlagen, der Entwurf von Wirtschaftsplänen, die Aufstellung des Staatshaushalts, der Abschluß internationaler Verträge. Der Ministerrat ist der Nationalversammlung verantwortlich und rechenschaftspflichtig.

## Die örtlichen Organe

Kuba ist administrativ in 14 Provinzen und 169 Munizipien (Stadt- und Landkreise) gegliedert; eines hiervon, die Isla de Pinos, ist der Zentralverwaltung direkt unterstellt. Kriterium der Verwaltungsgliederung ist die ökonomische Effizienz – sie soll eine ausgewogene Entwicklung von Industrie und Landwirtschaft begünstigen.

»Höchste örtliche Organe der Staatsmacht« (Verf., Art. 101) sind die auf zweieinhalb Jahre gewählten Provinz- und Munizipalversammlungen. Nur die letzteren werden von den Bürgern direkt gewählt; die Provinzversammlungen werden, ebenso wie die Nationalversammlung, von den Munizipalversammlungen – aber nicht nur unter deren Mitgliedern – gewählt. Aktiv und passiv wahlberechtigt sind Bürger mit Vollendung des 16. Lebensjahres. Bei der Wahl der Munizipalversammlungen vom Oktober 1976 – den ersten Wahlen seit der Machtübernahme durch Castro – wurden für die Mandate – eines je Wohnblock in den Städten und je Dorf auf dem Lande – mehrere Kandidaten aufgestellt. Für den Fall, daß ein Kandidat die absolute Mehrheit der Stimmen nicht erreicht, schreibt die Verfassung eine Stichwahl vor. Die Deputierten sind den sie wählenden Versammlungen bzw. Bürgern rechenschaftspflichtig und abberufbar; sie sind verpflichtet, den Versammlungen die Meinungen, Bedürfnisse und Probleme der Bürger zur Kenntnis zu bringen sowie die Bürger über die Maßnahmen, die von den Versammlungen in Erfüllung der ihnen unterbreiteten Anliegen ergriffen werden, und über auftretende Schwierigkeiten zu informieren – sie sind an Weisungen jedoch nicht gebunden.

Die Provinz- und Munizipalversammlungen sind nicht nur Organe staatlicher Hoheitsgewalt sondern auch Wirtschaftsverwaltungsorgane. Ihnen obliegt die Durchführung des staatlichen Entwicklungsplans, die Aufrechterhaltung der inneren Ordnung, der Schutz des sozialistischen Eigentums und die Stärkung der Verteidigungskapazität des Landes. Ferner aber auch die Leitung und Verwaltung ihnen direkt unterstellter Produktions- und Dienstleistungsbetriebe sowie die Unterhaltung von Einrichtungen des Gesundheits- und Bildungswesens.

Vollzugsorgane der Provinz- und Munizipalversammlungen sind deren Exekutivkomitees, die von den entsprechenden Versammlungen unter ihren Mitgliedern gewählt werden. Die Exekutivkomitees leiten und überwachen die Verwaltungs- und Wirtschaftstätigkeit auf ihrem Territorium; hierzu gehört auch die Ernennung und Abberufung von Verwaltungsfunktionären und von Funktionären der lokalen Wirtschaftsunternehmen. Die Exekutivkomitees der Munizipien sind den Munizipalversammlungen und den Exekutivkomitees der Provinzen gegenüber zu periodischer Rechenschaftslegung verpflichtet. Der Vorsitzende eines Munizipalkomitees ist kraft Amtes Delegierter der entsprechenden Provinzversammlung.

Die Nationalversammlung ist berechtigt, Beschlüsse und Verfügungen der örtlichen Organe der Volksmacht, die gegen Verfassung, Gesetze, Dekret-Gesetze, Entscheidungen übergeordneter Organe oder gegen »allgemeine Interessen des Landes«

verstoßen, abzuändern oder aufzuheben (Verf., Art. 73 Buchst. s). Dieselbe Befugnis hat der Staatsrat gegenüber Entscheidungen der örtlichen Exekutivkomitees. Unter den gleichen Voraussetzungen und unter dem Vorbehalt, der Nationalversammlung hierüber zu berichten, kann der Staatsrat Beschlüsse und Verfügungen der Provinz- und Munizipalversammlungen aussetzen. Der Ministerrat kann der Nationalversammlung die Aufhebung, dem Staatsrat die Aussetzung von gesetzwidrigen oder gegen allgemeine Interessen verstoßenden Akten der örtlichen Versammlungen vorschlagen, ferner übergeordnete Normen nicht beachtende Maßnahmen der örtlichen Verwaltungsorgane aufheben. Die Exekutivkomitees der Provinzversammlungen können Verfügungen der Munizipalversammlungen aussetzen sowie Beschlüsse und Verfügungen der Munizipalkomitees aufheben, wenn sie gegen Verfassung, Gesetze, oder sonstige Rechtsakte höherer Staatsorgane verstoßen.

### Rechtsprechung und Staatsanwaltschaft

Organe der Rechtsprechung sind das Oberste Volksgericht sowie die Volksgerichte der Provinzen und Munizipien. Die Gerichte sind der Nationalversammlung und dem Staatsrat untergeordnet und an Weisungen des Staatsrats gebunden, worin die bei der Nationalversammlung liegende Gewalteneinheit zum Ausdruck kommt. Die Gerichte sind mit Berufs- und ihnen gleichberechtigten Laienrichtern besetzt. Der Vorsitzende und die Richter des Obersten Volksgerichts werden von der Nationalversammlung, die Richter der Provinz- und Munizipalgerichte von den entsprechenden Versammlungen gewählt und sind abberufbar. Die Gerichte sind den Versammlungen gegenüber rechenschaftspflichtig. Das Oberste Volksgericht hat das Recht der Gesetzesinitiative und wacht über die Einheitlichkeit der Gesetzesauslegung und -anwendung.

Die Rechtsprechung dient in erster Linie der Sicherung der sozialistischen Staats- und Gesellschaftsordnung. Die Individualrechte sind von der kollektivistischen Auffassung von Recht und Gesetz abgeleitet – kriminell ist vor allem das Handeln, das gegen das sozialistische Wertesystem oder die sozialistische Staats- und Wirtschaftsordnung verstößt; es gilt zugleich als konterrevolutionär.

Im einzelnen nennt die Verfassung unter den den Gerichten

obliegenden Aufgaben: Die Aufrechterhaltung und Stärkung des in der Verfassung verankerten Wirtschafts-, Gesellschafts- und politischen Systems; den Schutz des sozialistischen Eigentums und des persönlichen Eigentums der Bürger; den Schutz von Leben, Freiheit, Würde, Ehre, Ehe, Familie; die Erziehung der Bürger zur Loyalität gegenüber dem Vaterland, der Sache des Sozialismus und den Normen des sozialistischen Zusammenlebens; die Prävention von Gesetzesverstößen und von antisozialem Verhalten und deren Bestrafung – der Strafvollzug ist durch Umerziehung, durch Arbeit und Indoktrinierung gekennzeichnet. Die Wahrnehmung von Grundrechten wie desjenigen auf Gewissens-, Meinungs-, Koalitions- und Versammlungsfreiheit wird zwar von der Verfassung garantiert, soweit sie nicht gegen die Existenz und die Zielsetzungen des sozialistischen Staats, gegen die Errichtung von Sozialismus und Kommunismus verstößt, sie ist aber nicht einklagbar.

Eine Verfassungsgerichtsbarkeit gibt es nicht. Die Bürger haben lediglich die Möglichkeit, Petitionen und Beschwerden an staatliche Organe zu richten, die ihrerseits verpflichtet sind, die Rechtsnormen einzuhalten. Die Kontrolle über deren Einhaltung durch staatliche Organe, Wirtschaftsunternehmen und Bürger ist der Generalstaatsanwaltschaft übertragen. Sie ist der Nationalversammlung und dem Staatsrat untergeordnet. Der Generalstaatsanwalt wird von der Nationalversammlung gewählt und abgewählt, er ist an Weisungen des Staatsrats gebunden und der Nationalversammlung gegenüber rechenschaftspflichtig.

## Außenpolitik und Landesverteidigung

Aufgrund seiner geographischen Lage ist Kuba ein in unmittelbarer Nachbarschaft zu den USA stehendes Land der westlichen Hemisphäre; durch historische Erfahrung und kulturelles Erbe fühlt es sich Lateinamerika, durch blutsmäßige Bande auch Afrika zugehörig; als Entwicklungsland ist es Teil der »Dritten Welt«; aufgrund seiner politischen und sozioökonomischen Ordnung betrachtet es sich als ein sozialistisches Land mit engen Bindungen an die Sowjetunion. Diese Faktoren bestimmen die drei Aktionsfelder der kubanischen Außenpolitik: Sowjetunion und andere im RGW zusammengeschlossene Länder, USA, Lateinamerika und übrige »Dritte Welt«. Im Verhältnis zur Größe, Bevölkerungszahl und Wirtschaftspotential hat Kuba einen ungewöhnlich großen außenpolitischen Aktionsradius.

Bei fester politischer, ideologischer und wirtschaftlicher Verankerung im von der Sowjetunion dominierten RGW, dessen Mitglied es seit Juli 1972 ist, strebt Kuba eine Annäherung an Lateinamerika und eine Verbesserung des Verhältnisses zu den USA an, unterstützt aber gleichzeitig ideell und materiell militant antiwestliche Regierungen und Befreiungsbewegungen in Ländern der »Dritten Welt«; das Verhältnis zur VR China ist distanziert.

Die Grundsätze des dynamischen, nach allen Seiten hin offenen, aber auch Zielkonflikte implizierenden außenpolitischen Handelns und Verhaltens sind in der Verfassung verankert. In Art. 11 bezeichnet sich Kuba als »Teil der sozialistischen Weltgemeinschaft«, in Art. 12 macht es sich die »Prinzipien des proletarischen Internationalismus und der kämpferischen Solidarität der Völker« zu eigen und betrachtet es als »sein Recht und seine internationalistische Pflicht, dem Angegriffenen und den Völkern, die für ihre Befreiung kämpfen, zu helfen«; es bekennt sich darin aber auch zur Integration in die »große Gemeinschaft der [lateinamerikanischen] Brudervölker« und zu »freundschaftlichen Beziehungen mit Ländern, die, ungeachtet einer unterschiedlichen politischen und sozioökonomischen Ordnung, die Souveränität [Kubas] achten und sich an die Normen der Koexistenz zwischen Staaten halten«.

Wichtigster außenpolitischer Partner ist die Sowjetunion. In den 60er Jahren weigerte sich Fidel Castro, sich der sowjetischen Blockdisziplin zu unterwerfen. Die Befürwortung der Vorrangstellung des bewaffneten Kampfes in der Auseinandersetzung mit dem Imperialismus und die Unterstützung von Guerillaaktionen in Lateinamerika standen nicht im Einklang mit der sowjetischen Entspannungspolitik. Erst Ende der 60er/Anfang der 70er Jahre schwenkte Kuba auf die Koexistenzpolitik der Sowjetunion ein.

Dieser Umschwung äußerte sich u.a. auch in der Bereitschaft zur schrittweisen Verbesserung des Verhältnisses zu den USA, die als Retorsion auf die Verstaatlichung nordamerikanischen Eigentums 1960 die wirtschaftlichen und 1961 die diplomatischen Beziehungen zu Kuba abgebrochen hatten. Im September 1977 eröffneten beide Seiten »Interessenvertretungen«. Der völligen Normalisierung der Beziehungen stehen aus kubanischer

Sicht entgegen das von den USA verhängte Handelsembargo, die US-Präsenz in Guantánamo und die antikubanische Subversion. Die partielle Entspannung im Verhältnis zu den USA ging einher mit der Normalisierung der Beziehungen zu den meisten lateinamerikanischen Staaten. Im Oktober 1975 wurde Kuba Gründungsmitglied des Lateinamerikanischen Wirtschaftssystems (SELA). Die Zugehörigkeit zum RGW und zum SELA macht Kuba zur Drehscheibe zwischen den sozialistischen Ländern Osteuropas und den Ländern Lateinamerikas und der Karibik.

Seit Ende 1975 hat sich Kuba, in Erfüllung einer »internationalistischen Pflicht«[4] auch militärisch in Afrika, insbesondere in Angola und Äthiopien, engagiert, womit der aus der insurrektionellen Phase der kubanischen Revolution überkommene revolutionär-missionarische Eifer der Castristen ein neues Betätigungsfeld gefunden hat.

Die militärischen Interventionen haben deutlich gemacht, daß die von der Sowjetunion mit modernen Waffen ausgerüsteten Streitkräfte nicht nur der Landesverteidigung dienen. Sie zählen 159000 Mann, wovon 130000 auf das Heer, 9000 auf die Kriegsmarine und 20000 auf die Luftwaffe entfallen[5]. Ihnen stehen Einheiten der Zivilverteidigung zur Seite, die aus der 1959 zum Schutz ziviler und militärischer Objekte aufgestellten Volksmiliz hervorgegangen sind. Der Miliz gehören rd. 100000 Bürger[6] von 16 bis 45 Jahren an. Die Zivilverteidigung erfaßt die über 45 Jahre alten arbeitsfähigen Bürger.

Paramilitärische Ausbildung, Wehrdienst und ständige Verteidigungsbereitschaft zielen auf die Weckung und Stärkung eines im Dienste des Befreiungskampfs gegen den Imperialismus stehenden revolutionären Bewußtseins und stehen im Zeichen einer permanenten Bedrohungsvorstellung im Verhältnis zu den USA. Die Stationierung sowjetischer Raketen löste im Oktober 1962 die »Kuba-Krise« aus. Sie wurde durch den Abzug der sowjetischen Machtmittel beigelegt, ohne daß die USA formal zugesichert haben, auf eine Intervention in Kuba für immer zu verzichten.

[4] Fidel Castro, nach Granma, Wochenausg. v. 11. 1. 1976.

[5] *The Military Balance 1978-1979*. London 1978, S. 73 f.

[6] Ebd., S. 74.

## *Literatur*


Abel, Elie: *13 Tage vor dem 3. Weltkrieg. Dokumentation und Hintergründe der Krise, die die Welt an den Rand der atomaren Vernichtung führte* (a. d. Engl.). Wien/München, Molden, 1966.

Bender, Lynn D.: *The Politics of Hostility. Castro's Revolution and United States Policy.* Hato Rey (Puerto Rico), Inter American UP, 1975.

Bernardo, Roberto M.: *The Theory of Moral Incentives in Cuba.* Alabama, Univ. of Alabama Press, 1971.

Bettelheim, Charles, u. a.: *Wertgesetz, Planung und Bewußtsein. Die Planungsdebatte in Kuba.* Frankfurt a. M., Verlag Neue Kritik, 1969.

Draper, Theodore: *Castroism. Theory and Practice.* New York, Praeger, 1965.

Fagen, Richard R.: *The Transformation of Political Culture in Cuba.* Stanford (Cal.), Stanford Univ. Press, 1969.

Furtak, Robert K.: *Kuba und der Weltkommunismus.* Köln/Opladen, Westdeutscher Verlag, 1967.

Goldenberg, Boris: *Lateinamerika und die kubanische Revolution.* Köln, Kiepenheuer & Witsch, 1963.

Gonzalez, Edward: *Cuba under Castro. The Limits of Charisma.* Boston/London, Houghton Mifflin, 1974.

Halperin, Maurice: *The Rise and Decline of Fidel Castro. An Essay in Contemporary History.* Berkeley (Cal.), Univ. of California Press, 1972.

Jackson, D. Bruce: *Castro, the Kremlin, and Communism in Latin America.* Baltimore (Md.), Johns Hopkins Press, 1969.

Karol, K. S.: *Guerrillas in Power. The Course of the Cuban Revolution* (a. d. Franz.). London, Cape, 1971.

Mesa-Lago, Carmelo (ed.): *Revolutionary Change in Cuba.* Pittsburgh, Univ. of Pittsburgh Press, 1971.

–: *Cuba in the 1970's. Pragmatism and Institutionalization.* Albuquerque, Univ. of New Mexico Press, 1974.

Petras, James and Martin Kenner (eds.): *Fidel Castro Speaks.* New York, Grove Press, 1969.

Sonntag, Heinz R. (Hrsg.): *Che Guevara und die Revolution.* Frankfurt a. M./Hamburg, Fischer, 1968.

Suárez, Andrés: *Cuba, Castroism and Communism, 1959–1966.* Cambridge (Mass.), MIT Press, 1967.

Sweezy, Paul M. und Leo Huberman: *Sozialismus in Kuba* (a. d. Engl.). Frankfurt a. M., Suhrkamp, 1970.

## Mongolische Volksrepublik

### Konstitutive Merkmale des politischen Systems

Rechtliches Fundament der Mongolischen Volksrepublik ist die Verfassung vom 6. Juli 1960[1]. Sie bezeichnet sich in deren Art. 1 und 2 als volksdemokratischen »sozialistischen Staat der Arbeiter, vergenossenschaftlichten Araten (nomadisierender Viehzüchter und Bauern) und der werktätigen Intelligenz«. Das Volk übt die Staatsmacht über die Churale der Volksdeputierten aus – geführt und angeleitet wird es hierbei von der marxistisch-leninistischen Mongolischen Revolutionären Volkspartei (MRVP). Alle staatliche Tätigkeit unterliegt dem Prinzip des demokratischen Zentralismus.

### Die kommunistische Machtübernahme

Die kommunistische Machtübernahme erfolgte mit sowjetischer Unterstützung im Zuge von Befreiungskämpfen gegen chinesische Truppen und bolschewistischen Aktionen gegen Weißgardisten, die sich 1919 bzw. 1921 in der früher unter chinesischer Oberhoheit stehenden Äußeren Mongolei festgesetzt hatten. Aus revolutionären Zirkeln hervorgegangen, konstituierte sich im März 1921 die marxistisch-leninistische Mongolische Volkspartei und kurz darauf eine Provisorische Volksregierung, die im September desselben Jahres die Unabhängigkeit der Mongolei erklärte. Die Mongolei wurde auf diese Weise, nach Rußland, zum zweiten auf Dauer von einer KP regierten Staat. Im August 1924 gab sich diese Partei die Bezeichnung MRVP und beschloß, einen nichtkapitalistischen Entwicklungsweg einzuschlagen.

Am 26. November 1924 wurde durch die Volksversammlung, den Großen Chural, die Mongolische Volksrepublik (MVR) ausgerufen. Partei und Regierung stützten sich in Anbetracht der nur sehr kleinen einheimischen administrativ-politischen Elite weitgehend auf sowjetische Berater. Der offiziellen Geschichtsschreibung zufolge wurden bis 1940 durch Entfeudali-

[1] Englische Übersetzung in: Jan F. Triska (ed.): *Constitutions of the Communist Party-States.* Stanford (Cal.), 1968, S. 315–329.

sierung der Gesellschaft, insbesondere durch Auflösung der Lama-Klöster, die Grundlagen für den Aufbau des Sozialismus gelegt; seit 1960 gilt die insbesondere durch die Kollektivierung der Hirten gekennzeichnete Phase der Errichtung sozialistischer Produktionsverhältnisse als abgeschlossen; 1961 trat die MVR in die Phase der Vollendung der sozialistischen Gesellschaftsordnung ein.

## Die marxistisch-leninistische Partei

Die MRVP zählte z.Z. ihres XVII. Parteitags vom Juni 1976 rd. 67000 Mitglieder – das waren rd. 4,5 Prozent der Bevölkerung[2]. Zentrale Organe sind, außer dem Parteitag, das 91 Vollmitglieder und 61 Kandidaten zählende ZK, das Politbüro und das Sekretariat mit dem Ersten Sekretär, Jumschagin Zedenbal, an der Spitze. Er hat dieses Amt – mit kurzer Unterbrechung – seit 1940 inne.

Das Verhältnis der MRVP zur KPdSU ist – bei scharfer Frontstellung gegen die KP Chinas – von einer strikten Unterordnung unter den sowjetischen Führungsanspruch gekennzeichnet.

## Gesellschaftliche Organisationen

Die gesellschaftlichen Organisationen stehen unter Führung ihrer Avantgarde – der MRVP. Zu ihnen zählen der Gewerkschaftsverband mit 1977 rd. 318000 Mitgliedern[3], der sich als Organisation zur Popularisierung und Durchführung der Parteidirektiven versteht; der bereits 1921 gegründete Revolutionäre Jugendverband, der Verband der landwirtschaftlichen Produktionsgenossenschaften sowie die Gesellschaft für Frieden und Völkerfreundschaft.

## Volksvertretung, Staatsoberhaupt, Regierung

Formal höchstes Staatsorgan ist der Große Volks-Chural (Volksversammlung). Er wird von den über 18 Jahre alten Bür-

[2] *Munzinger-Archiv. Internationales Handbuch*, 42/78, S. 4/4 und 1/5.
[3] Ebd., S. 4/4.

gern gewählt, und zwar in Ein-Mann-Wahlkreisen über eine Einheitsliste der MRVP und Parteilosen, auf die über 99 Prozent der Stimmen zu entfallen pflegen. Von den im Juni 1977 gewählten 354 Abgeordneten gehören 328 der MRVP an, der Rest ist parteilos. Sie sind den Wählern gegenüber rechenschaftspflichtig und abberufbar.

Der Große Volks-Chural hat die verfassunggebende und alleinige Gesetzgebungskompetenz, legt (formal) die Grundsätze der Innen- und Außenpolitik fest, bewilligt den Staatshaushalt und beschließt den Wirtschaftsplan. Er tritt nur einmal im Jahr zusammen.

Zwischen den Sessionen ist höchstes Organ der Staatsgewalt das vom Großen Volks-Chural gewählte Präsidium. Es erläßt Dekrete, die vom Großen Volks-Chural bestätigt werden; ernennt und entläßt, auf Vorschlag des Vorsitzenden des Ministerrats, die Regierungsmitglieder, was vom Plenum ebenfalls nachträglich bestätigt werden muß; es kontrolliert die Verfassungskonformität von Gesetzen sowie die Anwendung der Verfassung und wacht über die Ausführung der Gesetze – Verordnungen und Verfügungen des Ministerrats und örtlicher Churale hebt es bei fehlender Gesetzeskonformität auf. Ferner obliegt dem Präsidium die Einrichtung von Ministerien und zentralen Behörden, die Ratifizierung und Kündigung internationaler Verträge sowie die Gesetzesauslegung.

Der Vorsitzende des Präsidiums übt die Funktionen eines Staatsoberhaupts aus. Seit 1974 hat dieses Amt der Erste Sekretär der MRVP, Jumschagin Zedenbal (vordem, von 1952 bis 1974, Ministerpräsident) in Personalunion inne.

Der vom Großen Volks-Chural gewählte und ihm verantwortliche Ministerrat (Regierung) ist die Spitze der Exekutive und Verwaltung. Er besteht aus dem Vorsitzenden, stellvertretenden Vorsitzenden, Ministern, Vorsitzenden staatlicher Kommissionen (z.B. für Planung, höhere Bildung, RGW-Angelegenheiten), von Komitees (für Volkskontrolle, Preise und Normen u.a.m.) und weiterer zentraler Einrichtungen (Staatsbank) sowie dem Präsidenten der Akademie der Wissenschaften.

## Die örtlichen Organe

Die MVR ist administrativ gegliedert in 18 Aimaks (Provinzen), zwei Stadtverwaltungen (Ulan Bator und Darchan) und Somons

(Landbezirke), die großen, in Brigaden unterteilten Staatsgütern oder genossenschaftlichen landwirtschaftlichen Vereinigungen entsprechen.

Die örtliche Gewalt liegt bei den von den Bürgern auf zwei Jahre gewählten Churalen der Volksdeputierten und deren Vollzugsorganen. Sie leiten die örtlichen wirtschaftlichen und kulturellen Angelegenheiten, stellen den örtlichen Wirtschafts- und Haushaltsplan auf und führen ihn durch, sorgen für die Einhaltung der Gesetze sowie für die Ausführung der von übergeordneten Organen getroffenen Entscheidungen. Dem Grundsatz der »doppelten Unterstellung« entsprechend, ist das Vollzugsorgan eines örtlichen Churals sowohl dem es wählenden Chural als auch dem Vollzugsorgan des übergeordneten Churals zur Rechenschaft verpflichtet. Ein höherstehender Chural ist berechtigt, Verordnungen eines nachgeordneten Churals und dessen Vollzugsorgans abzuändern oder außer Kraft zu setzen, das Vollzugsorgan einer höheren Verwaltungseinheit kann Verordnungen und Verfügungen des Vollzugsorgans einer niedrigeren Verwaltungseinheit abändern oder aufheben und die Verordnungen eines Churals einer unteren Verwaltungseinheit aussetzen.

### Rechtsprechung und Staatsanwaltschaft

Die Rechtsprechung liegt beim Obersten Gericht, Aimak- und Stadtgerichten sowie Volksgerichten. Die Gerichte sind mit Berufsrichtern und Volksbeisitzern besetzt. Die Richter und Volksbeisitzer des Obersten Gerichts, das auch oberstes Aufsichtsorgan gegenüber den nachgeordneten Gerichten ist, werden vom Großen Volks-Chural für drei Jahre, diejenigen der Aimak- und Stadtgerichte von den entsprechenden Churalen der Volksdeputierten auf zwei Jahre, diejenigen der Volksgerichte direkt von den Bürgern, ebenfalls für zwei Jahre gewählt.

Der Staatsanwaltschaft obliegt insbesondere auch die Aufsicht über die Beachtung der Gesetze durch Ministerien, örtliche Staatsorgane, gesellschaftliche Organisationen und Genossenschaften, Amtsinhaber und jeden Bürger. Sie steht unter der Leitung des vom Großen Volks-Chural auf drei Jahre ernannten, ihm und dessen Präsidium verantwortlichen und rechenschaftspflichtigen Staatsanwalt der Republik, der seinerseits die örtlichen Staatsanwälte einsetzt.

## Außenpolitik und Landesverteidigung

Die MVR bekennt sich in der Präambel ihrer Verfassung zu einer friedliebenden Außenpolitik mit dem Ziel, die Zusammenarbeit mit allen Völkern auf der Grundlage der Prinzipien der friedlichen Koexistenz zu gewährleisten und die brüderlichen Beziehungen der Freundschaft, Zusammenarbeit und des gegenseitigen Beistands mit den sozialistischen Ländern auf der Grundlage des Prinzips des proletarischen Internationalismus zu festigen.

Bestimmend für die mongolische Außenpolitik ist die Nachbarschaft zur UdSSR und zur VR China. Mit der UdSSR verbinden die MVR die 1936, 1946 und 1966 geschlossenen Freundschafts- und Beistandspakte. Für die UdSSR stellt die MVR eine Pufferzone gegenüber China dar und dient ihr als strategisches Aufmarschgebiet. Sie hat dort seit 1966 wieder, wie schon zwischen 1921 und 1925 sowie zwischen 1937 und 1956, Truppen stationiert. Die enge Bindung an die Sowjetunion steht aber auch im Interesse der MVR. Von seiten Chinas wurde ihre Unabhängigkeit erst im Januar 1946, aufgrund einer vorangegangenen Volksabstimmung, anerkannt. Zwar haben die MVR und die VR China 1960 ebenfalls einen Vertrag über Freundschaft und gegenseitigen Beistand geschlossen und 1964 die gemeinsame Grenze vertraglich bestätigt. Die MVR befürchtet jedoch, im Zusammenhang mit der sowjetisch-chinesischen Konfrontation ohne Rückendeckung durch die Sowjetunion in den Sog der chinesischen Politik zu geraten und im Extremfall derselben Sinisierung zum Opfer zu fallen wie die Innere Mongolei. Die VR China betrachtet die MVR als sowjetischen Satelliten und sieht sich durch die sowjetische Präsenz in der Mongolei bedroht.

Die MVR ist nicht Mitglied des Warschauer Pakts, sondern hat dort lediglich Beobachterstatus. Sie ist allerdings seit Juni 1962 Mitglied des RGW und wickelt ihren Handel fast ausschließlich mit dessen Mitgliedsländern, insbesondere mit der Sowjetunion ab. Im Oktober 1961 wurde die MVR in die UNO aufgenommen. Ebenfalls erst in den 60er Jahren hat sie Beziehungen zu westeuropäischen Ländern, zuerst zu Großbritannien und Österreich, aufgenommen. Seit Januar 1974 unterhält sie diplomatische Beziehungen auch zur Bundesrepublik Deutschland.

Zur Landesverteidigung stehen Streitkräfte in Stärke von

30 000 Mann zur Verfügung; hinzu kommen 18 000 Mann Grenztruppen sowie Sicherheitskräfte[4]. Die in der MVR stationierten sowjetischen Truppen sind vermutlich mit Mittel- und Fernstreckenraketen ausgerüstet.

*Literatur*

Bawden, Charles R.: *The Modern History of Mongolia.* London, Weidenfeld and Nicolson, 1968.

Friters, Gerard M.: *Outer Mongolia and its International Position.* Baltimore (Md.), Johns Hopkins Press, 1949.

Murphy, George G. S.: *Soviet Mongolia. A Study of the Oldest Political Satellite.* Berkeley/Los Angeles (Cal.), Univ. of California Press, 1966.

Schirendyb, Bagaryn: *Die Mongolische Volksrepublik. Von der Feudalordnung in den Sozialismus* (a. d. Russ.). Berlin (Ost), Staatsverlag der DDR, 1971.

[4] *The Military Balance 1978–1979.* London 1978, S. 65.

## Konstitutive Merkmale des politischen Systems

Die Volksrepublik Polen bezeichnet sich als »sozialistischer Staat« in ihrer mit Wirkung vom 16. Februar 1976 revidierten Verfassung vom 22. Juli 1952[1]. Souverän ist das »werktätige Volk in Stadt und Land« (Art. 1 Abs. 2) unter Führung der Arbeiterklasse. Es übt die ungeteilte Staatsgewalt indirekt über Vertreter im Sejm auf nationaler Ebene und in Volksräten auf örtlicher Ebene aus. »Leitende politische Kraft der Gesellschaft beim Aufbau des Sozialismus« (Art. 3 Abs. 1) ist die marxistisch-leninistische Polnische Vereinigte Arbeiterpartei (PVAP). Sie bestimmt die Richtlinie der Politik, in deren Erfüllung der Sejm die »grundsätzliche Richtung der Tätigkeit des Staates beschließt« (Art. 20 Abs. 3). Im Rahmen der Nationalen Einheitsfront gibt es außer der PVAP zwei weitere Parteien, die jedoch mit der PVAP nicht um die Macht konkurrieren können, sondern deren Führungsanspruch anerkennen und das sozialistische System nicht in Frage stellen.

## Die kommunistische Machtübernahme

Mit sowjetischer Unterstützung übernahm im Juli 1944 das (Lubliner) »Polnische Komitee der Nationalen Befreiung« im Auftrag des sich als vorläufige Volksvertretung betrachtenden »Landesnationalrats« die exekutive Gewalt in den von der Roten Armee befreiten Gebieten. Das Nationalkomitee beruhte auf einem Bündnis zwischen der im Januar 1942 als Nachfolgerin der 1938 offiziell aufgelösten Kommunistischen Partei Polens gegründeten Polnischen Arbeiterpartei, Sozialisten, Führern der Bauernpartei und der Demokratischen Partei sowie dem im Mai 1943 in Moskau von Kommunisten und prosowjetisch orientierten Linksintellektuellen gegründeten Verband Polnischer Patrioten.

Am 1. Januar 1945 konstituierte sich das von Kommunisten dominierte Nationalkomitee unter dem Sozialisten Osóbka-

[1] Deutsche Übersetzung in: Jahrbuch für Ostrecht 16 (1975) 2, S. 159–180.

Morawski als provisorische Regierung, die einige Tage später von der Sowjetunion anerkannt wurde. Sie trat in Konkurrenz zur in London residierenden, von den westlichen Allierten gestützten polnischen Exilregierung unter Ministerpräsident Mikołajczyk, die an verschiedenen westlichen Fronten und im besetzten Polen über eigene Streitkräfte verfügte und den Warschauer Aufstand vom 1. August 1944 initiierte. Verhandlungen zwischen dem Nationalkomitee und der Exilregierung über die Bildung einer Regierung der Nationalen Einheit schlugen zunächst fehl, da beide Seiten für die von ihnen in dieser Regierung zu entsendenden Vertreter die Mehrheit forderten. Auf der Grundlage einer Übereinkunft, die auf der Konferenz von Jalta getroffen worden war, wurde Ende Juni 1945 unter Einbeziehung »bürgerlicher« Politiker – darunter des Führers der Bauernpartei, Mikołajczyk, als stellvertretenden Ministerpräsidenten – eine Regierung der »Nationalen Einheit« gebildet, die kurz darauf auch von den Westmächten anerkannt wurde. Durch eine Bodenreform, die Errichtung von örtlichen Nationalräten und die Besetzung der wichtigsten Ministerien und Verwaltungspositionen mit Anhängern der Lubliner Regierung sowie die Kontrolle über den Sicherheitsapparat und die Streitkräfte waren jedoch die Weichen für die Monopolisierung der Macht durch die Kommunisten gestellt worden.

Die prokommunistischen Flügel der gespaltenen Parteien schlossen sich mit den Kommunisten zum »Demokratischen Block« zusammen, der in den manipulierten Wahlen zum verfassunggebenden Sejm vom Januar 1947 80,1 Prozent der Stimmen auf sich vereinigte, während die einzige Oppositionspartei, die Bauernpartei, nur 10,3 Prozent der Stimmen erhielt. Nach der Flucht Mikołajczyks in den Westen im Oktober 1947 wurde die Bauernpartei ebenfalls gleichgeschaltet und das Parteiensystem restrukturiert: Die von antikommunistischen Elementen gesäuberte Sozialistische Partei verschmolz im Dezember 1948 mit der Arbeiterpartei zur PVAP; die Bauernpartei wurde zusammen mit anderen Gruppierungen 1949 als Vereinigte Volkspartei (VVP) neu organisiert; die (christlich-demokratische) Partei der Arbeit in die Demokratische Partei (DP) integriert; alle Parteien wurden nach volksdemokratischem Muster in der Front der Nationalen Einheit unter der unangefochtenen Dominanz der PVAP zusammengeschlossen.

Unter der Führung Władysław Gomułkas schlugen die Kommunisten zunächst einen nationalen »eigenen Weg zum Sozialismus« ein, der allerdings im September 1948 als »Rechtsabweichung« verurteilt wurde und unter Ausbootung der »Nationalkommunisten« aufgegeben wurde.

## Die marxistisch-leninistische Partei

Die PVAP, innerhalb des formalen Mehr-Parteien-Systems die hegemoniale politische Kraft, zählte Ende 1977 rd. 2,45 Millionen Mitglieder und Kandidaten[2] – das waren rd. 7 Prozent der Gesamtbevölkerung. Sie ist nach dem Produktions- und Territorialprinzip organisiert; die Parteibasis bilden die Grundorganisationen am Arbeitsplatz und am Wohnort. Der Mitgliedschaft geht eine einjährige Probezeit (Kandidatur) voraus. Zentrale Organe sind der alle vier Jahre zusammentretende Parteikongreß, das von diesem gewählte, mindestens alle vier Monate tagende ZK sowie das aus dessen Mitte hervorgehende Politbüro und Sekretariat mit dem Ersten Sekretär – seit 1970 Edward Gierek – an der Spitze.

Unter Hervorhebung nationaler Besonderheiten bei der Errichtung des Sozialismus steht die PVAP in enger Gefolgschaft zur KPdSU. Für eine strikte Unterordnung unter den sowjetischen Führungsanspruch tritt v. a. der »Moskowiter« Flügel ein.

## Blockparteien, christliche Vereinigungen, gesellschaftliche Organisationen

Die nichtkommunistischen Parteien integrieren und mobilisieren für die Zielsetzungen der PVAP Bevölkerungssegmente, die der PVAP gegenüber reserviert oder ablehnend gegenüberstehen. Die VVP zählte 1976 rd. 420000 Mitglieder, wovon etwa 73 Prozent Bauern waren; die DP rd. 90000, zumeist der städtischen Mittelschicht angehörende Mitglieder[3]. Diese Parteien können zwar im Rahmen von Verständigungskommissionen auf zentraler und örtlicher Ebene gegenüber der PVAP eigene Vorstellungen über Form, Methoden und Tempo des Sozialismus vorbringen, die Beschlüsse der Kommissionen können je-

[2] R. F. Staar, *Die kommunistischen Regierungssysteme in Osteuropa.* Stuttgart-Degerloch 1977, S. 371.

[3] S. Lammich, *Grundzüge des sozialistischen Parlamentarismus.* Baden-Baden 1971, S. 31, Anm. 25.

doch nicht gegen den Willen der PVAP gefaßt werden und sind für diese Parteien verbindliche Richtschnur ihres Handelns. Sie sind deshalb keine Oppositionsparteien; ebensowenig sind sie, obwohl an der Regierung beteiligt, Koalitionsparteien, da die Regierungspolitik nicht Ergebnis von Parteikompromissen ist.

Die führende Rolle der PVAP und das sozialistische System werden auch von den drei christlichen Vereinigungen grundsätzlich nicht in Frage gestellt: Es sind dies die 1949 entstandene »Pax«, die sich überwiegend aus katholischen Intellektuellen rekrutiert; die von einigen ihrer Mitglieder 1956 gegründete, auch Nichtkatholiken erfassende Christlich-soziale Vereinigung; die »Klubs der katholischen Intelligenz«, deren Vertreter im Sejm den Abgeordnetenzirkel »Znak« bilden. Die in enger Beziehung zum polnischen Episkopat stehenden »Znak«-Abgeordneten nahmen zwar gegenüber PVAP und Regierung mitunter eine kritische Haltung ein, pflegten jene aber immer dann zu unterstützen, wenn sie deren Politik als im nationalen Interesse stehend empfanden. Seit 1976 ist der »Znak« allerdings nur noch mit – abgespaltenen – regimefreundlichen Abgeordneten im Sejm vertreten.

Gesellschaftliche Organisationen sind der nach dem Branchenprinzip organisierte Gewerkschaftsverband, die Genossenschaftsverbände, der Verband der Bauernselbsthilfe, die Vereinigungen des Privathandels, Berufsvereinigungen wie der Schriftstellerverband; Jugendliche sind im Sozialistischen Jugendverband und im Verband der Landjugend, Frauen in der Frauenliga, die Kriegsveteranen im einflußreichen Verband der Kämpfer für Freiheit und Demokratie organisiert. Die Gewerkschaften sind Partner der staatlichen Wirtschaftsverwaltungsorgane bei der Aushandlung von Kollektivverträgen, mit denen die Beziehungen zwischen Unternehmen und Belegschaften geregelt werden; ihr Zentralrat wirkt bei der Ausarbeitung von arbeitsrechtliche Beziehungen regelnden Gesetzen mit. Hinsichtlich der Vertretung und Verteidigung von Arbeitnehmerinteressen (Regelung von Arbeitsbedingungen, Kündigungsschutz) erweisen sie sich jedoch als wenig wirksam.

Ebensowenig entsprechen die Arbeiterräte den 1956 und 1970/71 seitens der Arbeiterschaft in sie gesetzten Erwartungen. Ihre Mitwirkungsrechte sind nicht nur sachlich beschränkt, sondern auch institutionell durch ihre Einbindung in die vielfach unter der Leitung des Betriebsparteisekretärs stehende Konferenz der Arbeiterselbstverwaltung, der außer dem Arbeiterrat der gewerkschaftliche Betriebsrat und die Betriebsparteiorganisation sowie Vertreter des Jugendverbandes und der Berufsverbände angehören und deren Beschlüsse für den Arbeiterrat verbindlich sind.

Im Gefolge der gegen die Erhöhung der Lebensmittelpreise gerichteten, teilweise gewaltsam unterdrückten, Streiks und Demonstrationen vom Sommer 1976 gründeten einige Intellektuelle das »Komitee zur Verteidigung der Arbeiter«; im Oktober 1977 wurde es in »Komitee für gesellschaftliche Selbstverteidigung« umbenannt. Daneben entstand im März 1977 die »Bewegung zur Verteidigung der Menschen- und Bürgerrechte«, die von der Regierung die Erfüllung der in den Menschenrechtspakten und in der KSZE-Schlußakte von Helsinki verankerten einschlägigen Verpflichtungen fordert.

## Die katholische Kirche

Die katholische Kirche bildet eine quasi institutionalisierte Opposition zur herrschenden PVAP. Als moralische Kraft konkurriert sie mit dem marxistisch-leninistischen Wertesystem; aufgrund ihrer hohen meinungsbildenden und mobilisierenden Kapazität – rd. 90 Prozent der Bevölkerung sind katholisch, rd. 60 Prozent praktizierende Katholiken – ist sie auch ein politischer Machtfaktor. Sie steht indessen nicht nur in geistiger und zuweilen auch in die Sphäre der Politik übergreifender Konfrontation zur PVAP, sondern hat auch ein mit Partei und Staat gemeinsames Interesse an der Wahrung der nationalen Integrität, als deren Sachwalter sie eine lange Tradition hat. So hat sie z.B. 1956, als die Möglichkeit einer sowjetischen militärischen Intervention nicht auszuschließen war, durch Wort und Schrift dazu beigetragen, die brisante innenpolitische Situation zu beruhigen.

## Volksvertretung, Staatsoberhaupt, Regierung

Nationales Vertretungsorgan und »höchstes Organ der Staatsgewalt« (Verf., Art. 20 Abs. 1) ist der Sejm. Seine Mitglieder werden alle vier Jahre in allgemeinen, gleichen, unmittelbaren und fakultativ geheimen Wahlen bestimmt. Die Bürger haben mit 18 Jahren das aktive, mit 21 Jahren das passive Wahlrecht.

Die Wahlen finden aufgrund von Kandidatenlisten statt, die von der Front der Nationalen Einheit aufgestellt werden. Die Entscheidung über die Zusammensetzung der Listen fällt die Zentrale Verständigungskommission, wo zwischen den Parteien, unter maßgeblichem Einfluß der PVAP, die Kandidaten sowie die Listenplätze festgelegt werden; die Zahl der »Pax«- und »Znak«-Kandidaten wird in Verhandlungen zwischen Vertretern dieser Vereinigungen und der PVAP-Führung bestimmt. Die Wahl erfolgt in Mehr-Mann-Wahlkreisen – die Zahl der Kandidaten muß diejenige der auf einen Wahlkreis entfallenden Mandate bis maximal um die Hälfte überschreiten. Bei den Sejmwahlen von 1976 wurden für die 460 Sitze 641 Kandidaten aufgestellt. Gewählt ist, wer die absolute Mehrheit der Stimmen in einem Wahlkreis erhält, und zwar in der Reihenfolge der Stimmenzahl bis zur Zahl der Mandate, die auf einen Wahlkreis entfallen; bei Stimmengleichheit entscheidet der Listenplatz. Der Wähler hat somit eine beschränkte Auswahlmöglichkeit zwischen Personen. Der der PVAP die Majorität sichernde Verteilungsschlüssel, die in der Regel praktizierte offene Stimmabgabe und die zwar erlaubte, aber als Votum gegen die Politik der PVAP gedeutete und deshalb seltene Streichung von Kandidaten verleiht den Wahlen dennoch einen weitgehend plebiszitären Charakter. Im 1976 gewählten Sejm sind die PVAP mit 255, die VVP mit 117, die DP mit 39 und die drei Vereinigungen mit 13 Abgeordneten vertreten; 36 Abgeordnete gehören keiner Partei bzw. Vereinigung an.

Der Sejm verabschiedet Gesetze, die von Abgeordneten, dem Staatsrat und dem Ministerrat initiiert werden können, beruft und entläßt den Ministerrat (Regierung) oder einzelne Mitglieder, kontrolliert ihn und die Verwaltung, beschließt den mehrjährigen Wirtschaftsplan und den Staatshaushalt. Er tritt mindestens zweimal im Jahr zusammen; eine Session dauert in der Regel zwei bis drei Monate; innerhalb einer Sitzungsperiode finden zwei bis vier ein- bis zweitägige Plenarsitzungen statt. Die gesetzgeberische Vorarbeit liegt bei den parallel zu den Zweigen der Staatsverwaltung bestehenden ständigen Sejmausschüssen, die auch zwischen den Sessionen tagen können. Die Ausschüsse können u.a. in an den Staatsrat und die Regierung gerichteten Desideraten Auskunft über deren Tätigkeit verlangen und Empfehlungen aussprechen, die für diese Organe zwar nicht verbindlich sind, sie jedoch zu einer Stellungnahme verpflichten. In Form von Resolutionen können die Ausschüsse diese Staatsorgane zu einem bestimmten Verhalten verpflichten. Über ein weiteres Kontrollinstrument verfügt der Sejm in Form der Interpellation und der Abgeordnetenanfrage an den Ministerrat oder an einzelne Regierungsmitglieder sowie an den Generalstaatsanwalt, deren Beantwortung für die Adressaten obligatorisch ist. Auflösen kann sich der Sejm nur selbst aufgrund eines Verfassungsgesetzes.

Die einer der drei Parteien angehörenden Abgeordneten müssen sich in Klubs organisieren, deren wichtigste Aufgabe in der Vereinheitlichung des Abstimmungsverhaltens besteht. Die Abgeordneten sind an Beschlüsse und Weisungen der zentralen Parteiorgane gebunden; die Klubs sind insofern Fraktionen eines »bürgerlichen« Parlaments nicht vergleichbar. Über wichtige Angelegenheiten entscheiden im Vorfeld der Abstimmung im Sejm die zentralen Organe der Parteien im Rahmen der Verständigungskommissionen. Die parteilosen Abgeordneten können sich in Zirkeln zusammenschließen, deren Gründung der Zustimmung des Sejm-Präsidiums bedarf, oder, soweit sie der PVAP nahestehen, sich deren Klub anschließen, wo sie allerdings kein Stimmrecht haben.

Der Sejm wählt aus seiner Mitte den Staatsrat, der aus dem Vorsitzenden, dessen Stellvertretern, dem Sekretär und elf weiteren Mitgliedern besteht; darunter sind auch Vertreter der nichtkommunistischen Parteien. Als Kollegialorgan erläßt der Staatsrat zwischen den Sessionen des Sejm Dekrete mit Gesetzeskraft und beruft und entläßt, auf Vorschlag des Ministerpräsidenten, einzelne Mitglieder des Ministerrats – beides bedarf der nachträglichen Bestätigung durch den Sejm; er beruft die Sessionen des Sejm ein, legt Gesetze verbindlich aus, beschließt über den Kriegszustand, wenn der Sejm nicht tagt, ratifiziert internationale Verträge, ernennt diplomatische Vertreter Polens, nimmt Beglaubigungsschreiben entgegen, besetzt bestimmte zivile und militärische Posten, verleiht Orden und übt das Begnadigungsrecht aus. Der Vorsitzende – z.Z. Henryk Jabłoński, der auch Mitglied des Politbüros der PVAP ist – vertritt den Staatsrat nach außen; er fungiert insoweit als Staatsoberhaupt.

Oberstes Vollzugsorgan ist der Ministerrat. Er setzt sich zusammen aus dem Vorsitzenden (Ministerpräsident), Stellvertretenden Vorsitzenden, Ministern und Vorsitzenden von Kommissionen und Komitees. Der Vorsitzende und seine Stellvertreter bilden das Präsidium des Ministerrats. Die Regierungsbildung erfolgt in der Weise, daß der designierte Ministerpräsident eine Liste vorlegt, über die der Sejm en bloc und mit einfacher Mehrheit beschließt. Die Mitgliedschaft im Ministerrat und im Sejm ist nicht unvereinbar, andererseits ein Mandat nicht Voraussetzung für die Bekleidung eines Ministerpostens. Der Ministerrat sorgt für die Ausführung der Gesetze und erläßt hierzu Rechtsverordnungen, entwirft den Staatshaushalt und den mehrjährigen Wirtschaftsplan, beschließt die Jahrespläne, übt die »allgemeine Leitung« der Außenbeziehungen und der Landesverteidigung aus (Verf., Art. 41 Ziff. 9 u. 10), gewährleistet die öffentliche Ordnung, den Schutz der Staatsinteressen und der Bürgerrechte. Der Ministerrat ist dem Sejm und zwischen dessen Sessionen dem Staatsrat gegenüber verantwortlich und rechenschaftspflichtig.

Nicht mehr dem Sejm, sondern dem Vorsitzenden des Ministerrats ist die Oberste Kontrollkammer unterstellt. Ihr obliegt die Kontrolle des wirtschaftlichen, finanziellen und administrativen Gebarens der zentralen und örtlichen Verwaltungsorgane, der gesellschaftlichen und genossenschaftlichen Organisationen sowie der Staats- und Privatbetriebe. Die Kontrolle erfolgt unter dem Gesichtspunkt der Erfüllung des Wirtschaftsplans, der Rechtmäßigkeit, Zweckmäßigkeit, Wirtschaftlichkeit und Redlichkeit. Die Kontrollkammer wird entweder selbst initiativ, handelt im Auftrag des Ministerrats, seines Präsidiums oder des Ministerpräsidenten; die Tätigkeit zentraler Staatsorgane kann sie nur mit Zustimmung des letzteren prüfen. Die Kontrollergebnisse leitet sie diesen Organen zu. An ihrer Spitze steht der Präsident; er wird, auf Antrag des Ministerpräsidenten, vom Sejm berufen und abberufen und ist Mitglied des Ministerrats.

## Die örtlichen Organe

Polen weist eine zweistufige Verwaltungsgliederung auf: 49 Woiwodschaften, darunter drei städtische einerseits, Städte sowie Stadtbezirke in Großstädten und Gemeinden andererseits. Vertretungsorgane – als »territoriale Organe der Staatsgewalt« und »Grundorgane der gesellschaftlichen Selbstverwaltung« (Verf., Art. 43 Abs. 1) – sind die Nationalräte, deren Mitglieder von den Bürgern auf der Grundlage eines den Sejm-Wahlen ähnlichen Nominierungsverfahrens für vier Jahre gewählt werden. Die in Sessionen beratenden Nationalräte nehmen wirtschaftliche, gesellschaftliche und kulturelle Aufgaben wahr unter Verknüpfung der örtlichen Bedürfnisse mit gesamtstaatlichen Belangen. Hierzu verabschieden sie Wirtschaftspläne, Haushalte und »Ordnungsverordnungen«, die Fragen u.a. des Gesundheitswesens, des gesellschaftlichen Eigentums sowie der öffentlichen Sicherheit regeln. Ihnen obliegt die Unterhaltung von Versorgungs- und Dienstleistungsbetrieben sowie der Ausbau von Kommunal-, Bildungs-, Kultur-, Sanitär- und Sporteinrichtungen. Die Tätigkeit der Nationalräte wird vom Staatsrat überwacht. Der Nationalrat der übergeordneten Verwaltungsstufe hebt Beschlüsse von Nationalräten der nachgeordneten Verwaltungsstufe auf, wenn sie rechtswidrig sind oder mit der zentral gesetzten Politik nicht im Einklang stehen.

An der Spitze der örtlichen Verwaltungen stehen die Woiwoden, die Stadtpräsidenten der woiwodschaftgleichen Städte, Stadtvorsteher, Stadtbezirksvorsteher und Gemeindevorsteher. Sie werden vom Ministerpräsidenten bzw. von den Woiwoden berufen und abberufen. Diese Ein-Mann-Organe haben Ende 1973 die bis dahin als kollegiale Verwaltungs- und Vollzugsorgane fungierenden, von den Nationalräten gewählten Präsidien der Nationalräte abgelöst. Deren Aufgaben beschränken sich seitdem auf die Vertretung der Räte nach außen und die Organisierung ihrer Arbeit. Die Verwaltungsorgane sind sowohl Vertreter der Staatsverwaltung der höheren Ebene auf dem jeweiligen Territorium – die Woiwoden also solche der Regierung – als auch Vollzugsorgan der Nationalräte. Sie unterliegen aber nur der Aufsicht durch den Ministerrat bzw. das nächsthöhere Verwaltungsorgan.

Zu den Aufgaben der Verwaltungsorgane gehören die Erfüllung der Wirtschaftspläne, die Koordinierung der Tätigkeit der auf dem jeweiligen Territorium befindlichen staatlichen und genossenschaftlichen Wirtschaftsunternehmen, die Wahrnehmung von Aufgaben im Bereich der Landesverteidigung, die Aufsicht über die Bürgermiliz sowie – generell – die Wahrnehmung aller Angelegenheiten, die nicht in den Zuständigkeitsbereich anderer Organe fallen. Im Rahmen der gesellschaftlich-wirtschaftlichen Entwicklung koordinieren sie u.a. die Raumbewirtschaftung, das Beschäftigungswesen, soziale Angelegenheiten, die industrielle sowie land- und forstwirtschaftliche Produktion, das Bildungs- und Erziehungswesen, den Umweltschutz, den Wohnungsbau, die Nutzung örtlicher Rohstoffe, die Bewirtschaftung von Wasser und Energie sowie die Versorgung der Bevölkerung. Die Arbeit der örtlichen Verwaltungsorgane wird vom Ministerrat angeleitet.

Neben der örtlichen staatlichen Verwaltung gibt es in den Städten und Dörfern eine Einwohner-»Selbstverwaltung«. Zu deren Aufgaben zählen u.a. die Gewährleistung der Zusammenarbeit zwischen Nationalräten und Bürgern zwecks Erfüllung der Wahlprogramme und Wirtschaftspläne, ferner u.a. die Instandsetzung von Wohnhäusern und deren Umgebung, die Kontrolle der Dienstleistungseinrichtungen. Organe der Einwohnerselbstverwaltung sind in Siedlungen, Wohnbezirken und Häusern die Einwohnerversammlung und das Komitee, auf dem Lande die Dorfversammlung und der Dorfschulze.

## Rechtsprechung und Staatsanwaltschaft

Organe der ordentlichen Rechtsprechung sind das Oberste Gericht, Woiwodschaftsgerichte und Kreisgerichte. Daneben gibt es eine besondere Militär-, Arbeits- und Sozialversicherungsgerichtsbarkeit. Das Oberste Gericht übt die Aufsicht über die Rechtsprechung der nachgeordneten Gerichte aus. In erstinstanzlichen Verfahren wirken grundsätzlich Laienrichter mit. Die Mitglieder des Obersten Gerichts werden für fünf Jahre vom Staatsrat ernannt, die Richter an den sonstigen ordentlichen Gerichten auf unbestimmte Zeit ebenfalls vom Staatsrat berufen, die Laienrichter von den Nationalräten auf vier Jahre gewählt. Berufs- und Laienrichter sind abberufbar.

Gesellschaftliche Gerichte werden gebildet in Form von Betriebsgerichten, die jedoch keine große Rolle spielen, und von Schlichtungskommissionen in Wohnbezirken. Sie werden aus eigener Initiative oder auf Antrag eines Bürgers tätig. Ihre Entscheidungen können nicht angefochten werden, andererseits aber auch nicht unter Inanspruchnahme staatlicher Zwangsmittel durchgesetzt werden.

Eine Verfassungs- und Verwaltungsgerichtsbarkeit gibt es nicht. Die Aufsicht über die Verfassungskonformität von Rechtsnormen übt der Staatsrat aus. Die Bürger und deren Organisationen können lediglich Beschwerden und Klagen an die zentralen und örtlichen Staatsorgane richten, die verpflichtet sind, diese zu prüfen und im Rahmen ihrer Zuständigkeit zu erledigen. Wird die Entscheidung hierüber von einem unteren

Verwaltungsorgan getroffen, ist Berufung beim übergeordneten Organ möglich.

Die Verfolgung von Straftaten obliegt dem vom Staatsrat zu berufenden Generalstaatsanwalt und den ihm unterstellten Staatsanwälten. Aufgabe des Generalstaatsanwalts ist es auch, die Gesetzlichkeit zu hüten, über den Schutz des gesellschaftlichen Eigentums zu wachen und dafür zu sorgen, daß die Rechte der Bürger gewahrt werden.

## Außenpolitik und Landesverteidigung

Die polnische Außenpolitik ist von der Nachbarschaft zur Sowjetunion und der Mitgliedschaft des Landes in der WPO bestimmt – die Freundschaft und Zusammenarbeit mit der UdSSR und anderen sozialistischen Staaten ist Verfassungsgrundsatz. Bis 1970 war wichtigstes außenpolitisches Ziel die völkerrechtlich verbindliche Anerkennung der Polen im Potsdamer Abkommen vom August 1945 zur Verwaltung übertragenen Gebiete des Deutschen Reichs als endgültigen territorialen Besitzstand.

Die Angliederung der ostdeutschen Gebiete war nicht nur vom Komitee der Nationalen Befreiung, sondern auch von der Londoner Exilregierung angestrebt worden und wurde sowohl von der Sowjetunion als auch von den westlichen Alliierten unterstützt. Das Manifest des Komitees vom 22. Juli 1944 äußerte zudem die Bereitschaft zur Abtretung polnischen Territoriums an die Sowjetunion und enthielt ein Bekenntnis zu einer engen Zusammenarbeit mit der Sowjetunion. Letzteres wurde im Vertrag über Freundschaft, gegenseitige Hilfe und Zusammenarbeit vom 21. April 1945 verankert, der in Anbetracht der von der Sowjetunion garantierten Westverschiebung der polnischen Grenze entlang der Oder und der Lausitzer Neiße im polnischen Sicherheitsinteresse lag. Andererseits bot das neu errichtete, von der Sowjetunion auch außenpolitisch abhängige Regime Gewähr für deren vorgeschobene Westgrenze. Durch den Abschluß dieses Vertrags und von Freundschafts- und Beistandspakten mit einer Reihe ost- und südosteuropäischer Staaten einerseits, die Ablehnung der Einladung zur Teilnahme am Marschall-Plan – nach zunächst positiver Reaktion – andererseits, ging Polen in der sowjetischen Hegemonialsphäre auf. Innerhalb des östlichen Bündnissystems ist Polen ein loyaler

Partner der Sowjetunion: im August 1968 beteiligte es sich militärisch an der Intervention in der ČSSR; es unterstützt die sowjetischen Integrationsbemühungen im Rahmen des RGW. Im April 1965 wurde der polnisch-sowjetische Freundschafts- und Beistandspakt erneuert.

Im Rahmen der östlichen Blockdisziplin hat Polen in den vergangenen zwei Jahrzehnten einige mit ihren Partnern abgestimmte außenpolitische Initiativen entfaltet, die das Bestreben erkennen lassen, die Sicherheit Polens auf eine breitere Grundlage zu stellen. Im Oktober 1957 unterbreitete der damalige Außenminister Rapacki der UNO einen Plan über die Bildung einer atomwaffenfreien Zone in Mitteleuropa; im November 1958 wurde dieser Plan um den Vorschlag über eine Verringerung der Streitkräfte und konventionellen Waffen erweitert. In Anbetracht des sich Anfang der 60er Jahre anbahnenden Dialogs zwischen der Sowjetunion und den USA verlor dieser Plan an Aktualität; ebenso der Gomułka-Plan vom Dezember 1963 über eine »Einfrierung« der Kernwaffen in Mitteleuropa. An die Stelle dieser Pläne trat die Konzeption eines Systems kollektiver Sicherheit in Europa auf der Grundlage des Gewaltverzichts und des territorialen Status quo, mit der Polen im Dezember 1964 wiederum durch Rapacki vor der UNO-Vollversammlung initiativ wurde. Zu einem wichtigen Schritt in dieser Richtung wurde der Vertrag zwischen Polen und der BRD vom 7. Dezember 1970, in dem die Bundesregierung – wie schon im Juli 1950 die Regierung der DDR – die Oder-Neiße-Grenze als unverletzlich anerkannte.

Nachdem de Gaulle Verständnis für die polnische Grenzfrage bekundet hatte, pflegt Polen seit Mitte der 60er Jahre intensive Beziehungen zu Frankreich, mit dessen Regierung es im Oktober 1972 eine Vereinbarung über gegenseitige Konsultationen schloß. Seit Anfang der 70er Jahre verstärkte es, auf der Grundlage der Prinzipien der friedlichen Koexistenz, seine Beziehungen auch zu den USA – im Mai/Juni 1972 besuchte Präsident Nixon Polen, im September 1974 Gierek die USA. Durch konstruktive Mitarbeit in der UNO, als Mitglied der Waffenstillstandskommission für Korea, Vietnam, Laos und Kambodscha, durch Bereitstellung eines Kontingents zur Überwachung des Waffenstillstands im Nahen Osten und durch die aktive Unterstützung der Abrüstungsbemühungen, wenn auch unter Wahrung der östlichen Interessen, ist Polen ein geachtetes Mitglied der Weltorganisation.

Zur Landesverteidigung unterhält Polen Streitkräfte in einer Gesamtstärke von 306500 Mann: 222000 hiervon entfallen auf das Heer, 22500 auf die Kriegsmarine und 62000 auf die Luftwaffe. Die paramilitärischen Streitkräfte bestehen aus 18000 Mann Grenztruppen und 77000 Mann Sicherheitstruppen. Die Bürgermiliz ist 350000 Mann stark[4].

*Literatur*


Bromke, Adam: *Poland's Politics. Idealism vs. Realism.* Cambridge (Mass.), Harvard Univ. Press, 1967.

– and John W. Strong (eds.): *Gierek's Poland.* New York/London, Praeger, 1973.

Dziewanowski, Marian K.: *The Communist Party of Poland. An Outline of History.* Cambridge (Mass.), Harvard Univ. Press, 1959, ²1976.

Hoensch, Jörg K. und Gerlind Nasarski: *Polen. 30 Jahre Volksdemokratie.* Hannover, Fackelträger, 1975.

Laeuen, Harald: *Polen nach dem Sturz Gomulkas.* Stuttgart-Degerloch, Seewald, 1972.

Lammich, Siegfried: *Das sozialistische Parlament Polens.* Köln, Verlag Wissenschaft und Politik, 1971.

–: *Regierung und Verwaltung in Polen.* Köln, Verlag Wissenschaft und Politik, 1975.

Micewski, Andrzej: *Katholische Gruppierungen in Polen. ZNAK und PAX 1945–1976* (a. d. Poln.). München, Kaiser; Mainz, Grünewald, 1978.

Morrison, James F.: *The Polish People's Republic.* Baltimore (Md.), Johns Hopkins Press, 1968.

Pirages, Dennis C.: *Modernization and Political Tension Management. A Socialist Society in Perspective. Case Study of Poland.* New York usw., Praeger, 1972.

Raina, Peter: *Political Opposition in Poland, 1954–1977.* London, Poets and Painters Press, 1978.

Rakowski, Mieczysław F.: *Die Außenpolitik der VR Polen. Skizzen aus der Geschichte dreier Jahrzehnte* (a. d. Poln.). Warszawa, Interpress, 1975.

Stehle, Hansjakob: *Nachbar Polen.* Frankfurt/M., Fischer, 1963; erw. Neuausg. 1968.

Tomala, Mieczysław: *Polen nach 1945.* Stuttgart usw., Kohlhammer, 1973.

Unger, Peter: *Die Ursachen der politischen Unruhen in Polen im*


[4] *The Military Balance 1978–1979.* London 1978, S. 14f.

*Winter 1970/71. Eine ökonomische und politische Analyse.* Bern, Herbert Lang; Frankfurt a. M., Peter Lang, 1975.
*Die Verfassung der VR Polen.* Hrsg. v. Herwig Roggemann. Berlin, Berlin Verlag 1976.
Wiatr, Jerzy J. und Jacek Tarkowski (eds.): *Studies in Polish Political System.* Warszawa, Ossolineum, 1967.

## Konstitutive Merkmale des politischen Systems

Rumänien bezeichnet sich als »sozialistische Republik« in seiner Verfassung vom 20. August 1965, die mit Wirkung vom 8. April 1974 neu gefaßt und später wiederum abgeändert worden ist[1]. Souverän ist das Volk – seine Macht beruht auf dem Klassenbündnis von Arbeitern und Bauern mit der Arbeiterklasse als bestimmender Kraft. Es errichtet unter der verfassungsrechtlich verankerten Führung der Rumänischen Kommunistischen Partei (RKP) die »sozialistische Gesellschaft« (Art. 2 Abs. 2). Die RKP leitet, was ebenfalls konstitutionell verankert ist, die Staatsorgane und gesellschaftlichen Organisationen, womit sie auch normativ allen sonstigen Organen und Institutionen von Staat und Gesellschaft übergeordnet ist. Die Geschäftsordnung der Großen Nationalversammlung (GNV) sieht vor, daß die Partei über das ZK die Gesetzesinitiative ausüben kann, daß das ZK die Kandidaten für das Amt des Staatsoberhaupts, die Mitglieder des Staatsrats sowie des Büros der GNV vorschlägt.

Die starke Stellung des vom Prinzip der kollektiven Leitung ausgenommenen Staatsoberhaupts verleiht Rumänien Züge eines präsidentiellen Regierungssystems. Zahlreiche institutionelle und prozessuale Besonderheiten im politischen System Rumäniens sind auf den derzeitigen Amtsinhaber, Nicolae Ceauşescu, zugeschnitten. Partei und Staat sind durch gemeinsame Organe, durch die Wahrnehmung verwandter Partei- und Staatsämter in Personalunion sowie durch die gleichzeitige Unterstellung von Institutionen unter höchste Partei- und Staatsorgane miteinander weitgehend verschmolzen.

## Die kommunistische Machtübernahme

Die RKP entstand im Mai 1921. Sie ging aus dem linken Flügel der im März 1893 gegründeten Sozialdemokratischen Partei Rumäniens hervor, der auf dem damaligen Parteitag die Mehr-

[1] Englische Übersetzung der ursprünglichen Fassung in Jan F. Friska (ed.): *Constitutions of the Communist Party-States.* Stanford (Cal.), 1968, S. 378–394.

heit stellte und sich für einen Beitritt zur Komintern aussprach. Nach der Kapitulation Rumäniens, das 1941 an der Seite der Achsenmächte in den Krieg gegen die Sowjetunion eingetreten war, am 23. August 1944, bildeten die in der »Nationaldemokratischen Front« zusammengeschlossenen Parteien (RKP, Sozialdemokraten und andere) eine Regierung, in der die Kommunisten zunächst keinen maßgeblichen Einfluß hatten. Im Zuge einer Regierungsumbildung im März 1945 erhielten sie jedoch einige Schlüsselpositionen (Innen-, Justiz- und Propagandaministerium). Bei den Wahlen zur Volksversammlung vom November 1946 errang der die Regierung tragende, aus der Nationaldemokratischen Front hervorgegangene »Block der Demokratischen Parteien« rd. 80 Prozent der Stimmen.

In der zweiten Jahreshälfte 1947 wurden die Nationale Bauernpartei, die Nationalliberale Partei und der rechte Flügel der Sozialdemokratischen Partei aufgelöst und damit – bei Anwesenheit sowjetischer Truppen, die bis 1958 in Rumänien stationiert blieben – der Weg für das Herrschaftsmonopol der RKP weiter geebnet. Am 30. Dezember 1947 wurde König Michael I. zur Abdankung gezwungen und Rumänien zur Volksrepublik ausgerufen. In der neu gebildeten Regierung übernahmen die Kommunisten u. a. mit dem Außen- und Verteidigungsministerium weitere wichtige Ressorts. Am 13. April 1948 trat eine neue Verfassung in Kraft, die sich weitgehend an derjenigen der UdSSR von 1936 orientierte; sie erklärte die Arbeiterklasse zur »führenden Kraft«.

Die RKP, in der »einheimische« Kader und »UdSSR-Emigranten« miteinander rivalisierten, vereinigte sich im Februar 1948 mit dem linken Flügel der Sozialdemokratischen Partei zur Rumänischen Arbeiterpartei. 1965 nahm diese die Bezeichnung RKP an.

## Die marxistisch-leninistische Partei

In der RKP sind die »fortgeschrittensten und bewußtesten Bürger aus den Reihen der Arbeiter, Bauern, Intellektuellen und anderen Schichten der Werktätigen vereint« (Verf., Art. 26). Im September 1977 zählte sie rd. 2,7 Millionen Mitglieder[2] und erfaßte damit rd. 12 Prozent der Bevölkerung. Die soziale Struktur der RKP wies folgendes Bild auf: 51 Prozent der Mitglieder

[2] Scînteia v. 24. 9. 1977.

waren »Arbeiter«; der Anteil der Genossenschaftsbauern betrug 19 Prozent – bei einem Bevölkerungsanteil von rd. 57 Prozent; derjenige der Intelligenz – weit überproportional zum Anteil an der Bevölkerungszahl – rd. 22 Prozent[3]. Die Nationalitätenstruktur entsprach derjenigen der Gesamtbevölkerung.

Oberste Organe der RKP sind: Formal der alle fünf Jahre einzuberufende Parteitag und, in der Zwischenzeit, das ZK, in das der XI. Parteitag vom November 1974 205 Vollmitglieder und 156 Kandidaten wählte. Faktisch beschließendes Organ ist das Politische Exekutivkomitee mit 1974 vom ZK gewählten 37 Voll- und stellvertretenden Mitgliedern, das zwischen den ZK-Plena dessen Aufgaben wahrnimmt. Das fünfköpfige Ständige Büro sowie das ZK-Sekretariat mit – seit 1965 – Ceauşescu als Erstem bzw. Generalsekretär an der Spitze, lenken und koordinieren die Aktivitäten von Partei und Staat – beide sind Kontrollinstrumente Ceauşescus. Weitere Organe auf nationaler Ebene sind die Landeskonferenz (der »kleine Parteitag«), das Zentrale Parteikollegium als oberste Instanz zur Überwachung der Parteidisziplin und die Zentrale Revisionskommission zur Verwaltung der Parteifinanzen.

Gegenüber der KPdSU verfolgt die RKP einen erstmals auf ihrem IX. Parteitag vom Juli 1965 theoretisch fundierten unabhängigen Kurs – Ansätze hierfür sind allerdings schon in den davorliegenden Jahren erkennbar. Das Streben nach Emanzipation vom sowjetischen Führungs- und Vorbildanspruch beruht auf einem vom Sowjetmarxismus abweichenden Verständnis der Nation. Rumänischerseits wird die Nation als eine auch in der sozialistischen Entwicklungsphase virulente Kategorie begriffen und damit die Ablehnung eines einseitig »internationalistischen« und d.h. de facto an den Interessen der UdSSR orientierten Handelns und Verhaltens begründet. Die Hervorhebung der Nation und des nationalen Interesses dient der theoretischen Abstützung eines eigenen, den besonderen, historisch gewachsenen Bedingungen eines Volkes Rechnung tragenden Weges zum Sozialismus, der sich in Rumänien zwar nicht in einer Abkehr vom sowjetischen Modell der kommunistischen Ein-Partei-Herrschaft niedergeschlagen hat, wohl aber – primär – in einer eigenständigen Außenpolitik und einer selbständigen, auf Unabhängigkeit und Gleichberechtigung bedachten Position innerhalb des kommunistischen Weltsystems und – sekundär – in einer Reihe spezifisch rumänischer politischer

[3] Ebd.

Institutionen. Im Parteiprogramm wird ein »leitendes Zentrum« des Weltkommunismus abgelehnt. Die unabhängige Position der RKP äußert sich schließlich auch in ihrer Unterstützung für Konzeptionen der sog. »Eurokommunisten«.

## Gesellschaftliche Organisationen

Gesellschaftliche Organisationen sind der Allgemeine Gewerkschaftsverband, zu dessen Aufgaben die Überwachung der Planerfüllung, die Wahrnehmung eines beschränkten Mitspracherechts bei der Unternehmensführung, aber nicht die Wahrnehmung eines Streikrechts gehören (die im Februar 1979 gegründete »Freie Gewerkschaft« unterliegt staatlicher Repression); der Verband der landwirtschaftlichen Produktionsgenossenschaften; der Verband der Kommunistischen Jugend, dem der Verband der Kommunistischen Studenten angeschlossen ist; der Frauenverband; Berufsverbände, sozio-kulturelle Organisationen, wissenschaftliche Vereinigungen und Sportverbände sowie die Räte der nationalen Minderheiten (Ungarn, Deutsche, Serben). Die gesellschaftlichen Organisationen sind berechtigt und verpflichtet, die staatlichen Verwaltungsorgane bei der Wahrnehmung ihrer Aufgaben zu unterstützen.

Seit Herbst 1968 sind diese Organisationen usw. sowie Kultgemeinschaften in der Sozialistischen Einheitsfront (SEF) zusammengeschlossen, deren leitende Kraft die RKP ist. Spitzenorgan der SEF ist der Nationalrat, in dem Ceauşescu den Vorsitz innehat. Vorrangige Aufgabe der SEF ist die Mobilisierung der Bürger zu aktiver Teilnahme am sozialistischen Aufbau und in diesem Zusammenhang insbesondere die Aufstellung der Kandidaten und die Durchführung von Wahlen zur GNV und den örtlichen Volksräten, die Veranstaltung von Beratungen mit den Mitgliedern der Volksräte und die Diskussion von Gesetzesentwürfen; sie hat ferner das Recht der Gesetzesinitiative, das Recht zur Kontrolle der Aktivitäten der Volksvertreter und das Vorschlagsrecht hinsichtlich ihrer Abberufung. Der Nationalrat kann, ebenso wie das ZK der RKP, Kandidaten für das Amt des Staatspräsidenten und des Premierministers vorschlagen.

Der Massenmobilisierung, der Transmission der Parteibeschlüsse und der Kontrolle ihrer Durchführung dienen auch der »Kongreß der Räte der Werktätigen aus Industrie, Bau- und

Verkehrswesen« und der »Kongreß der Leitungsräte der sozialistischen Landwirtschaftseinheiten, der gesamten Bauernschaft«. Die Kongresse sollen alle fünf Jahre stattfinden; in der Zwischenzeit fungieren Landesräte als Exekutivorgane, die sich aus Funktionären der RKP, der Staatsverwaltung und der gesellschaftlichen Organisationen zusammensetzen.

## Volksvertretung, Staatsoberhaupt, Regierung

Nationales Vertretungsorgan und die ungeteilte Staatsgewalt ausübendes »oberstes Organ der Staatsmacht« (Verf., Art. 42) ist die GNV. Die Abgeordneten – z. Z. 349 – werden alle fünf Jahre im allgemeinen, gleichen, direkten und geheimen Wahlen bestimmt. Aktiv wahlberechtigt sind die Bürger mit Vollendung des 18., passiv wahlberechtigt mit Vollendung des 23. Lebensjahres. Die Wahl erfolgt in Ein-Mann-Wahlkreisen über eine Einheitsliste der SEF. Wahlvorschläge werden auf Wählerversammlungen in Betrieben, sozio-kulturellen Einrichtungen, Stadtbezirken, Dörfern und Einheiten der Streitkräfte gemacht. Für die Wahlen vom März 1975 wurden in 40 Prozent der Wahlkreise je zwei Kandidaten aufgestellt. Die Einheitsliste erhielt 98,8 Prozent der Stimmen. Die Abgeordneten sind den Wählern gegenüber verantwortlich und abberufbar. Den Beschluß über die Abberufung trifft die GNV auf Vorschlag der SEF, der der Wählerversammlung zur Diskussion zu unterbreiten ist. Die Abgeordneten haben ein Anfrage- und Interpellationsrecht gegenüber der Regierung und jedem ihrer Mitglieder, dem Vorsitzenden des Obersten Gerichts und dem Generalstaatsanwalt. Die Anfrage oder Interpellation muß innerhalb von drei Tagen mündlich oder schriftlich beantwortet werden.

Die GNV tritt jährlich zweimal zu Sessionen zusammen. Sie ist formal das einzige gesetzgebende Organ, de facto liegt die Gesetzgebung aber bei deren ständigem Organ, dem Staatsrat. Andere Aufgaben der GNV werden von deren Ständigen Kommissionen wahrgenommen, deren Mitglieder bis zu einem Drittel nicht der GNV angehörende Fachleute sein können. Die wichtigste unter ihnen ist die Verfassungs- und Rechtskommission. Ihr obliegt die Kontrolle der Verfassungsmäßigkeit der Gesetze, Dekrete und Regierungsverordnungen. Dies geschieht aus eigener Initiative. Auf Ersuchen des aus dem Präsidenten der GNV und seinen Stellvertretern bestehenden GNV-Büros prüft sie auch die Verfassungskonformität von Gesetzesentwürfen, auf Antrag des Staatsrats auch diejenige von Dekretentwürfen. Debatten über Gesetzesvorhaben, ebenso wie deren Diskussion in den Massenmedien, dienen im wesentlichen deren Erläuterung und Propagierung zur Mobilisierung von Unterstützungsbereitschaft. Vorschläge der Bürger werden nur sehr selten berücksichtigt.

Der verfassungsmäßige Rang der GNV wird schon normativ durch weitgehende Mitwirkungsrechte der RKP stark gemindert. Die Partei hat – über das ZK – das Recht der Gesetzesinitiative, und zwar vorrangig: vor dem Nationalrat der SEF, dem Staatsrat, der Regierung, den Ständigen Ausschüssen der GNV sowie einer Anzahl von 35 Mitgliedern der GNV. (In Anbetracht der Tatsache, daß die Gesetzesvorschläge des ZK immer angenommen werden, wird die Partei damit zur überragenden Quelle der Gesetzgebung.) Die Partei hat, außer dem Nationalrat der SEF, das Vorschlagsrecht für die Zusammensetzung des GNV-Büros; schließlich werden auch die Mitglieder des Staatsrats, eines Organs der GNV, auf Vorschlag des ZK der RKP gewählt. Da Ceauşescu Generalsekretär des ZK ist, bestimmt praktisch er die Tätigkeit der GNV und die Zusammensetzung der genannten Organe.

Der aus der Mitte der GNV gewählte Staatsrat ist deren permanentes Organ. Im Unterschied zu den Regelungen in anderen sozialistischen Ländern ist der Staatsrat lediglich »Ersatzparlament«, nicht auch kollegiales Staatsoberhaupt. Er setzt sich zusammen aus dem Vorsitzenden – kraft Amtes ist dies der Staatspräsident –, einem stellvertretenden Vorsitzenden und einfachen Mitgliedern. Er ist der GNV gegenüber verantwortlich und rechenschaftspflichtig, seine Mitglieder können von der GNV jederzeit abberufen werden. Eine Reihe von Aufgaben nimmt der Staatsrat in Vertretung der GNV zwischen deren Sitzungsperioden wahr. Er erläßt Dekrete mit Gesetzeskraft, die auf der folgenden Session der GNV nur noch »erörtert« zu werden brauchen; falls die GNV infolge außergewöhnlicher Umstände verhindert ist zusammenzutreten, ernennt und entläßt er den Premierminister, die Mitglieder der Regierung und des Obersten Gerichts und kann den Wirtschafts- und Haushaltsplan verabschieden. In eigener Zuständigkeit übt der Staatsrat die Organisationsgewalt über die Ministerien aus, ratifiziert und kündigt – soweit dies nicht dem GNV-Plenum vorbehalten ist – internationale Verträge, legt Gesetze verbindlich aus, kontrolliert die Durchführung der Gesetze und die Tätigkeit der zentralen Verwaltungsorgane, verfügt – im Dringlichkeitsfall – die Mobilmachung und erklärt den Kriegszustand.

Durch die Verfassungsänderung vom 28. März 1974 wurde das Amt des Präsidenten der Sozialistischen Republik Rumänien geschaffen und durch die Besetzung mit dem Generalsekretär der RKP, Ceauşescu, die führende Rolle der Partei im Staat durch Personalunion institutionalisiert. Der Staatspräsident wird nicht direkt vom Volk, sondern auf Vorschlag des ZK der RKP oder des Nationalrats der SEF von der GNV mit Zwei-Drittel-Mehrheit für die Dauer einer Legislaturperiode gewählt und ist dieser gegenüber rechenschaftspflichtig und verantwortlich. Er ist Vorsitzender des Staatsrats und des Verteidigungsrats, Oberbefehlshaber der Streitkräfte; er kann in Kabinettssitzungen den Vorsitz übernehmen, Leiter zentraler Staatsorgane und die Mitglieder des Obersten Gerichts, auf Vorschlag des Ministerpräsidenten Mitglieder der Regierung, zwischen den Sitzungsperioden der GNV den Vorsitzenden des Obersten Gerichts und den Generalstaatsanwalt ernennen und entlassen. Im Dringlichkeitsfall hat er das Recht zur Ausrufung des allgemeinen oder teilweisen Ausnahmezustands. Im Außenbezug nimmt er nicht nur Repräsentationsaufgaben wahr, sondern er hat auch das Recht zum Abschluß internationaler Verträge. In Ausübung seiner Funktionen erläßt er Dekrete mit normativer Kraft.

Die Regierung (auch Ministerrat genannt) als höchstes Organ der Staatsverwaltung ergreift Maßnahmen zur Durchführung der Innen- und Außenpolitik. Sie besteht aus dem Vorsitzenden (»Premierminister der Regierung«), dessen Stellvertretern, Ministern, Minister-Staatssekretären und den Leitern weiterer zentraler Staatsorgane, die von der GNV gewählt werden, sowie – kraft Amtes – den Vorsitzenden bzw. Ersten Sekretären der bedeutendsten gesellschaftlichen Organisationen. Die Regierung und jedes einzelne Mitglied ist der GNV und – zwischen deren Sitzungsperioden – dem Staatsrat gegenüber rechenschaftspflichtig und verantwortlich. Die Verantwortlichkeit des Regierungsmitglieds bezieht sich nicht nur auf die eigene Tätigkeit, sondern auch auf diejenige des ganzen Kollegiums.

## Die örtlichen Organe

Rumänien ist administrativ in 39 Kreise (Judeţe), Städte und Gemeinden gegliedert; die in Stadtbezirke unterteilte Hauptstadt Bukarest bildet als Munizipium eine den Kreisen gleichgestellte Verwaltungseinheit. (Diese Einteilung, Ergebnis der Gebietsreform von 1968, brachte eine Benachteiligung der nationalen Minderheiten – z. B. durch Auflösung der autonomen ungarischen Region.)

Örtliche Organe der Staatsmacht sind die auf fünf Jahre gewählten Kreisvolksräte und die auf zweieinhalb Jahre gewählten Stadt- und Gemeindevolksräte. Für einen Sitz können mehrere Kandidaten nominiert werden. Zum Zuständigkeitsbereich der Volksräte gehört die Regelung lokaler wirtschaftlicher und kultureller Angelegenheiten und von Fragen der örtlichen Sicherheit sowie die Wahl der Richter und Volksbeisitzer für die örtlichen Gerichte.

Die Ausführung von Beschlüssen der Volksräte wie auch der Gesetze, Dekrete und Verordnungen obliegt Exekutivkomitees (in den Kreisen, in Bukarest und dessen Stadtbezirken) bzw. Exekutivbüros (in Städten und Gemeinden), die von den Volksräten gewählt werden und abberufen werden können. Sie sind sowohl den Volksräten gleicher Ebene wie auch den Räten und Exekutivbüros der nächsthöheren Ebene gegenüber verantwortlich und rechenschaftspflichtig. Den Bürgern wird ein gewisses Mitspracherecht bei der Gestaltung der örtlichen Angelegenheiten eingeräumt, so z. B. im Rahmen von Bürgerinitiativen und Bürgerkomitees und in Form einer Mitwirkung in den Ständigen Ausschüssen der Volksräte.

## Die Verschmelzung von Partei und Staat

Die mannigfache institutionelle Verschmelzung von Partei- und Staatsorganen beruht auf der Konzeption einer »Vergesellschaftung« des Staates im Sinne eines zunehmenden Einflusses der gesellschaftlichen Organisationen auf die Staatstätigkeit, wobei dieser Einfluß insbesondere durch die RKP als der führenden gesellschaftlichen Organisation ausgeübt wird.

Die Fusion erfolgt 1. in Form von Organen, die gleichzeitig solche der Partei und des Staates sind. Ihre Bildung obliegt gemäß dem Statut der RKP deren ZK. Sie unterstehen sowohl einem hohen Partei- als auch einem hohen Staatsorgan (dem ZK und dem Staatsrat oder der Regierung). Zu diesen Organen zählen u.a. der Oberste Rat für wirtschaftlich-soziale Entwicklung, dessen Mitglieder vom ZK der RKP, vom Staatsrat, von der Regierung, vom Zentralrat des Gewerkschaftsverbandes und von anderen gesellschaftlichen Organisationen berufen werden; der Zentralrat der Arbeiterkontrolle über wirtschaftliche und soziale Aktivitäten, der dem ZK und dem Staatsrat untersteht und die Durchführung der wirtschaftlichen und soziopolitischen Maßnahmen von Partei und Staat überwacht; das Komitee für Fragen der Volksräte, das deren Tätigkeit lenkt und überwacht; der Rat für sozialistische Kultur und Erziehung sowie der Verteidigungsrat. Die Fusion erfolgt 2. in Form einer Vertretung der gesellschaftlichen Organisationen in Staatsorganen. Z.B. sind die Vorsitzenden des Gewerkschaftsverbandes, des Verbandes der landwirtschaftlichen Produktionsgenossenschaften, der Erste Sekretär des Jugendverbandes und die Vorsitzende des Frauenverbandes kraft Amtes Mitglieder der Regierung. 3. in Form der Personalunion von Partei und Staatsämtern. Abgesehen von der Ämterkumulation in der Person Ceauşescus sind Mitglieder des Politischen Exekutivkomitees der RKP gleichzeitig Regierungsmitglieder; die Ersten Sekretäre der örtlichen Parteikomitees Vorsitzende der entsprechenden Volksräte. 4. in Form einer Kaderrotation, d.h. einer abwechselnden Wahrnehmung eines Partei- oder Staatsamts durch einen Parteifunktionär.

Die Kumulierung von je einem Partei- und Staatsamt in einer Person auf allen Ebenen der staatlichen Organisationen soll der Festigung der Parteikontrolle, der Beseitigung von Parallelismen und der Einsparung von Personal dienen. Die Inhaber solcher Ämter müssen über die Ausführung von Parteibeschlüssen und Gesetzen dem ZK, den Kreis-, Munizipal-, Stadt- und Gemeinde-Parteikomitees gegenüber Rechenschaft ablegen.

## Rechtsprechung und Staatsanwaltschaft

Die Rechtsprechung obliegt dem Obersten Gericht, Kreisgerichten, dem ihnen gleichgestellten Gericht des Munizipiums Bukarest und Gerichten in den Städten sowie Militärgerichten. Mit Ausnahme des Obersten Gerichts, sind die Gerichte mit Berufsrichtern und Volksbeisitzern besetzt; diejenigen an den ordentlichen Gerichten werden von der GNV bzw. den Kreisvolksräten gewählt und sind diesen Organen gegenüber rechenschaftspflichtig und abberufbar. Hierdurch sowie durch die Verpflichtung zur Parteilichkeit ist die Unabhängigkeit der Richter stark eingeschränkt. Das Oberste Gericht sorgt durch Grundsatzentscheidungen, die für die nachgeordneten Gerichte verbindlich sind, für eine einheitliche Rechtsprechung; diese Richtlinien unterliegen indessen – worin wieder die Einheit der Staatsgewalt zum Ausdruck kommt – der Nachprüfbarkeit durch die GNV.

In Industriebetrieben, landwirtschaftlichen Genossenschaften und bei den Exekutivbüros der Stadt- und Gemeindevolksräte gibt es Organe der gesellschaftlichen Gerichtsbarkeit in Gestalt der Schiedskommissionen, deren Mitglieder von den Belegschaften, Genossenschaftsmitgliedern bzw. Volksräten auf zwei Jahre gewählt werden. Sie entscheiden über Verstöße gegen die Arbeitsmoral, strafrechtliche Bagatellsachen und über Zivilsachen mit einem niedrigen Streitwert sowie in Arbeitssachen, sprechen Tadel und Verwarnungen aus und verhängen Geldbußen. Gegen die Entscheidung kann beim Kreisgericht Berufung eingelegt werden.

Abweichend von den meisten sozialistischen Ländern gibt es in Rumänien – über die Eigenkontrolle der Verwaltung und die staatsanwaltliche Aufsicht hinaus – eine begrenzte gerichtliche Verwaltungskontrolle. Bürger, die sich durch einen Verwaltungsakt in ihren Rechten verletzt fühlen, können nicht nur von der Behörde die Aufhebung der Maßnahme und Schadensersatz verlangen, sondern auch vor einem ordentlichen Gericht klagen; die Gerichte können die Rechtmäßigkeit eines Verwaltungsakts prüfen. Allerdings ist eine Reihe von Verwaltungsakten hiervon ausgenommen, darunter solche aus dem Bereich der Landesverteidigung, Staatssicherheit und der Planung sowie Regierungsakte. Eine allgemeinverbindliche gerichtliche Normenkontrolle gibt es nicht – sie ist Sache der GNV bzw. des Staatsrats.

Die Staatsanwaltschaft kann bei Rechtsverletzungen durch Verwaltungsorgane nur aufgrund einer Anzeige oder Beschwerde einschreiten und nur dann, wenn nicht die Zuständigkeit eines Gerichts gegeben ist. Von Amts wegen kann sie nur tätig werden, wenn ihr Gesetzesverletzungen im Rahmen ihrer Beteiligung an einem Straf- oder Zivilprozeß oder ihrer sonstigen Tätigkeit innerhalb ihres Aufgabengebiets, wie z.B. der

Strafverfolgung und des Strafvollzugs, bekannt werden. Im Unterschied zur Regelung in anderen sozialistischen Staaten hat sie keine zu eigener Initiative verpflichtende allgemeine Aufsicht über die Einhaltung der Gesetze durch Verwaltungsorgane, Amtspersonen und Bürger.

Die Staatsanwaltschaft besteht aus dem von der GNV für die Dauer einer Legislaturperiode ernannten und ihr gegenüber verantwortlichen Generalstaatsanwalt, aus den seiner Aufsicht unterstellten Staatsanwälten der Kreise und des Munizipiums Bukarest, die auf Vorschlag des Generalstaatsanwalts von den entsprechenden Volksräten gewählt und abberufen werden, sowie aus den Staatsanwälten in den Städten, die vom Generalstaatsanwalt ernannt werden.

## Außenpolitik und Landesverteidigung

Die Prinzipien und Zielsetzungen der rumänischen Außenpolitik sind in drei Dokumenten niedergelegt: in der Erklärung des ZK der RKP vom 22. April 1964, worin diese eine weitere Bevormundung durch die KPdSU zurückwies und die Respektierung der Souveränität Rumäniens forderte; in der Erklärung der GNV vom 22. August 1968, in der sie den Mißbrauch der WPO für die Intervention in der ČSSR verurteilte, die Eigenverantwortung einer Partei für den Aufbau des Sozialismus in einem Land feststellte und die Achtung der Unabhängigkeit und Souveränität eines Staates sowie die Nichteinmischung in die inneren Angelegenheiten forderte; schließlich im ZK-Beschluß vom 16. Dezember 1975. Darin wurden der Außenpolitik – unter Betonung der Grundsätze der nationalen Unabhängigkeit und Souveränität, Gleichberechtigung und Nichteinmischung in die inneren Angelegenheiten – folgende Ziele gesetzt: Entwicklung freundschaftlicher Beziehungen und der brüderlichen Zusammenarbeit mit *allen* sozialistischen Staaten; Ausbau der Beziehungen mit Entwicklungs- und »ungebundenen« Ländern; Erweiterung der Beziehungen mit den entwickelten kapitalistischen Staaten im Geiste der friedlichen Koexistenz. Diesen, im rumänischen Nationalbewußtsein wurzelnden und aus der Nachbarschaft zur Sowjetunion sich ergebenden Maximen folgend, verfolgt Rumänien einen eigenwilligen außenpolitischen Kurs. Im Unterschied zu anderen sozialistischen Staaten enthält die rumänische Verfassung weder einen Hinweis auf die Rolle der Sowjetunion bei der Schaffung der Voraussetzungen für ein sozialistisches System noch auf die Sozialistische Gemeinschaft (SG).

Das Verhältnis zur Sowjetunion ist – wie schon früher zum zaristischen Rußland – belastet durch die Wiedereinverleibung Bessarabiens 1940 bzw. 1944; ferner durch den Ende der 50er Jahr eingeleiteten sowjetischen Versuch, Rumänien im Gegensatz zu dessen ehrgeizigen Inudstrialisierungsplänen im Rahmen der »sozialistischen Arbeitsteilung« die Position eines Rohstofflieferanten für die industriell entwickelten RGW-Mitglieder zuzuweisen, dem Rumänien durch die Ablehnung supranationaler RGW-Organe und einer weiteren Integration entgegensteuert; schließlich durch die sog. »Breschnew-Doktrin« von der beschränkten Souveränität der sozialistischen Staaten, die Rumänien der Drohung eines militärischen Eingreifens der Sowjetunion aussetzt.

Zur Demonstrierung und Gewährleistung einer nationalen Interessen dienenden Außenpolitik hat Rumänien seine Beziehungen nach allen Seiten erweitert. Es hat seine Wirtschaftsbeziehungen zu westlichen Industriestaaten, im besonderen zu den USA, zur BRD, zu Frankreich und Großbritannien ausgebaut. Es pflegt enge Beziehungen zu Jugoslawien und zur VR China, deren gemeinsame Grundlage die Abwehr der sowjetischen Hegemonialpolitik ist. Es hat wiederholt versucht, zwischen der KPdSU und der KPCh zu vermitteln, um durch eine Entschärfung des sowjetisch-chinesischen Konflikts seinen Handlungsspielraum zu sichern. Mit Jugoslawien arbeitet Rumänien nicht nur auf Parteiebene, sondern wirtschaftlich-technologisch und militärisch-strategisch eng zusammen. Das Verhältnis zu Ungarn ist indessen wegen der madjarischen Minderheit in Siebenbürgen nicht frei von Belastungen. Rumänien betrachtet deren Situation, von seinem Nationsbegriff ausgehend, als innere Angelegenheit.

Freundschaftliche Beziehungen unterhält Rumänien ferner zur großen Mehrheit der Entwicklungsländer in Schwarzafrika und Asien; ferner zu den arabischen Ländern bei gleichzeitig gutem Verhältnis zu Israel, zu dem es als einziges WPO-Mitglied 1967 die Beziehungen nicht abgebrochen hat. Es hat dadurch wiederholt eine Vermittlerrolle zwischen Ägypten und Israel, deren Friedensverhandlungen es unterstützte, übernehmen können. Rumänien ist Mitglied der »Gruppe der 77« (Entwicklungsländer) und hat Gaststatus in der Bewegung der »ungebundenen« Staaten. Die vietnamesische Intervention in Kambodscha hat es scharf verurteilt.

Rumäniens eigenständige Außenpolitik schlug sich schließlich auch auf der KSZE und deren Nachfolgekonferenz in Belgrad sowie in der UNO nieder, wo es sich häufig mit den Auffassungen der neutralen und blockfreien Länder identifizierte und von derjenigen der übrigen WPO-Staaten abwich.

Die Mitgliedschaft in der WPO sowie der im Juli 1970 erneuerte Freundschafts- und Bündnisvertrag mit der Sowjetunion einerseits, die Verfolgung nationaler Interessen und damit im Zusammenhang die Zurückweisung des sowjetischen Hegemonialstrebens andererseits, prägen die rumänische Verteidigungspolitik. Die Streitkräfte hatten 1978 eine Gesamtstärke von 180500 Mann: hiervon entfielen 140000 auf das Heer, 30000 auf die Luftwaffe und 10500 auf die Kriegsmarine[4]. Hinzu kommt die »Patriotische Garden« genannte Miliz mit rd. 700000 Mann[5], die unmittelbar nach der Besetzung der ČSSR im Jahre 1968 aufgestellt wurde. Ihr obliegen der Objektschutz, Sicherungsaufgaben im Hinterland und die Bekämpfung von Luftlandetruppen. Die Mobilisierung aller wehrfähigen Bürger und das Verbot der Kapitulation sollen einem potentiellen Angreifer die Entschlossenheit demonstrieren, die territoriale Integrität Rumäniens mit allen Mitteln zu schützen.

Obzwar Mitglied der WPO, verweigert Rumänien gemeinsame Manöver auf seinem Territorium und beschränkt seine Mitwirkung auf die Entsendung von Stäben. Es weigert sich entgegen sowjetischen Forderungen ferner, seine Streitkräfte einem gemeinsamen Oberkommando zu unterstellen und seinen Verteidigungshaushalt zu erhöhen.

*Literatur*

Fischer-Galati, Stephen: *The Socialist Republic of Rumania.* Baltimore (Md.), Johns Hopkins Press, 1969.

Frenzke, Dietrich: *Rumänien, der Sowjetblock und die europäische Sicherheit. Die völkerrechtlichen Grundlagen der rumänischen Außenpolitik.* Berlin, Berlin Verlag, 1975.

Ghermani, Dionisie: *Rumänien.* München/Wien, Olzog, 1968.

[4] *The Military Balance 1978–1979.* London 1978, S. 15.

[5] Ebd.

Gilberg, Trond: *Modernization in Romania since World War II. A Socioeconomic and Political Analysis.* New York, Praeger, 1975.
Grothusen, Klaus-Detlef (Hrsg.): *Südosteuropa-Handbuch, Bd. 2: Rumänien.* Göttingen, Vandenhoeck & Rupprecht, 1977.
Ionescu, Ghiţa: *Communism in Rumania, 1944–1962.* London usw., Oxford Univ. Press, 1964.
Jowitt, Kenneth: *Revolutionary Breakthroughs and National Development. The Case of Romania, 1944–1965.* Berkeley (Cal.), Univ. of California Press, 1971.
Rafael, Edgar R.: *»Entwicklungsland« Rumänien. Zur Geschichte der »Umdefinierung« eines sozialistischen Staates.* München, Oldenbourg, 1977.
Ratiu, Ion: *Contemporary Romania. Her Place in World Affairs.* Richmond, Foreign Affairs Publishing Co., 1975.
Siegert, Heinz: *Ceauşescu. Management für ein modernes Rumänien.* München usw., Bertelsmann, 1973.

## Sowjetunion (Union der Sozialistischen Sowjetrepubliken)

### Konstitutive Merkmale des politischen Systems

Die Union der Sozialistischen Sowjetrepubliken (UdSSR) bezeichnet sich in ihrer neuen Verfassung vom 7. Oktober 1977[1], mit der die »Stalinsche« Verfassung von 1936 abgelöst wurde, als »sozialistischer Staat des gesamten Volkes« (Art. 1). Damit ist in der Verfassung einer Staatskonzeption Rechnung getragen worden, die sich – unter Abweichung von der marxistisch-leninistischen Definition des Staates als Herrschaftsinstrument einer Klasse – bereits im Programm der Kommunistischen Partei der Sowjetunion (KPdSU) von 1961 findet. Die Volksstaat-Konzeption gründet auf der Auffassung, daß die Sowjetgesellschaft – ihre sozialen Gruppen (Arbeiter, Bauern und Intelligenz) sowie die Nationen und Völkerschaften – eine »gesellschaftspolitische und ideelle Einheit« bilden (Verf. Präambel). Dementsprechend gehört die staatliche Macht nicht mehr den »Werktätigen in Stadt und Land in Gestalt der Sowjets [Räte] der Deputierten der Werktätigen«, wie es die Verfassung von 1936 bestimmte, sondern dem »Volk«, das sie durch die »Sowjets der Volksdeputierten« ausübt (Art. 2).

»Die führende und lenkende Kraft der sowjetischen Gesellschaft, der Kern ihres politischen Systems« ist die KPdSU (Art. 6 Abs. 1). Sie ist nicht mehr nur »Avantgarde der Werktätigen« (Art. 126 der Verf. v. 1936), sondern »Avantgarde des gesamten Volkes« (Präambel der Verf. v. 1977).

In Abkehr von den utopischen Vorstellungen des Parteiprogramms, wonach die Sowjetunion in die Phase des »umfassenden kommunistischen Aufbaus« eingetreten sein soll, stellt die Verfassungspräambel fest, daß sich Staat und Gesellschaft in der Phase »reifer sozialistischer gesellschaftlicher Verhältnisse« befinden, in der eine »neue historische Gemeinschaft von Menschen – das Sowjetvolk« entstanden ist, eine Gesellschaft, deren politisches System durch die »effektive Verwaltung aller gesellschaftlichen Verhältnisse« gekennzeichnet ist, deren Staat die »materiell-technische Basis des Kommunismus« errichtet.

Die am 30. Dezember 1922 gegründete UdSSR besteht – seit

[1] Deutsche Übersetzung in: Osteuropa 28 (1978) 1, S. A3–A36.

1956 unverändert – aus 15 Unionsrepubliken. Es sind dies: Die Russische Sozialistische Föderative Sowjetrepublik (RSFSR), die Ukrainische, Weißrussische, Usbekische, Kasachische, Grusinische, Aserbajdschanische, Litauische, Moldauische, Lettische, Kirgisische, Tadschikische, Armenische, Turkmenische und Estnische Sowjetrepublik.

Im Unterschied zu früheren Bestimmungen trägt die Verfassung der politischen Praxis Rechnung, die den Republiken, abweichend von der Norm, keinen Spielraum für eigene, ihrem beschränkt souveränen Status entsprechende politische Gestaltungsmöglichkeiten ließ. Die Abschwächung des föderativen Charakters der Sowjetunion kommt darin zum Ausdruck, daß diese in der Verfassung als »ein *einheitlicher* multinationaler Bundesstaat« (Art. 70 – Hervorhebung R. K. F.) bezeichnet wird. Zwar wird den Republiken in Art. 72 das Sezessionsrecht eingeräumt, dessen Ausübung jedoch durch die Bestimmung, daß das Territorium der UdSSR »eine Einheit bildet und die Territorien der Unionsrepubliken einschließt« (Art. 75) schon normativ ausgeschlossen. Die »allseitige Entwicklung und Annäherung aller Nationen und Völkerschaften der UdSSR« (Art. 36) zielt offensichtlich auf deren Aufgehen in der neuen Menschengemeinschaft ab, der eine höhere Qualität beigemessen wird, als dem aus zahlreichen Nationen und Volksgruppen bestehenden Staatsvolk.

Schließlich wird die föderative Struktur des Staates durch die zentralistische Organisation der KPdSU und durch das für Partei und Staat verbindliche Prinzip des demokratischen Zentralismus ausgehöhlt.

## Die kommunistische Machtübernahme

Die marxistisch-leninistische Partei, der bolschewistische Flügel der im März 1898 in Minsk gegründeten Sozialdemokratischen Arbeiterpartei Rußlands, kam durch den Sturz der Provisorischen Regierung in der »Oktoberrevolution« von 1917 an die Macht.

Die Provisorische Regierung war im März 1917 gebildet worden, nachdem Zar Nikolaus II. zur Abdankung gezwungen worden war. Jedoch war auch sie nicht in der Lage, das Kriegsglück zugunsten Rußlands zu wenden, die wirtschaftliche Notlage zu überwinden und den in Anbetracht einer fehlenden starken Zentralgewalt fortschreitenden inneren Zerfall Rußlands aufzuhalten. Zunächst in Petrograd und Moskau, später auch anderenorts, bildeten sich Arbeiter- und Soldatenräte, wodurch ein System der »Doppelherrschaft« entstand. Lenin, der im April 1917 aus dem Schweizer Exil zurückgekehrt war, und die Bolschewiki machten sich die Entstehung und Erstarkung der Räte zunutze, propagierten die Übernahme »aller Macht« durch die Sowjets und rissen diese, mit Hilfe des Petrograder Sowjets, wo sie die Mehrheit hatten, am 7. November (25. Oktober nach dem damals in Rußland gebräuchlichen Julianischen Kalender) unter der organisatorischen Leitung Leo Trotzkijs an sich. Sie erklärten die Provisorische Regierung unter Kerenskij für abgesetzt und das Militärrevolutionäre Komitee des Petrograder Sowjets zum Träger der Staatsgewalt. Der ebenfalls am 25. Oktober 1917 zusammengetretene II. Allrussische Sowjetkongreß sanktionierte am darauffolgenden Tag den bolschewistischen Staatsstreich mit dem Dekret über die Bildung einer provisorischen Arbeiter- und Bauernregierung in Gestalt des Rats der Volkskommissare unter dem Vorsitz Lenins, in die einige linke Sozialrevolutionäre aufgenommen wurden. Die nachfolgenden Wahlen zur Verfassunggebenden Versammlung erbrachten für die Bolschewiki indessen nur 25 Prozent der Stimmen, während die übrigen sozialistischen Parteien 62 und die bürgerlichen Parteien 13 Prozent erhielten. Das Votum der Bürger für eine sozialistische, aber gegen eine bolschewistische Herrschaft mißachtend, ließ Lenin die am 18. Januar 1918 zusammengetretene Konstituante gewaltsam auflösen.

In den Folgejahren mußte die im März 1918 in Kommunistische Partei Rußlands (Bolschewiki) umbenannte Partei ihre Herrschaft nach innen und außen verteidigen. In Brest-Litowsk schlossen die Bolschewiki im März 1918 zwar einen Separatfrieden mit den Mittelmächten, was die Sozialrevolutionäre veranlaßte, aus der Regierung auszutreten. Sie mußten sich jedoch gegen den Einmarsch polnischer Truppen (Mai 1920) zur Wehr setzen, Invasionen der ehemaligen westlichen Alliierten Rußlands abwehren (März 1918 bis Sommer 1920) und in einem dreijährigen Bürgerkrieg (März 1918 bis Ende 1920) gegen Anhänger des Zarismus, bürgerliche Demokraten, Sozialrevolutionäre und Menschewiki ihre Herrschaft behaupten. Mit der Niederschlagung des Kronstädter (und Petrograder) Aufstands von Arbeitern und Matrosen im Februar/März 1921 hatten sich die Bolschewiki endgültig an der Macht durchgesetzt. Die Parteien der Menschewiki und Sozialrevolutionäre wurden verboten.

Auf ihrem X. Parteitag vom März 1921 beschloß die bolschewistische Partei das Fraktionsverbot. Diese Maßnahme richtete sich insbesondere gegen die Demokratischen Zentralisten, die, die Prädominanz Lenins bekämpfend, eine kollegiale Parteiführung befürworteten; ferner gegen die sogenannte Arbeiteropposition, die, syndikalistische Gedanken aufgreifend, die Verwaltung und Kontrolle der Industriebetriebe durch die gewerkschaftlich organisierten Produzenten forderte, womit sie im Gegensatz zu Lenin, Stalin und Trotzkij stand, die die Gewerkschaften zu Erfüllungsgehilfen von Partei und Staat machen wollten. Trotzkij und seine Anhänger traten wiederum insofern in Gegensatz zu Lenin, als sie eine rasche Entwicklung der Schwerindustrie auf Kosten der Landwirtschaft forderten und, den Grundsätzen der Neuen Ökonomischen Politik zuwider, für eine rigorose bauernfeindliche Politik eintraten. Unter Stalin, der bereits 1922 Generalsekretär der Partei geworden und – entgegen dem Rat Lenins – nach dessen Tod in seinem Amt bestätigt worden war, wurden alle seinen Kurs nicht unterstützenden Kommunisten, zuerst die »Linken«, dann die »Rechten«, systematisch aus der Partei eliminiert und in der zweiten Hälfte der 30er Jahre zum großen Teil auch physisch liquidiert.

Während und unmittelbar nach Beendigung des Bürgerkriegs übernahmen die Bolschewiki mit Hilfe örtlicher Anhänger auch die Macht in einer Reihe von Landesteilen, die sich unter Wahrnehmung des den auf dem Territorium des zaristischen Imperiums siedelnden Völkern im November 1917 von den Bolschewiki zugestandenen Selbstbestimmungsrechts verselbständigt hatten: Weißrußland, Ukraine, Aserbajdschan, Armenien, Georgien.

Nach der Gründung der UdSSR, auf dem XIV. Parteitag 1925, wurde die Kommunistische Partei Rußlands in KPdSU (Bolschewiki) umbenannt; erst auf dem XIX. Parteitag 1952 wurde der Zusatz fallengelassen.

## Die marxistisch-leninistische Partei

Die führende Stellung der KPdSU in Staat und Gesellschaft wird in Art. 6 Abs. 2 der Verfassung dahingehend konkretisiert, daß die Partei »die allgemeine Perspektive der Entwicklung der Gesellschaft, die Linie der Innen- und Außenpolitik der UdSSR [bestimmt]«. Das impliziert ein unmittelbares Weisungsrecht der Parteiorgane den Staatsorganen gegenüber.

Partei und Staat sind parallel organisiert. Organe der KPdSU auf Unionsebene sind der Parteitag und das ZK, dessen Sekretariat und das Politbüro. Ähnliche Organe: Parteitag, ZK, Politbüro oder ZK-Büro und ein Sekretariat finden sich bei den Parteien der Unionsrepubliken (mit Ausnahme der RSFSR). Bei diesen Parteien handelt es sich jedoch nicht um selbständige Parteien, sondern lediglich um territoriale Unterorganisationen der KPdSU. Die nächste Organisationsstufe bilden die Autonomen Republiken, Regionen, Gebiete und Autonomen Gebiete, mit den Organen: Parteikonferenz, Komitee und Büro. Dieselben Organe finden sich auf der untersten territorialen Organisationsebene der Partei – in den Städten und Stadtbezirken, Autonomen Bezirken und Rayons. Die Basis der Parteipyramide ist grundsätzlich nach dem Produktionsprinzip organisiert. Sie besteht aus den Grundorganisationen in Industriebetrieben, Sowchosen, Kolchosen, Dienstleistungsbetrieben, Behörden, Bildungs- und wissenschaftlichen Einrichtungen sowie Einheiten der Streitkräfte. Daneben können auch territoriale Grundorganisationen, und zwar in Dörfern und bei Hausverwaltungen (Wohngemeinschaften) gebildet werden.

Das höchste Parteiorgan ist nach dem Parteistatut der Parteitag der KPdSU. Er soll alle fünf Jahre einberufen werden. Die Aufgaben des rd. 5000 Delegierte zählenden Gremiums erschöpfen sich darin, das ZK und die über die Parteifinanzen wachende Zentrale Revisionskommission zu wählen, die vom Politbüro und ZK getroffenen Entscheidungen, die dem Parteitag in Form eines Rechenschaftsberichtes dargelegt werden, durch Akklamation gutzuheißen und das Parteiprogramm und das Parteistatut zu verabschieden. Zwischen den Parteitagen ist formal das ZK das höchste Parteiorgan. Das auf dem XXV. Parteitag vom Februar/März 1976 gewählte ZK zählte 287 Vollmitglieder und 139 Kandidaten ohne Stimmrecht. Unter den Mitgliedern des ZK befinden sich nach einem mehr oder minder gleichbleibenden Proporz hohe Partei- und Staatsfunktionäre, Wirtschaftsführer und hohe Militärs, führende Vertreter aus Kultur und Wissenschaft. Das in der Regel zwei bis dreimal im Jahr zu einer Plenarsitzung zusammentretende ZK wählt das Politbüro, das Sekretariat und den Generalsekretär der KPdSU sowie das Komitee für Parteikontrolle – das höchste Disziplinarorgan der Partei.

Das faktisch jedoch durch Kooptation sich regenerierende Politbüro ist das oberste Organ für die Leitung der Parteiarbeit; es ist das Machtzentrum der KPdSU und in Anbetracht des spezifischen Verhältnisses zwischen Partei und Staat auch des letzteren. Zahl und Zusammensetzung seiner Mitglieder ändern sich häufig, was Ausdruck wechselnder politischer Präferenzen, parteiinterner Spannungen und damit variierender Machtkonstellationen ist. Im November 1978 zählte es dreizehn Vollmitglieder und neun Kandidaten (mit beratender Stimme). Darunter sind der Generalsekretär der KPdSU – seit Oktober 1964 Leonid Breschnew, der Vorsitzende des Ministerrats der UdSSR, Alexej Kossygin, der Ministerpräsident der RSFSR und die Ersten Sekretäre einiger Republiksparteien. Innerhalb dieser kollektiven Führungsspitze ließ sich eine Einengung der Entscheidungsmacht auf das Duumvirat Breschnew-Kossygin beobachten, von denen jeder über eine eigene Hausmacht in Gestalt des Partei- bzw. Staatsapparats verfügt, jedoch zur Behauptung seiner Position auch auf die wechselnden Mehrheiten innerhalb des Politbüros angewiesen ist. Seit 1977 ist nicht zuletzt auch in Anbetracht der deutlichen Heraushebung der verfassungsrechtlichen Position des Präsidiums des Obersten Sowjets der UdSSR gegenüber dem Ministerrat eine Machtverschiebung zugunsten des Generalsekretärs der KPdSU und Vorsitzenden des Präsidiums des Obersten Sowjet, Breschnew, festzustellen, obwohl andererseits auch die Regierung größere Vollmachten erhalten hat.

Die Vorbereitung und Kontrolle über die Durchführung der Entscheidungen des Politbüros obliegt dem aus dem Generalsekretär und den Sekretären bestehenden sowie in Abteilungen gegliederten ZK-Sekretariat. Außer für parteispezifische Aufgaben wie Parteiorganisationsarbeit, Propaganda, Beziehungen zu den KPs der sozialistischen Länder, gibt es Abteilungen, die einigen Ressorts des Ministerrats entsprechen. Das Sekretariat ist ferner zuständig für die Auswahl der Kader im Partei- und Staatsapparat, es hat die oberste Weisungsbefugnis gegenüber den Organen der Staatsgewalt, übt die allgemeine Aufsicht über die gesamte Parteitätigkeit aus und kontrolliert – über die politische Hauptverwaltung der Sowjetarmee und Kriegsmarine – die Streitkräfte.

Die Aufgabenverteilung zwischen den Parteiorganen der Republiken, Autonomen Republiken, Regionen und Gebieten und ihr Verhältnis zueinander entspricht in etwa der Regelung auf Unionsebene. Von besonderer Bedeutung unter den für die Verwirklichung der zentral gefaßten Parteibeschlüsse zuständigen Kontrollorganen sind die Sekretariate der Gebietskomitees. Sie haben ein unmittelbares Weisungsrecht gegenüber den Parteiorganen der dritten Organisationsstufe (Stadt und Rayon) und tragen die Verantwortung für deren Aktivitäten. Diese bestehen hauptsächlich in der Bildung von territorial zu Rayon-, Stadt- und Stadtbezirksorganisationen zusammengefaßten Grundorganisationen und in der Leitung und Überwachung ihrer Tätigkeit.

Eine Grundorganisation kommt zustande, wenn an einer Arbeitsstätte mindestens drei Parteimitglieder vorhanden sind. Gibt es in einem Betrieb oder einer Institution mehr als 50 Vollmitglieder und Kandidaten, so können diese in Werksabteilungen, Arbeitsbrigaden oder Behördenabteilungen Unterorganisationen bilden. Die Grundorganisationen tragen die unmittelbare Verantwortung dafür, daß die Beschlüsse der Partei in den Produktions- und sonstigen Arbeitsstätten ausgeführt werden. Sie haben das Recht und die Pflicht, die Betriebsleitung zu kontrollieren, was häufig zu Reibereien Anlaß gibt; gegenüber dem staatlichen Verwaltungsapparat sollen sie geeignete Maßnahmen zur Vervollkommnung seiner Arbeit ergreifen und Mängel, seien sie in den Institutionen oder einzelnen Personen begründet, höheren Parteiinstanzen melden. Sie haben ferner die Pflicht, für die Linientreue der Parteimitglieder zu sorgen und sie zur Befolgung des kommunistischen Sittenkodex anzuhalten; sie sollen die Masse der parteilosen Sowjetbürger im Geiste des Kommunismus erziehen, ihnen gegenüber mit gutem Beispiel bei der Erfüllung der Produktionspläne vorangehen, den sozialistischen Wettbewerb organisieren und die Arbeit und die Ziele der Partei propagieren. Zu diesem Zweck bilden mindestens drei Kommunisten auf Kongressen, Konferenzen und Beratungen der gesellschaftlichen Organisationen Parteigruppen, um den Einfluß der Partei sicherzustellen. Die Grundorganisationen und diese Gruppen bilden somit eine engmaschige Struktur, durch die gewährleistet wird, daß der Parteiwille jeden Sowjetbürger erreicht und von diesem auch befolgt wird.

Die Aufnahme in die Partei erfolgt über die Grundorganisation, bis zur Vollendung des 23. Lebensjahres über den Kommunistischen Jugendverband; das Mindestalter beträgt

18 Jahre. Der Bewerber muß die Empfehlungen von drei Parteimitgliedern vorlegen, die ihn mindestens ein Jahr aus gemeinsamer Produktions- und gesellschaftlicher Arbeit kennen und selbst mindestens fünf Jahre Mitglied der Partei sind. Der Vollmitgliedschaft geht eine einjährige Probezeit (Kandidatur) voraus.

Zum XXV. Parteitag vom Februar 1976 zählte die KPdSU 15 694 187 Mitglieder, darunter 636 170 Kandidaten; das waren rd. 9,3 Prozent der über 18 Jahre alten Sowjetbürger. Von den Parteimitgliedern waren 41,6 Prozent »Arbeiter«, 13,9 Prozent Bauern und 44,5 Prozent Angestellte (Intelligenz und Sonstige). 65,3 Prozent hatten Vollbildung (Hochschul-, Fachschul- und Mittelschulbildung), 20,3 Prozent eine nicht abgeschlossene Hochschul- oder Mittelschulbildung, 14,4 Prozent Grundschulbildung; 44,1 Prozent waren bis zu 40, 29,2 Prozent 41 bis 50 und 26,7 Prozent über 50 Jahre alt[2].

## Gesellschaftliche Organisationen

Der Anspruch der KPdSU, die Interessen der Gesamtheit der Sowjetbürger zu vertreten und auf das Ziel der Schaffung einer kommunistischen Gesellschaft hin zu orientieren, läßt für andere Parteien keinen Raum. Das in der Verfassung garantierte Grundrecht auf Koalitionsfreiheit erlaubt lediglich »in Übereinstimmung mit den Zielen des kommunistischen Aufbaus« (Art. 51 Abs. 1) die Bildung gesellschaftlicher Organisationen, deren leitender Kern die KPdSU ist.

Diese Organisationen lassen sich einteilen: in Berufsverbände, wie den aus 25 Fachgewerkschaften bestehenden Gewerkschaftsverband und die Vereinigungen der Lehrer, Schriftsteller, Journalisten, Komponisten u. a. m.; in Jugendorganisationen, wie den 1978 37,8 Millionen Jugendliche im Alter von 14 bis 28 Jahren - nur etwas mehr als die Hälfte dieser Altersgruppe – umfassenden Kommunistischen Jugendverband (Komsomol)[3] und den Verband der Pioniere; und in Freizeitorganisationen, darunter die paramilitärische Gesellschaft zur Förderung der Armee, Luftwaffe und Marine (DOSAAF), der Verband der Gesellschaften für Freundschaft und kulturelle Beziehungen mit dem Ausland, der Verband zur Verbreitung poli-

[2] Partijnaja shisn 1976, 10, S. 13 ff.

[3] Prawda v. 26. 4. 1978.

tischer und wissenschaftlicher Kenntnisse, der Schachverband und zahlreiche Sportverbände. Auch gelten die Sowjets, Verbrauchergenossenschaften, Wohnungsbaukooperative, wissenschaftlich-technische Vereinigungen u.a.m. als gesellschaftliche Organisationen. Nicht organisiert ist die große Berufsgruppe der Kolchosbauern.

Aufgabe der gesellschaftlichen Organisationen ist es, die KPdSU bei der Verwirklichung ihrer Beschlüsse zu unterstützen, und nicht durch Beruf, Einkommen, Bildung und damit verbundenes Sozialprestige bedingte Sonderinteressen zu vertreten und im Willensbildungsprozeß durchzusetzen. Es ist jedoch nicht zu übersehen, daß sie, insbesondere die Gewerkschaften, zunehmend bei Entscheidungen über Maßnahmen auf Wirtschafts-, Sozial- und kulturpolitischem Gebiet mitwirken. Die Gewerkschaften sind durch ihr Spitzenorgan, den Zentralrat, an der Arbeitsgesetzgebung beteiligt. Zwar verfügen sie über keine Tarifautonomie gegenüber dem Arbeitgeber Staat, jedoch werden sie bei der Festlegung von Lohnkategorien und Löhnen angehört. Sie haben zwar für die Erfüllung der Produktionspläne zu sorgen, die Betriebsgewerkschaftskomitees können aber im Rahmen von Kollektivabkommen, die sie mit den Betriebsleitungen aushandeln, auf Produktionskonferenzen und in den Kommissionen für Arbeitsstreitigkeiten über die Gestaltung der Arbeitsbedingungen mitbestimmen. Von Bedeutung ist auch die Sozial- und Schutzfunktion der Gewerkschaften: Sie sorgen für den Bau von Wohnungen und Erholungseinrichtungen und verwalten den Sozialversicherungsfonds; Arbeiter können nur mit Zustimmung des Betriebskomitees entlassen werden.

Es dürfte deshalb verfehlt sein, die gesellschaftlichen Organisationen auch heute noch, wie zu Zeiten Stalins, als bloße Transmissionsriemen zur Durchsetzung des Parteiwillens zu kennzeichnen. Vielmehr entwickeln sie sich mehr und mehr zu Strukturen, die die Interessen der ihnen angeschlossenen Mitglieder gegenüber dem Partei- und Staatsapparat wahrnehmen, solange sich diese in das von der Parteiführung verbindlich definierte Allgemeininteresse einfügen. Dabei treten die gesellschaftlichen Organisationen nicht in Gegensatz zu den staatlichen Organen, da beide gleichermaßen der Leitung durch die Partei unterworfen sind; zum anderen werden, nach sowjetischer Auffassung, Staat und Gesellschaft, soweit ersterer als Herrschaftsinstrument unnötig geworden ist, identisch, so daß die Wahrnehmung gesellschaftlicher Aufgaben durch staatliche Organe nicht als Widerspruch zur gesellschaftlichen Selbstverwaltung empfunden wird.

Nicht gedeckt von der Verfassung ist die Gründung von Vereinigungen, die sich dem Führungs- und Organisationsmonopol der KPdSU entziehen; und zwar auch dann nicht, wenn solche Vereinigungen nicht in offene Opposition zu Partei und Staat treten, sondern wenn deren Mitglieder lediglich Einzelaspekte des politischen Systems kritisieren bzw. nonkonforme politische und weltanschauliche Ansichten vertreten. Unter den Regimekritikern bzw. »Dissidenten« lassen sich unterscheiden: Bürger, die auf dem Boden des Marxismus-Leninismus stehen, aber eine Demokratisierung der Partei fordern und bürokratische Auswüchse anprangern; »Liberale«, die für ein Mehr-Parteien-System, freie Wahlen und eine Gewaltenteilung eintreten; religiös-nationalistische Fanatiker, die ein nichtkommunistisches, aber autoritäres Herrschaftsmuster befürworten; Bürgerrechtler, die – unter Bezugnahme auf die Verfassung, die auch von der Sowjetunion unterzeichneten internationalen Menschenrechtskonventionen und den rechtlich allerdings unverbindlichen Prinzipienkatalog der KSZE-Schlußakte von Helsinki vom 1. August 1975 – die Achtung der Menschenrechte, einschließlich der Gedanken-, Gewissens-, Religions- und Überzeugungsfreiheit in der Sowjetunion fordern und Verletzungen hiergegen aufdecken; und schließlich Vertreter nationaler Minderheiten und Volksgruppen (Balten, Ukrainer, Georgier, Krimtataren, Deutsche) und konfessioneller Gruppen (Juden, Baptisten), die nationale Selbstbestimmung, Religionsfreiheit oder die Möglichkeit zur Emigration in Anspruch nehmen wollen. Derartige Regungen werden häufig durch Verhaftung, Einweisung in eine psychiatrische Klinik oder Ausweisung unterdrückt.

### Die föderativ-administrative Gliederung

Die föderativ-administrative Gliederung trägt der multinationalen Zusammensetzung des Sowjetvolkes Rechnung. Der föderative Staatsaufbau soll dem von Lenin in seinen Aprilthesen von 1917 und dem auf dem II. Allrussischen Rätekongreß vom 8. November 1917 proklamierten Selbstbestimmungsrecht der auf russischem Boden siedelnden Völker Rechnung tragen. Im

Zuge der Machtübernahme durch auf die Kommunistische Partei Rußlands hin orientierte Kommunisten und durch von diesen beherrschte Sowjets wurde das Selbstbestimmungsrecht zu einem durch das Parteiinteresse definierten Recht auf Errichtung eines sozialistischen Sowjetsystems nach dem Muster der 1918 gegründeten RSFSR beschränkt.

Die Verfassungen der Unionsrepubliken müssen mit der Unionsverfassung im wesentlichen übereinstimmen. Abweichungen gibt es hinsichtlich der Regelung republiksspezifischer Besonderheiten, z.B. der föderativen Struktur der RSFSR. Wie gering die souveränen Rechte der Republiken sind, zeigen außerdem die dem Bund zugewiesenen Kompetenzen: Auf außenpolitischem Gebiet die internationale Vertretung der UdSSR, Fragen von Krieg und Frieden, die Aufnahme neuer Republiken in die UdSSR, die Organisierung der Verteidigung und die Leitung aller Streitkräfte der UdSSR, der Außenhandel auf der Grundlage des Staatsmonopols. Auf dem Gebiet der Innenpolitik die Kontrolle über die Einhaltung der Unionsverfassung, die Gewährleistung einer einheitlichen Gesetzgebung, die Bestimmung der Grundsätze für die Tätigkeit der Republiks- und der örtlichen Staatsorgane, die Bestätigung von Änderungen der Republiksgrenzen, die Gewährleistung der staatlichen Sicherheit, die Rahmengesetzgebung auf den Gebieten des Arbeitsrechts, des Gerichtsverfassungsrechts und der Rechtspflege, des Zivil- und Strafrechts, des Familienrechts und des Staatsangehörigkeitsrechts. Im wirtschaftlichen Bereich die Aufstellung der Volkswirtschaftspläne und des Staatshaushaltsplans der UdSSR, die Festlegung der Unionssteuern, die Verwaltung der unmittelbar den Unionsinstanzen unterstellten Banken, Industrie- und Landwirtschaftsbetriebe sowie Handelsunternehmen; das Verkehrs-, Post- und Fernmeldewesen, die Währungshoheit; die Bestimmung der Preis- und Lohnpolitik, die Festlegung von Richtlinien für die Nutzung von Bodenschätzen, Wäldern und Gewässern.

Zwar spricht die Verfassung nicht nur von der »Souveränität der UdSSR«, die sich »auf ihr gesamtes Territorium erstreckt« (Art. 75), sondern bezeichnet auch die Unionsrepubliken als souveräne Staaten. Die Verfassungsbestimmung, mit der dem Bund das Recht zur Entscheidung »anderer Fragen von Bedeutung für die gesamte Union« (Art. 73 Ziff. 12) zugewiesen wird, gibt aber den Bundesorganen die Möglichkeit, praktisch jede Kompetenz an sich zu ziehen. Ein Unionsgesetz hat Vorrang vor einem Republiksgesetz. Eine fest umrissene ausschließliche Gesetzgebungskompetenz ist den Republiken nicht vorbehalten. Ein einheitlicher, vom unionsstaatlichen Plankomitee ausgearbeiteter, mit Gesetzeskraft ausgestatteter Produktionsplan läßt den Unionsrepubliken keinen Spielraum für eine eigene Wirtschaftspolitik. Auch der kulturellen Eigenständigkeit sind enge Grenzen gesetzt: das Bildungssystem ist zentralistisch organisiert. In allen Bereichen staatlicher Tätigkeit sind die Republiksorgane im wesentlichen Vollzugsorgane der zentral getroffenen Entscheidungen. Zwar sind die Republiken im Obersten Sowjet der UdSSR, in dessen Präsidium sowie im Ministerrat der UdSSR vertreten und sind an deren Entscheidungen über Fragen, die zur Unionskompetenz gehören, beteiligt. Diese Mitwirkungsmöglichkeit wird jedoch dadurch, daß die Entscheidungen im Politbüro der zentralistisch organisierten KPdSU getroffen werden, ausgehöhlt.

Das den Unionsrepubliken in der früheren Verfassung durch ein Amendment vom 1. Februar 1944 gewährte Recht auf eigene Streitkräfte wird ihnen nunmehr auch formal nicht mehr eingeräumt. Die ihnen damals mit der Absicht, der Sowjetunion in der Vollversammlung der Vereinten Nationen mehrere Stimmen zu sichern – Erfolg hatte dieser Schritt lediglich hinsichtlich der Ukraine und Weißrußlands – eingeräumte Kompetenz zur Unterhaltung auswärtiger Beziehungen, ist eingeschränkt worden. Die Unionsorgane bestimmen nicht nur die »allgemeine Ordnung« für die Beziehungen der Republiken zu ausländischen Staaten und internationalen Organisationen, sondern behalten sich auch deren »Koordinierung« vor (Art. 73 Ziff. 10).

Für die kleineren Nationen und Völkerschaften ist ein autonomer Status vorgesehen. Je nach zahlenmäßiger Stärke sind sie in Autonomen Sozialistischen Sowjetrepubliken (ASSR), Autonomen Gebieten und Autonomen Bezirken organisiert. In Gestalt der 20 ASSR, von denen 16 auf dem Territorium der RSFSR liegen, soll der Eigenständigkeit derjenigen Völker Rechnung getragen werden, die wegen ihrer Lage inmitten einer Unionsrepublik und/oder wegen der zu geringen Zahl ihrer Angehörigen nicht den Status einer Unionsrepublik erhalten können. Den ASSR wird sowjetischerseits Staatscharakter zugesprochen. Sie haben zwar eigene Verfassungen, die im wesentlichen mit der Unionsverfassung und den Republiksverfassungen übereinstimmen müssen, aber keinen abgegrenzten Bereich zur Ausübung eigener staatlicher Gewalt. Für ihre Mitwirkung in den Unionsorganen muß dasselbe gelten wie für die Unionsrepubliken. Ihre Selbständigkeit beschränkt sich auf die Wahrung nationaler Besonderheiten im kulturellen Bereich, so daß sich ihr Status im wesentlichen nicht von demjenigen der acht Autonomen Gebiete unterscheidet, von denen fünf in der RSFSR, je eines in der Aserbajdschanischen, Georgischen und Tadschikischen Sowjetrepublik liegen. Die Rechte der auf dem Territorium der RSFSR befindlichen zehn Autonomen Bezirke gehen über diejenigen der gewöhnlichen administrativen Einheiten nicht hinaus.

Soweit nicht ethnische Gesichtspunkte den Verwaltungsaufbau bestimmen, sind die Unionsrepubliken – mit Ausnahme der kleinen: der drei baltischen, der Moldauischen und der Armenischen – in Regionen und Gebiete unterteilt. Regionen unterscheiden sich von den Gebieten dadurch, daß auf ihren Territorien meistens auch Autonome Gebiete gelegen sind. Der regionalen Verwaltungsebene zuzurechnen sind ferner die Hauptstädte der Unionsrepubliken sowie die Städte Leningrad und Sewastopol. Die nächste Verwaltungsebene bilden die ländlichen Rayons, die einer regionalen Verwaltungseinheit oder einer Unionsrepublik unmittelbar unterstehenden größeren Städte, die einem Rayon unterstellten kleineren Städte, die Stadtbezirke (in Städten mit über 100000 Einwohnern); die unterste die städtischen Siedlungen (Arbeiter- und Wohnsiedlungen, Kurorte) und Dörfer.

## Das Sowjetsystem

Die Sowjets der Volksdeputierten bilden auf allen Ebenen der staatlichen Organisation ein einheitliches System der Staatsgewalt und sind somit deren organisatorisch-strukturelles Grundelement. Alle anderen Staatsorgane sind ihnen unterstellt und rechenschaftspflichtig. Die Deputierten werden durch absolute Mehrheit in Ein-Mann-Wahlkreisen gewählt. Die Wahlen sind allgemein, direkt und gleich; die Stimmabgabe geheim. Die Bürger haben mit Vollendung des 18. Lebensjahres das aktive und passive Wahlrecht, mit Ausnahme der Deputierten des Obersten Sowjets der UdSSR, die das 21. Lebensjahr vollendet haben müssen.

Das Recht zur Nominierung von Kandidaten haben die

KPdSU, die Gewerkschaften und andere gesellschaftliche Organisationen, die Arbeitskollektive sowie die Angehörigen der Streitkräfte in den Truppenteilen. Die Kandidaten werden im Rahmen des »Blocks der Kommunisten und Parteilosen« aufgestellt. Hierbei handelt es sich nicht um ein Wahlbündnis, sondern um die Demonstration einer Interessenidentität, aus der abgeleitet wird, daß eine Mitgliedschaft in der KPdSU keine Nominierungsvoraussetzung zu sein braucht. Parteilose verdanken ihre Nominierung häufig ihrem Ansehen bei den Wählern, das sie aufgrund ihrer gesellschaftlichen Funktion und/oder ihrer Leistungen erworben haben; ihre Ergebenheit gegenüber den von der Partei gesetzten Zielen und ihre Zuverlässigkeit stehen außer Frage. Die Bürger und die gesellschaftlichen Organisationen sind berechtigt, die Kandidaten zu befragen. Obwohl das Wahlgesetz für jedes Mandat mehrere Kandidaten vorsieht, wird in der Praxis nur ein Kandidat aufgestellt. Der Wähler hat nur die Alternative, für einen Kandidaten zu stimmen oder dessen Namen auf dem Stimmzettel durchzustreichen. Damit haben die Wahlen zu den Sowjets de facto einen plebiszitären Charakter.

Die Wahlbeteiligung erreicht in der Regel knapp 100 Prozent. Die geringe Wahlabstinenz wie auch die überwältigende Zahl der Ja-Stimmen werden sowjetischerseits als Beweis für die umfassende Unterstützung von Partei und Regierung durch die nicht in antagonistische Klassen gespaltene Bevölkerung gewertet. Soweit Nein-Stimmen abgegeben werden, zeigt ihre Zahl eine mit der jeweiligen Stufe des zu wählenden Sowjets von oben nach unten zunehmende Tendenz. Hin und wieder erreicht bei Wahlen zu Dorf- oder Siedlungssowjets der Kandidat nicht die absolute Mehrheit der Stimmen, so daß ein zweiter Wahlgang notwendig wird. Eine Nein-Stimme bzw. Wahlabstinenz braucht nicht die Ablehnung des politischen Systems zu bedeuten, sondern kann lediglich Kritik an einem bestimmten Kandidaten oder an lokalen Mißständen zum Ausdruck bringen wie auch eine Ja-Stimme lediglich durch ein patriotisches Pflichtgefühl motiviert sein kann und nicht durch die Zustimmung zu einem bestimmten Kandidaten, insbesondere dann nicht, wenn lokale Probleme nicht zur Diskussion stehen.

Die Sowjets der Deputierten »leiten unmittelbar und durch von ihnen zu bildende Organe alle Zweige des staatlichen, wirtschaftlichen, sozialen und kulturellen Aufbaus, fassen Beschlüsse, sichern deren Durchführung und kontrollieren die

Verwirklichung der Beschlüsse« (Verf., Art. 93). Die Wähler sind zwar berechtigt, den Deputierten Weisungen zu erteilen, der Deputierte ist jedoch »bevollmächtigter Vertreter des Volkes« und muß sich deshalb bei seiner Tätigkeit letztlich von »gesamtstaatlichen Interessen leiten« lassen (Art. 103). Die Sowjets sind gehalten, die Wähleraufträge zu prüfen und bei der Aufstellung der Wirtschaftspläne und Haushalte zu berücksichtigen, für die Erfüllung des Wählerwillens – soweit höherrangige Interessen nicht entgegenstehen – zu sorgen und die Bürger über ihre Tätigkeit zu informieren. Auf der Grundlage des Grundrechts, an der »Verwaltung der staatlichen und gesellschaftlichen Angelegenheiten ... teilzunehmen« (Art. 48), werden die Bürger in die Tätigkeit der Sowjets, ihrer Ständigen Kommissionen und anderer Organe einbezogen.

Die Deputierten sind den Wählern sowie den gesellschaftlichen Organisationen und Arbeitskollektiven, die sie nominiert haben, informations- und rechenschaftspflichtig und durch Mehrheitsbeschluß der Wähler abberufbar, wenn sie deren Vertrauen nicht mehr genießen. Das Abberufungsrecht ist allerdings im Lichte der Führungsrolle der Partei zu sehen, die letztlich die Entscheidung nicht nur über die Kandidatur, sondern auch über die – praktisch kaum vorkommende – Abwahl trifft.

Die Deputierten haben das Recht, Anfragen an Staatsorgane und Amtsinhaber zu richten; diese sind auf einer Tagung der Sowjets zur Auskunft verpflichtet. Die Deputierten sind ferner berechtigt, sich an alle staatlichen und gesellschaftlichen Organe, Organisationen, Unternehmen und Institutionen mit Fragen zu wenden, die sich aus ihrer Tätigkeit ergeben; die Leiter der Organe usw. sind verpflichtet, den Deputierten zu empfangen und seine Vorschläge zu prüfen. Für die Ausübung seines Amtes wird der Deputierte von seiner Arbeitsstätte unter Fortzahlung des Durchschnittsverdienstes beurlaubt.

Mit der Marxschen, an der Pariser Kommune von 1871 orientierten Rätekonzeption hat das Sowjetsystem – trotz einer im Vergleich zu früheren Regelungen zumindest formalrechtlichen Aufwertung der Sowjets – nur wenig gemeinsam. Dadurch, daß die Sowjets aller Ebenen in direkter Wahl bestimmt werden, ist ein wesentliches Merkmal einer Rätedemokratie durch ein solches einer parlamentarischen Demokratie ersetzt worden. Das rätedemokratische imperative Mandat ist mit Elementen eines freien Mandats kombiniert. Die Möglichkeit einer Interessenkollision wird offensichtlich weder formalrechtlich noch praktisch ins Auge gefaßt, da ein Aufgehen partikularer Interessen im gesamtgesellschaftlichen Interesse unterstellt wird und da die Deputierten der übergeordnete Interessen vertretenden Partei oder den von ihr abhängigen gesellschaftlichen Organisationen angehören und somit direkt oder indirekt der Parteidisziplin und dem Prinzip des demokratischen Zentralismus unterworfen sind. Auch sind die Sowjets keine eigenständigen Willensbildungsorgane, sondern vollstrecken in Anbetracht der Führungsrolle der KPdSU in Staat und Gesellschaft nach wie vor die auf gleicher oder höherer Organisationsebene getroffenen Entscheidungen der Partei.

## Volksvertretung, Staatsoberhaupt, Regierung der UdSSR

Höchstes Organ der gesamtstaatlichen Gewalt ist der Oberste Sowjet der UdSSR. Er besteht aus zwei gleichberechtigten Kammern, dem Unionssowjet und dem Nationalitätensowjet, die alle fünf Jahre gleichzeitig gewählt werden und mit je 750 die gleiche Zahl an Mitgliedern haben. Während der Unionssowjet nach Wahlkreisen mit gleicher Wählerzahl gewählt wird, wird der Nationalitätensowjet nach einem Schlüssel gewählt, demzufolge auf eine Unionsrepublik 32, eine ASSR 11, ein Autonomes Gebiet fünf und einen Autonomen Bezirk ein Deputierter kommen.

Ein Zwei-Kammer-Effekt im Sinne eines Interessenausgleichs und einer gegenseitigen Korrektur der Beschlüsse ist nicht gegeben. Die Tätigkeit beider Kammern wird von der KPdSU, die einen einheitlichen Volkswillen zu repräsentieren behauptet, überlagert. Beide Kammern tagen gleichzeitig, wobei sie getrennt oder gemeinsam zusammentreten können; die Beschlüsse werden einstimmig und übereinstimmend gefaßt. Für den Fall, daß beide Kammern zu keinem übereinstimmenden Beschluß kommen können, ist die Bildung einer paritätisch besetzten Schlichtungskommission zur Überbrückung der unterschiedlichen Auffassungen vorgesehen.

Der Oberste Sowjet der UdSSR ist befugt, über alle Fragen zu entscheiden, deren Regelung nach der Verfassung in die Kompetenz des Bundes fällt. Ihm steht im Bereich der Unionskompetenzen das ausschließliche Gesetzgebungsrecht zu, es sei denn, daß er beschließt, einen Gesetzesentwurf durch ein Referendum annehmen zu lassen. Eine Volksabstimmung kann auch anberaumt werden, wenn es zwischen den beiden Kammern über den Vorschlag der Schlichtungskommission auf einer gemeinsamen Sitzung zu keiner Einigung kommt. Das Recht der Gesetzesinitiative haben außer den beiden Kammern auch das Präsidium des Obersten Sowjets der UdSSR, der Ministerrat der UdSSR, die Kommissionen des Obersten Sowjets, die Ständigen Kommissionen der beiden Kammern, einzelne Deputierte sowie die Obersten Sowjets der Unionsrepubliken, das Oberste Gericht der UdSSR und der Generalstaatsanwalt der UdSSR und die Unionsorgane der gesellschaftlichen Organisationen. Gesetzesentwürfe und »andere besonders wichtige Fragen im Leben des Staates« (Verf., Art. 114 Abs. 2) können auf Beschluß des Obersten Sowjets der UdSSR oder seines Präsidiums den Bürgern zur Aussprache unterbreitet werden. Ein Gesetz gilt als angenommen, wenn es in jeder Kammer die Mehrheit der gesetzlichen Zahl der Deputierten gefunden hat. Eine wichtige gesetzgeberische Vorarbeit leisten in Form einer intensiven, wenn auch zumeist nicht kontroversen Beratung die Kommissionen des Obersten Sowjets und seiner beiden Kammern. Alle staatlichen und gesellschaftlichen Organe, Organisationen und Amtsinhaber sind dem Obersten Sowjet und dessen Kommissionen gegenüber zur Unterstützung der jenen übertragenen Kontrollfunktion informationspflichtig.

Der Oberste Sowjet der UdSSR, der nur zweimal im Jahr zu zwei- bis dreitägigen Tagungen zusammentritt, wählt als ständiges Organ das Präsidium des Obersten Sowjets der UdSSR. Es setzt sich aus Deputierten des Obersten Sowjets zusammen und besteht aus 39 Mitgliedern: Dem Vorsitzenden, dem Ersten Stellvertreter des Vorsitzenden, 15 Stellvertretern des Vorsitzenden (es sind kraft Amtes die Vorsitzenden der Präsidien der Obersten Sowjets der Unionsrepubliken), 21 weiteren Mitgliedern und dem Sekretär.

Das Präsidium des Obersten Sowjets der UdSSR ist kollegiales Staatsoberhaupt, wobei der Vorsitzende, seit Juni 1977 der Generalsekretär der KPdSU, Leonid Breschnew, als Staatspräsident fungiert.

Das Präsidium hat Kompetenzen aus eigenem Recht und solche, die es in Vertretung des Plenums ausübt. Zu den ersteren zählen, außer der einem Staatsoberhaupt obliegenden Vertretung des Staates nach außen, die Bildung des Verteidigungsrats sowie die Ernennung und Auflösung des Oberkommandos der Streitkräfte. Mit der Befugnis, über die Einhaltung der Verfassung sowie über die Übereinstimmung der Verfassungen und Gesetze der Unionsrepubliken mit der Verfassung und den Gesetzen der UdSSR zu wachen, nimmt es eine judikative Funktion wahr. Es hat ferner die Befugnis zum Erlaß von Dekreten. Nach der Regelung der früheren Verfassung erhielten die Dekrete des Präsidiums die Rechtskraft von Gesetzen durch die nachträgliche Bestätigung durch das Plenum des Obersten Sowjets. Welchen rechtlichen Status die Dekrete jetzt haben, ist offen. Die Verfassung weist eine gesetzgeberische Kompetenz dem Präsidium nur dadurch zu, daß sie das Präsidium berechtigt, geltende Gesetze, »sofern sich das als notwendig erweist« (Art. 122 Ziff. 1) abzuändern – und dies auch nur unter nachträglicher Billigung durch den Obersten Sowjet. In dieser Funktion als »Ersatzsowjet« ist das Präsidium ferner u. a. befugt, Ministerien und Staatskomitees auf Vorschlag des Ministerrats der UdSSR zu bilden und aufzulösen sowie Mitglieder des Ministerrats auf Ersuchen seines Vorsitzenden abzuberufen und zu ernennen. Auch diese Maßnahmen bedürfen allerdings der Bestätigung durch das Plenum.

Höchstes vollziehendes und verfügendes Organ der Bundesgewalt ist der Ministerrat der UdSSR. Er wird – formal – vom Obersten Sowjet der UdSSR bestellt und ist ihm, zwischen den Tagungen auch dessen Präsidium, verantwortlich und rechenschaftspflichtig. Praktisch bestätigt der Oberste Sowjet lediglich die vom Politbüro der KPdSU bereits getroffene Entscheidung: Nach Ablauf einer Legislaturperiode tritt die im Amt befindliche Regierung zurück. Auf der ersten Tagung des neugewählten Obersten Sowjets wird der Vorsitzende des Ministerrats vom Generalsekretär der KPdSU im Namen der ZK vorgeschlagen und erhält die einstimmige Akklamation des Plenums. Der so bestellte legt eine Kabinettsliste vor, die vom Plenum ohne Aussprache gebilligt wird.

Der Ministerrat setzt sich zusammen aus dem Vorsitzenden (Ministerpräsident) – seit 14. Oktober 1964 Alexej Kossygin –, Ersten und (einfachen) stellvertretenden Vorsitzenden, Ministern, Vorsitzenden von Staatskomitees und – kraft Amtes – den Vorsitzenden der Ministerräte der Unionsrepubliken. Der Vorsitzende und seine Stellvertreter bilden als ständiges Organ das Präsidium des Ministerrats, wo die Arbeit des Ressorts aufeinander abgestimmt wird und die von den höchsten Parteiorganen vorgegebenen Entscheidungen gefällt werden. Unter den Ministerien befinden sich außer den klassischen Ressorts solche für

Landwirtschaft, Gesundheitswesen, Kultur, Bildungswesen, Außenhandel und solche für einzelne Industriezweige, wie Schwermetall-, Buntmetall-, Kohlenindustrie, Schwer- und Transportmaschinenbau, Chemieindustrie, Fleisch- und Milchindustrie, Bau-, Erdöl-, Radio-, Autoindustrie, Flugzeugbau, Schiffsbau u.a.m. Zu den Staatskomitees zählen insbesondere das Plankomitee, ferner u.a. dasjenige für Arbeit und soziale Fragen, Preise, Staatssicherheit (KGB) und Volkskontrolle.

Ministerien können entweder Unionsministerien oder Unions-Republiks-Ministerien sein. Unionsministerien gibt es ausschließlich auf der Ebene der UdSSR – sie leiten die ihnen zugeordneten Verwaltungsressorts auf dem gesamten Territorium der UdSSR –, während den letzteren in den Unionsrepubliken Ministerien mit gleichem Aufgabenkreis entsprechen. Die Unions-Republiks-Ministerien nehmen vorwiegend Aufgaben wahr, die unter Berücksichtigung örtlicher Gegebenheiten gelöst werden sollen.

Unter die Kompetenzen des Ministerrats der UdSSR fallen insbesondere: Die Leitung der Volkswirtschaft, die Verwaltung der der Union unterstehenden Wirtschaftsunternehmen; die Aufstellung und Verwirklichung der Jahres- und Perspektivpläne sowie des Haushalts; der Schutz des sozialistischen Eigentums und der öffentlichen Ordnung; die Gewährleistung der Staatssicherheit; die »allgemeine Leitung« des Aufbaus der Streitkräfte und der auswärtigen Angelegenheiten (Verf., Art. 131 Abs. 2 Ziff. 5 u. 6). Die Richtlinienkompetenz liegt in Anbetracht der Führungsrolle der KPdSU und des hieraus folgenden Auftragsverhältnisses zwischen Partei und Staat beim Politbüro der KPdSU.

### Die Organe der Republiken und ASSR

Auch die Unionsrepubliken und ASSR haben Oberste Sowjets mit Präsidien als ständige Organe. Die Obersten Sowjets werden ebenfalls für eine Amtsperiode von fünf Jahren gewählt, bestehen allerdings aus nur einer Kammer. Die Obersten Sowjets der Unionsrepubliken und ASSR haben die Gesetzgebungskompetenz in den Bereichen, die nicht der Union bzw. den Unionsrepubliken vorbehalten sind. Gesetze der Unionsrepubliken können außer durch den Obersten Sowjet auch im Wege eines Referendums angenommen werden.

Die Ministerräte der Unionsrepubliken und ASSR werden von deren Obersten Sowjets gebildet. Sie führen die Gesetze und sonstigen Rechtsakte der UdSSR und der Unionsrepubliken aus. Die Unions-Republiks-Ministerien der Republiken sind den gleichnamigen Ministerien auf Unionsebene untergeordnet. Daneben sind sie aber auch dem Ministerrat der Unionsrepublik untergeordnet, was dem Verwaltungsgrundsatz der »doppelten Unterstellung« entspricht; ausschlaggebend ist die Weisungsgewalt des Zentralorgans. Dagegen sind die Republiksministerien lediglich dem Ministerrat der Unionsrepublik untergeordnet. Sie gibt es ausschließlich auf Republiksebene. Der Ministerrat der UdSSR ist berechtigt, die Durchführung von Verordnungen und Verfügungen der Ministerräte der Unionsrepubliken in Fragen, die in den Kompetenzbereich des Bundes fallen, auszusetzen. Die Ministerräte der Unionsrepubliken haben dasselbe Recht in bezug auf die Durchführung von Verordnungen und Verfügungen der Ministerräte der ASSR und Beschlüsse der Exekutivkomitees der Regions- und Gebietssowjets, der Sowjets der republikunmittelbaren Städte, der Sowjets der Autonomen Gebiete und – in den Republiken ohne Gebietsgliederung – der Exekutivkomitees der Rayon- und Stadtsowjets.

## Die örtlichen Organe

In den Regionen, Gebieten, Autonomen Gebieten, Autonomen Bezirken, Rayons, Städten (rayon-, gebiets- bzw. regions- und republiksunmittelbaren), Stadtbezirken (in großen Städten), Siedlungen (Ortschaften) und Dörfern liegt die staatliche Macht bei den Sowjets der Volksdeputierten. Sie werden auf nur zweieinhalb Jahre gewählt, wodurch eine breite Mitwirkung der Bürger an örtlichen Angelegenheiten ermöglicht werden soll. Sie entscheiden über Fragen von örtlicher Bedeutung unter Berücksichtigung gesamtstaatlicher Interessen und führen die Beschlüsse übergeordneter Organe aus.

Zum Kompetenzbereich der örtlichen Sowjets gehören: die Bestätigung der Entwicklungspläne, die Leitung der ihnen unterstehenden staatlichen Organe, Betriebe und sonstigen Einrichtungen, die Stärkung der Verteidigungsfähigkeit, die Gewährleistung der Gesetzesbefolgung, der Schutz der öffentlichen Ordnung und der Rechte der Bürger; sie koordinieren und kontrollieren die Tätigkeit der übergeordneten Stellen unterstehenden Betriebe und Einrichtungen hinsichtlich der Bodennutzung, des Naturschutzes, des Bauwesens, des Einsatzes von Arbeitskräften, der Konsumgüterproduktion, der Dienstleistungen sowie der sozialen und kulturellen Betreuung der Bevölkerung. Ein weiteres Mitwirkungsrecht der örtlichen Sowjets liegt darin, daß sie an der Beratung von Fragen von Republiks- und Unionsbedeutung in den hierfür zuständigen Staatsorganen, z.B. den Ministerien der Unionsrepubliken, teilnehmen und dort Vorschläge unterbreiten können. Die Sowjets stellen ferner den örtlichen Haushalt auf. Ihre Budgets sind – trotz in letzter Zeit höherer Zuweisungen – allerdings begrenzt. Übergeordnete Organe können jede Kompetenz an sich ziehen.

In von den örtlichen Sowjets gebildeten Ständigen Kommissionen, die in der Regel einmal monatlich tagen, arbeiten auch außenstehende Aktivisten mit, so daß an der Regelung örtlicher Belange weit mehr Bürger mitwirken als die rd. 2,23 Millionen Deputierten[4]. Eine weitere Chance zur Bürgerpartizipation an der Regelung lokaler Angelegenheiten liegt in dem Recht der Arbeitskollektive, an der Erörterung und Entscheidung über staatliche und gesellschaftliche Belange beteiligt zu werden.

Die Vollzugsausschüsse der örtlichen Sowjets werden von den entsprechenden Sowjets aus den Reihen der Deputierten gewählt. Sie legen über ihre Tätigkeit den Sowjets sowie vor Versammlungen von Arbeitskollektiven und in Wohngebieten Rechenschaft ab. Rechenschaftspflichtig sind sie – nach dem Grundsatz der »doppelten Unterstellung« – auch dem Exekutivkomitee der nächsthöheren Verwaltungsebene. Die Vollzugsausschüsse bestehen in der Regel aus dem Vorsitzenden und seinen Stellvertretern, einem Sekretär und einer Anzahl einfacher Mitglieder. In Abteilungen bzw. Verwaltungen unterteilt, führen sie die Gesetze und sonstigen Rechtsakte der Bundes- und Republiksorgane sowie die Beschlüsse der örtlichen Sowjets aus.

## Rechtsprechung und Staatsanwaltschaft

Die UdSSR hat zwei Gerichtssysteme: Ein besonderes, bundeseigenes, für die Militärgerichtsbarkeit und ein ordentliches, dasjenige der Unionsrepubliken, das deren administrativen Gliede-

[4] Iswestija v. 25. 6. 1977.

rung entspricht. Sie sind zwar im ordentlichen Instanzenzug getrennt, jedoch im außerordentlichen »Aufsichtsverfahren« in Gestalt des Obersten Gerichts der UdSSR miteinander verbunden. Dessen Mitglieder werden – außer den ihm kraft Amtes angehörenden Vorsitzenden der Obersten Gerichte der Unionsrepubliken – vom Obersten Sowjet der UdSSR auf fünf Jahre gewählt. Es kann einen durch das Oberste Gericht einer Unionsrepublik rechtskräftig entschiedenen Fall durch »Protest« an sich ziehen und das Urteil aufheben. Zu seinen Aufgaben gehört auch die Wahrung einer einheitlichen Rechtsprechung durch den Erlaß von Gesetzeserläuterungen. Die Kontrolle über die Einhaltung der Verfassung, die Konformität der Republiksverfassungen und -gesetze mit der Verfassung und den Gesetzen der UdSSR sowie die Gesetzesauslegung fallen allerdings in die Kompetenz des Obersten Sowjets der UdSSR.

Oberste Gerichte haben auch die Unionsrepubliken und die ASSR; letztere sind allerdings Gerichte der Unionsrepubliken. Sie sind ebenso wie die Regions-, Gebiets- und Bezirksgerichte sowie Gerichte der Autonomen Gebiete und Autonomen Bezirke und Großstädte Gerichte erster und zweiter Instanz. Richter und Volksbeisitzer werden von den entsprechenden Sowjets auf fünf Jahre gewählt.

In Rayons und Städten gibt es Volksgerichte. Sie bestehen aus Volksrichtern, die von den Bürgern auf fünf Jahre direkt und geheim gewählt werden, und Volksbeisitzern, die von den Bürgern an der Arbeitsstätte oder am Wohnsitz in offener Abstimmung auf zwei Jahre gewählt werden. In zivilrechtlichen und Strafverfahren können Vertreter der gesellschaftlichen Organisationen mitwirken.

Berufsrichter und die ihnen gleichgestellten Volksbeisitzer sind den Wählern oder Organen, die sie gewählt haben, verantwortlich und rechenschaftspflichtig sowie abberufbar. Dadurch wird die in der Verfassung verankerte Unabhängigkeit der Richter, mag auch die Abwahl selten vorkommen und die Wiederwahl die Regel sein, stark relativiert.

Außerhalb der staatlichen Gerichtsbarkeit stehen die Kameradschaftsgerichte in Betrieben, Ausbildungsstätten, Kolchosen und Wohngemeinschaften, die Verstöße gegen die Arbeitsdisziplin und die »sozialistische Moral« (z. B. Trunksucht, Rowdytum) sowie Fälle von Kleinkriminalität mit bloßem Schuldspruch, Verwarnung, Tadel, Verweis oder Geldbuße sanktionieren. Sie werden ferner in kleinen Zivilstreitigkeiten tätig. Die Verhandlungen vor den Kameradschaftsgerichten sind öffentlich, die Anwesenden können Fragen stellen. Gegen die Entscheidungen eines Kameradschaftsgerichts kann zwar Beschwerde beim zuständigen Gewerkschaftskomitee oder beim Exekutivkomitee des örtlichen Sowjets, aber kein Rechtsmittel bei einem ordentlichen Gericht eingelegt werden.

Die Staatsanwaltschaft ist zentralistisch organisiert. An ihrer Spitze steht der vom Obersten Sowjet der UdSSR auf fünf Jahre ernannte und ihm rechenschaftspflichtige Generalstaatsanwalt der UdSSR, der die Staatsanwälte der Unionsrepubliken, ASSR, Autonomen Gebiete, Regionen und Gebiete für fünf Jahre ernennt und die von den Staatsanwälten der Republiken ebenfalls für fünf Jahre ernannten Staatsanwälte der Autonomen Bezirke, Rayons, und Städte bestätigt. Der Staatsanwaltschaft obliegt die Strafverfolgung, Anklageerhebung und der Strafvollzug. Sie kann u.a. in Zivilprozessen Rechtsmittel einlegen, im Aufsichtsverfahren erstinstanzlich bereits rechtskräftige Zivil- und Strafurteile anfechten. Als Hüterin der »sozialistischen Gesetzlichkeit« überwacht sie die Einhaltung der Gesetze durch Vollzugsorgane, Betriebe, gesellschaftliche Organisationen, Amtspersonen und Bürger. Sie ist berechtigt, gegen rechtswidrige Verordnungen einzuschreiten. In diesem Zusammenhang hat sie weitgehende Informationsrechte.

In Ergänzung der richterlichen und staatsanwaltlichen Kontrolle der Staatsorgane, Betriebe usw. bilden die Sowjets aller Ebenen Organe der Volkskontrolle. Diese Organe kontrollieren sowohl Verletzungen der Staatsdisziplin und bürokratische Auswüchse wie auch die Erfüllung der Wirtschaftspläne.

Die in der Verfassung verankerten Grundrechte stehen unter einem allgemeinen Verfassungsvorbehalt. Ihmzufolge darf die Ausübung der Grundrechte nicht nur die Rechte anderer Bürger nicht beeinträchtigen, sondern sie darf insbesondere »den Interessen der Gesellschaft und des Staates ... keinen Schaden zufügen« (Art. 39 Abs. 2). Die Wahrnehmung von Grundrechten ist ferner eingeschränkt durch »gesellschaftliche Erfordernisse« (z.B. die Berufswahl – Art. 40), die »Ziele des kommunistischen Aufbaus« (z.B. die Freiheit von Wissenschaft und Kunst – Art. 47 – und die Vereinigungsfreiheit – Art. 51), die »Interessen des Volkes« und die »Festigung und Entwicklung der sozialistischen Ordnung« (die Rede-, Presse-, Versammlungs-, Kundgebungsfreiheit – Art. 50). Durch diese Relativierung der Freiheitsrechte fällt also eine die sozialistische Staats- und Gesellschaftsordnung in Frage stellende Kritik, wie sie von einem Teil der sowjetischen Dissidenten geäußert wird, aus der verfassungsmäßigen Gewährleistung heraus. Eine weitere Beschränkung der Grundrechte ist durch einfache Gesetze möglich.

Die Gewährleistung der Grundrechte ist an das Gebot der Einhaltung von Grundpflichten gebunden – so hat der Sowjetbürger z.B. nicht nur ein Recht auf, sondern auch eine Pflicht zur Arbeit – sowie mit materiellen Garantien zu ihrer Ausübung verknüpft, mit denen die ökonomischen Kapazitäten jedoch nicht Schritt halten.

Eine Verfassungs- und Verwaltungsgerichtsbarkeit gibt es nicht. Bürger genießen allerdings einen Verwaltungsrechtsschutz, insofern als sie gegen Amtspersonen bei Staatsorganen Beschwerde und gegen gesetzwidrige oder kompetenzüberschreitende Handlungen von Amtspersonen vor Gericht Einspruch erheben können. Sie haben ferner Anspruch auf Ersatz des Schadens, der ihnen durch gesetzwidrige Handlungen staatlicher Organe, von Amtspersonen und gesellschaftlichen Organisationen entstanden ist, und offensichtlich auch durch Handlungen von Parteiorganisationen, da diese in Art. 6 Abs. 3 der Verfassung zu verfassungsgemäßem Handeln verpflichtet werden.

## Außenpolitik und Landesverteidigung

Die Außenpolitik der UdSSR ist sowohl programmatisch als auch praktisch vorrangig auf die Gewährleistung »günstiger Bedingungen für den Aufbau des Kommunismus« (Verf., Art. 28 Abs. 2) gerichtet. Diesem innenpolitischen Primat sind die weiteren Aufgaben und Zielsetzungen der Außenpolitik: Stärkung des Weltsozialismus, Unterstützung von nationalen Befreiungsbewegungen, weltweite Abrüstung und Verfolgung einer Politik der friedlichen Koexistenz mit kapitalistischen Staaten funktional zugeordnet.

Als Grundsätze des außenpolitischen Handelns und Verhaltens der UdSSR nennt die Verfassung (Art. 29): Die sich im Verzicht auf Gewaltanwendung oder -androhung und in der Nichteinmischung in die inneren Angelegenheiten konkretisierende Achtung der Souveränität und territorialen Integrität der

Staaten, die Achtung der Menschenrechte, die Selbstbestimmung der Völker, die Zusammenarbeit zwischen den Staaten und die Erfüllung der sich für die UdSSR aus den Normen des Völkerrechts und den internationalen Verträgen ergebenden Verpflichtungen. Hinzu kommt – für die Beziehungen zu den KPs und sozialistischen Ländern – das Prinzip des »proletarisch-sozialistischen Internationalismus«. Dieses Prinzip überwölbt im Verhältnis zu den sozialistischen Ländern, wie die Intervention in der Tschechoslowakei vom August 1968 und die sie rechtfertigende sog. »Breschnew-Doktrin« zeigen, die genannten Handlungs- und Verhaltensregeln. Ihr zufolge können die sozialistischen Staaten Rechte eines souveränen Staates nur insoweit ausüben, als sie damit nicht gegen die Interessen der »sozialistischen Gemeinschaft« und damit der Sowjetunion verstoßen. Das Selbstbestimmungsrecht wandelt sich für diese Staaten und deren Parteien in die Pflicht zur Unterwerfung unter den Führungsanspruch der KPdSU und – bei der Möglichkeit zu geringfügigen Abweichungen – zur Nachahmung des sowjetischen Sozialismusmodells.

Die an den genannten Zielsetzungen und Grundsätzen sich orientierenden außenpolitischen Aktivitäten scheinen zwar mitunter widersprüchlich zu sein; es handelt sich jedoch um unter dem Gesichtspunkt der operationalen Führung miteinander verknüpfte Taktiken, die einem konsistenten strategischen Ziel dienen: der in einem interdependenten Bezug zueinander stehenden innen- und außenpolitischen Festigung und Stärkung der Großmachtstellung der UdSSR durch eine Verschiebung des internationalen Kräfteverhältnisses zu ihren Gunsten.

Triebkräfte der sowjetischen Außenpolitik sind der in der außenpolitischen Theorie des Marxismus-Leninismus begründete weltrevolutionäre Impetus und ein in der Tradition russischer Großmachtpolitik liegender nationalistisch-missionarischer Impetus. Beide prägen zusammen mit weltpolitisch-strategischen und sicherheitspolitischen Überlegungen kumulativ das Muster der auf Expansion und Sicherung des Erreichten abzielenden Außenpolitik: sei es in Form territorialer Einverleibungen, der Bildung von Vorherrschaftszonen oder der Schaffung von Einflußsphären. Hierbei ist der sowjetischen Außenpolitik ein im wesentlichen an den eigenen Machtmitteln und derjenigen der Kontrahenten orientierter vorsichtiger Grundzug eigen – bei der Berlin-Blockade von 1948/49, im Korea-Krieg von 1950–1953 und in der Kuba-Krise von 1962 hat die

Sowjetunion den Abwehrwillen der USA allerdings unterschätzt und mußte ihre Aktionen zur Veränderung des Kräfteverhältnisses zurücknehmen.

Die Kuba-Krise leitete eine Phase der Entspannungspolitik ein, deren konzeptuelle Grundlage die von Chruschtschow in Anbetracht der Risiken eines nuklearen Krieges bereits auf dem XX. Parteitag der KPdSU von 1956 zur Maxime der sowjetischen Außenpolitik gegenüber den kapitalistischen Staaten erhobene Politik einer langfristigen »friedlichen Koexistenz« ist. Die Konzeption der friedlichen Koexistenz gilt nur für die zwischenstaatlichen Beziehungen und impliziert nur den Verzicht auf die Anwendung kriegerischer Gewalt im Ost-West-Verhältnis, nicht jedoch – da dies sowjetischerseits als eine Form des Klassenkampfes auf internationaler Ebene begriffen wird – auf ideologische Penetration und auf die Unterstützung linksradikaler nationaler Unabhängigkeitsbewegungen zur Ausbreitung des Sozialismus (sowjetischer Spielart) und zur globalen Schwächung des Westens. Eine geistige Beeinflussung der Sowjetunion mit liberal-demokratischem, rechtsstaatlichem Gedankengut ist hiergegen nicht nur wegen deren Abkapselung kaum möglich, sondern wird in Anbetracht der Gleichsetzung von Staat und Gesellschaft im Sozialismus als ein gegen die Grundsätze der friedlichen Koexistenz verstoßender Eingriff in die inneren Angelegenheiten der Sowjetunion denunziert.

Die sowjetische Koexistenzpolitik gründet auf der Herausbildung einer bipolaren weltpolitischen Konstellation, die durch das nukleare Gleichgewicht der beiden Supermächte UdSSR und USA gekennzeichnet ist. Diese – statische – Konzeption sieht sich in letzter Zeit jedoch einem Wandel im internationalen Staatensystem gegenüber, der durch den Wiedereintritt der VR China – mit der sich die Sowjetunion seit 1963 in offenem Konflikt befindet – in die weltpolitische Arena, die Erstarkung Japans und dessen Annäherung an China, das die Sowjetunion bisher erfolglos durch ein kollektives Sicherheitssystem für Asien zu isolieren trachtete, sowie durch das zunehmende, auch außenpolitische Gewicht der EG gekennzeichnet ist.

Nachdem die Sowjetunion durch den Vertrag mit der BRD vom August 1970 und im Ergebnis der Konferenz für Sicherheit und Zusammenarbeit in Europa (KSZE) ein wichtiges außenpolitisches Ziel: die Stabilisierung des territorialen und politischen Status quo in Europa erreicht hat, ist ihre Außenpolitik gerichtet auf: Eine politische, wirtschaftliche und militärische Integration der unter ihrer Hegemonialgewalt stehenden Länder der »sozialistischen Gemeinschaft« im Rahmen des RGW und der WPO; eine verstärkte Zusammenarbeit mit den westlichen Industrieländern zur Entlastung der eigenen Wirtschaftskapazität; eine – hierdurch erleichterte – Fortsetzung der Aufrüstung, u.a. zur Sicherung einer vorteilhaften Position in Verhandlungen über Truppenreduzierung in Europa (MBFR); eine Fortsetzung der Verständigung mit den USA über eine Begrenzung der strategischen Waffensysteme (SALT); eine Erweiterung der sowjetischen Einflußsphäre durch Interventionen in Krisengebiete.

Mit der Begründung, »fortschrittliche« Regierungen und nationale Befreiungsbewegungen wegen der Verpflichtung zu »proletarischem Internationalismus« zu unterstützen, engagierte sich die Sowjetunion in der letzten Zeit – nach Rückschlägen in Ägypten und im Sudan – durch massive Waffenhilfe insbesondere für die sich zum Marxismus-Leninismus bekennenden Revolutionsregimes in Angola, Äthiopien und Afghanistan.

Die sowjetische Rüstungspolitik ist durch eine stetige und rasche Erhöhung von Quantität und Qualität ihrer konventionellen und strategischen Waffen im mitteleuropäischen Raum, der strategischen Waffensysteme und der maritimen Schlagkraft – durch die Verstärkung der Flotte und der logistischen Kapazitäten – gekennzeichnet. Die UdSSR unterhielt 1978 Streitkräfte in einer Gesamtstärke von 3638000 Mann. Hiervon entfielen 925000 auf die strategischen Nuklearstreitkräfte, 1825000 auf das Heer, 433000 auf die Kriegsmarine und 455000 auf die Luftwaffe. Hinzu kamen 200000 Mann Grenztruppen des Komitees für Staatssicherheit und 250000 Mann dem Innenministerium unterstehender Sicherheitstruppen[5]. Im Rahmen der Gesellschaft zur Förderung der Armee, Luftwaffe und Marine mit rd. 80 Millionen Mitgliedern und rd. fünf Millionen Ausbildern und Aktivisten[6] erfahren die Sowjetbürger eine paramilitärische Ausbildung. Die Rüstungsausgaben werden auf 11–15 Prozent des Bruttosozialprodukts in Preisen von 1970 geschätzt[7].

Die UdSSR ist auch im Hinblick auf ihre Rüstungspolitik auf die Überlegenheit des Sozialismus über den Kapitalismus fixiert und damit auf einen Anspruch, der sowohl die Überlegenheit

[5] *The Military Balance 1978–1979*. London 1978, S. 8ff.
[6] Ebd., S. 10.
[7] Ebd., S. 11.

des politischen und sozioökonomischen Systems der Sowjetunion über dasjenige der westlichen Industriestaaten als auch eine Superiorität auf militärischem Gebiet einschließt, wobei die letztere nicht nur als politisches Droh- und Druckmittel – um etwa die Bedingungen von Entspannung zu diktieren – anwendbar sein soll, sondern, in Anbetracht der augenfälligen wirtschaftlichen Unterlegenheit auch eine kompensatorische Funktion im Hinblick auf die globale Geltung der UdSSR erfüllen dürfte. Auch könnte der Drang nach Überlegenheit mit dem in den Anfängen der bolschewistischen Herrschaft begründeten Bedrohungssyndrom zu erklären sein.

*Literatur*

Arnold, Jürgen: *Die nationalen Gebietseinheiten der Sowjetunion. Staatlichkeit, Souveränität und Autonomie im Sowjetföderalismus.* Köln, Verlag Wissenschaft und Politik, 1973.

Barghoorn, Frederick C.: *Politics in the USSR.* Boston (Mass.), Little, Brown and Co., 1966, [2]1972.

Brahm, Heinz (Hrsg.): *Opposition in der Sowjetunion.* Düsseldorf, Droste, 1972.

Brunner, Georg: *Das Parteistatut der KPdSU 1903–1961.* Köln, Verlag Wissenschaft und Politik, 1965.

–: *Politische Soziologie der UdSSR.* Teil I und II. Wiesbaden, Akademische Verlagsanstalt, 1977.

Bundesinstitut für ostwissenschaftliche und internationale Studien (Hrsg.): *Sowjetunion 1973, Sowjetunion 1974/75, Sowjetunion 1975/76, Sowjetunion 1976/77.* München, Hanser, 1974ff.

Cocks, Paul, Robert V. Daniels and Nancy W. Heer (eds.): *The Dynamics of Soviet Politics.* Cambridge, (Mass.), Harvard Univ. Press, 1976.

Fainsod, Merle: *Wie Rußland regiert wird* (a. d. Engl.; ergänzt und auf den neuesten Stand gebracht von G. Brunner). Köln/Berlin, Kiepenheuer & Witsch, 1965.

Geyer, Dietrich (Hrsg.): *Osteuropa-Handbuch. Sowjetunion.* Bd. 3: Außenpolitik, 1: 1917–1955; 2: 1955–1973. Köln/Wien, Böhlau, 1972 u. 1976.

Griffith, William E. (ed.): *The Soviet Empire Expansion and Détente.* Lexington (Mass.), Lexington Books; Toronto, Heath, 1976.

Gromyko, Andrej A. und Boris N. Ponomarjow (Red.): *Geschichte der sowjetischen Außenpolitik 1945 bis 1976* (a. d. Russ.). Berlin (Ost), Staatsverlag der DDR, 1978.

Haselkorn, Avigdor: *The Evolution of Soviet Security Strategy 1965–1975*. New York, Crane, Russak & Co., 1978.
Jahn, Egbert (Hrsg.): *Sozioökonomische Bedingungen der sowjetischen Außenpolitik*. Frankfurt a.M./New York, Campus, 1975.
Haumann, Heiko: *Geschichte und Gesellschaftssystem der Sowjetunion*. Köln, Kiepenheuer & Witsch, 1977.
Kanet, Roger E. (ed.): *The Soviet Union and the Developing Nations*. Baltimore (Md.), Johns Hopkins Press, 1974.
Leng, Hermann-Otto: *Die allgemeine Wahl im bolschewistischen Staat. Theorie-Praxis-Genesis*. Meisenheim am Glan, Hain, 1973.
Leonhard, Wolfgang: *Am Vorabend einer neuen Revolution? Die Zukunft des Sowjetkommunismus*. München usw., Bertelsmann, 1975; München, Heyne, 1977.
Lewytzkyj, Borys: *Die Kommunistische Partei der Sowjetunion. Porträt eines Ordens*. Stuttgart, Klett, 1967.
–: *Sowjetische Entspannungspolitik heute*. Stuttgart-Degerloch, Seewald, 1976.
–: *Die Sowjetunion in Daten, Fakten, Zahlen*. München, Saur, 1978.
Löwenthal, Richard und Boris Meissner (Hrsg.): *Sowjetische Innenpolitik. Triebkräfte und Tendenzen*. Stuttgart usw., Kohlhammer, 1968.
Mackintosh, J. Malcolm: *Strategie und Taktik der sowjetischen Außenpolitik* (a. d. Engl.). Stuttgart, Kohlhammer, 1963.
Marcuse, Herbert: *Die Gesellschaftslehre des sowjetischen Marxismus* (a. d. Engl.). Neuwied/Berlin, Luchterhand, 1964.
Maurach, Reinhart: *Handbuch der Sowjetverfassung*. München, Isar Verlag, 1955.
Medwedjew, Roy (Hrsg.): *Aufzeichnungen aus dem sowjetischen Untergrund* (a.d. Russ.). Hamburg, Hoffmann und Campe, 1977.
Meissner, Boris: *Das Parteiprogramm der KPdSU 1903 bis 1961*. Köln, Verlag Wissenschaft und Politik, 1962.
– und Georg Brunner (Hrsg.): *Gruppeninteressen und Entscheidungsprozeß in der Sowjetunion*. Köln, Verlag Wissenschaft und Politik, 1975.
–, – und Richard Löwenthal (Hrsg.): *Einparteisystem und bürokratische Herrschaft in der Sowjetunion*. Köln, Markus, 1978.
Meyer, Gerd: *Bürokratischer Sozialismus. Eine Analyse des sowjetischen Herrschaftssystems*. Stuttgart-Bad Cannstatt, Frommann-Holzboog, 1977.
Müller, Kurt: *Über Kalkutta nach Paris?* Hannover, Dietz, 1964.
Poser, Günther: *Militärmacht Sowjetunion 1977. Daten – Tendenzen – Analyse*. München/Wien, Olzog, 1977.
Rauch, Georg von: *Geschichte des bolschewistischen Rußland*. Frankfurt a.M./Hamburg, Fischer, 1963.

Reichel, Hans-Christian: *Das Präsidium des Obersten Sowjets der UdSSR*. Baden-Baden, Nomos, 1976.
Ruffmann, Karl-Heinz: *Sowjetrußland 1917–1977. Struktur und Entfaltung einer Weltmacht*. München, dtv, [7]1977.
Samkowoj, Wladimir I.: *Krieg und Koexistenz in sowjetischer Sicht* (a. d. Russ.). Pfullingen, Neske, 1969.
Schneider, Eberhard: *Die sowjetische Verfassung. Das Grundgesetz der UdSSR in der neuen Fassung vom 7. 10. 1977*. Stuttgart, Bonn Aktuell, 1978.
Shapiro, Leonard: *Die Geschichte der Kommunistischen Partei der Sowjetunion* (a. d. Engl.). Frankfurt a. M., Fischer, 1962.
–: *Partei und Staat in der Sowjetunion* (a. d. Engl.). Köln/Berlin, Kiepenheuer & Witsch, 1965.
Skilling, H. Gordon and Franklyn Griffiths (eds.): *Interest Groups in Soviet Politics*. Princeton (N. J.), Princeton Univ. Press, 1971.
Triska, Jan F. and David D. Finley: *Soviet Foreign Policy*. New York/London, Macmillan, 1968.
Weingartner, Thomas: *Die Außenpolitik der Sowjetunion seit 1945*. Düsseldorf, Bertelsmann, 1973.
Westen, Klaus: *Die Kommunistische Partei der Sowjetunion und der Sowjetstaat. Eine verfassungsrechtliche Untersuchung*. Köln, Verlag Wissenschaft und Politik, 1968.
Wettig, Gerhard: *Frieden und Sicherheit in Europa. Probleme bei der Konferenz für Sicherheit und Zusammenarbeit in Europa (KSZE) und bei der wechselseitigen Truppenreduzierung in Europa (MBFR)*. Stuttgart-Degerloch, Seewald, 1975.

## Tschechoslowakische Sozialistische Republik

### Konstitutive Merkmale des politischen Systems

Die Tschechoslowakische Sozialistische Republik (ČSSR) bezeichnet sich als sozialistischer Staat in ihrer Verfassung vom 11. Juli 1960[1]. Die Macht gehört dem »werktätigen Volk« (Art. 2 Abs. 1); »die führende Kraft in der Gesellschaft und im Staat« (Art. 4) ist die Kommunistische Partei der Tschechoslowakei (KPČ). Deren Führungsanspruch kann von den vier weiteren Parteien nicht in Frage gestellt werden.

Mit dem am 1. Januar 1969 in Kraft getretenen Verfassungsgesetz vom 27. Oktober 1968[2] wurde die ČSSR in einen Bundesstaat zweier grundsätzlich gleichberechtigter Nationen, der Tschechen und Slowaken, umgewandelt. Er besteht aus der Tschechischen Sozialistischen Republik (ČSR) und der Slowakischen Sozialistischen Republik (SSR), die als souveräne Staaten gelten und eigene Verfassungen haben, jedoch keine Völkerrechtssubjekte sind. Mit der Verfassungsänderung von 1970 wurde der Bund gegenüber den Gliedstaaten wieder gestärkt. Insbesondere wird die Wirksamkeit des föderativen Staatsaufbaus jedoch durch das Prinzip des »demokratischen Zentralismus«, nach dem die KPČ, aber auch der Gesamtstaat verfaßt sind, eingeschränkt.

### Die kommunistische Machtübernahme

Die KPČ, die im Mai 1921 ihren konstituierenden Parteitag veranstaltete, konnte sich in der als liberale parlamentarische Demokratie verfaßten Tschechoslowakei ungehindert entfalten. Im Oktober 1938, nach der erzwungenen Abtretung des Sudetenlandes an das Deutsche Reich und dem damit verbundenen Rücktritt des Staatspräsidenten Eduard Beneš, wurde die KPČ verboten; die Parteiführung, mit Klement Gottwald an der Spitze, emigrierte nach Moskau.

Im Dezember 1943 verhandelte Beneš, der in London eine

[1] Deutsche Übersetzung: *Die Verfassung der Tschechoslowakischen Sozialistischen Republik.* Prag, Orbis, 1964.

[2] Deutsche Übersetzung in: Jahrbuch für Ostrecht 9 (1968) 2, S. 219–262.

Exilregierung gebildet hatte, in Moskau mit Gottwald über die Wiederherstellung der Tschechoslowakei nach dem Kriege. In erneuten Verhandlungen im März 1945 in Moskau erzielten beide ein Übereinkommen über eine »Regierung der Nationalen Front der Tschechen und Slowaken«, die kurz darauf unter dem Sozialdemokraten Zdeněk Fierlinger als Ministerpräsident in Kaschau gebildet wurde. Sie stützte sich auf eine Koalition aus der tschechischen und slowakischen Sektion der KPČ, der Tschechoslowakischen Sozialdemokratischen Partei, der Tschechoslowakischen Nationalsozialistischen Partei (der Partei Beneš'), der (tschechischen, katholischen) Volkspartei sowie der (slowakischen) Demokratischen Partei. Die Kommunisten erhielten acht der 25 Ministerposten, darunter das Schlüsselressort des Inneren (Polizei) sowie das Informationsministerium. Unter starkem Einfluß der Kommunisten stehende Nationalausschüsse übernahmen die örtliche Verwaltung. Im Mai 1945 zog die Regierung nach Prag um, Beneš übernahm wieder das Amt des Staatspräsidenten.

Das Kaschauer Regierungsprogramm, das die Kommunisten als Programm für den Übergang zur sozialistischen Revolution betrachteten, sah u. a. eine staatliche Kontrolle des Geld-, Kredit- und Versicherungswesens, der Schlüsselindustrien und der Energiewirtschaft vor; ferner die Konfiszierung der Vermögen von Deutschen, Ungarn und Kollaborateuren. Im Oktober 1945 wurden die Bergwerke, die Hüttenindustrie, Banken und Versicherungen, die Chemie- und Pharmaindustrie verstaatlicht, ebenso Unternehmen anderer Branchen von einer bestimmten Größe ab.

Im Mai 1946 fanden Wahlen zur Verfassunggebenden Nationalversammlung statt, bei denen die Kommunisten rd. 38 Prozent der Stimmen bzw. 114 Sitze erhielten. Zusammen mit den Sozialdemokraten hatten sie die knappe Mehrheit von 151 der 300 Sitze. Als stärkste Partei stellten sie mit Gottwald den Ministerpräsidenten und in dessen Kabinett acht Minister.

Die Machtübernahme durch die Kommunisten im Februar 1948 erfolgte ohne Anwesenheit sowjetischer Truppen, aber nicht ohne sowjetischen Einfluß. Am 20. Februar 1948 kam es zu einer Regierungskrise. Elf nichtkommunistische Minister erklärten aus Protest gegen die kommunistische Unterwanderung des Polizeiapparats den Rücktritt. Die Drohung der kommunistisch beherrschten Gewerkschaften mit einem Generalstreik und Straßenumzüge bewaffneter Arbeiter bewogen Beneš, aus

Sorge vor einem Bürgerkrieg die Demission der Minister am 25. Februar anzunehmen und der von Gottwald diktierten neuen Zusammensetzung des Kabinetts zuzustimmen. Es bestand nunmehr zur Hälfte aus Kommunisten. Sie besetzten sämtliche wichtigen Ressorts, außer – vorübergehend – dem Außenministerium. Bei den Wahlen zur Nationalversammlung im Mai 1948 stimmten fast 90 Prozent für die nunmehr in einer Einheitsliste zusammengefaßten Kandidaten der Parteien der Nationalen Front. Am 7. Juni 1948 verzichtete Beneš, der die neue Verfassung vom 9. Mai 1948 nicht gebilligt hatte, auf sein Amt. Sein Nachfolger wurde Gottwald. Ende Juni 1948 ging der linke Flügel der Sozialdemokratischen Partei in der KPČ auf; die übrigen Parteien wurden gleichgeschaltet; die Staatsordnung in der Folgezeit nach sowjetischem Vorbild umgestaltet.

## Die marxistisch-leninistische Partei

Die KPČ zählte im April 1976 1,38 Millionen Mitglieder in 43 506 Grundorganisationen[3] – das waren rd. 9,3 Prozent der Bevölkerung. Grundorganisationen werden an allen Arbeitsstätten und in Einheiten der Streitkräfte gebildet, in denen es mindestens drei Kommunisten gibt. Sie überwachen u. a. die Ausführung der Parteibeschlüsse in Produktions-, Verkehrs- und Handelsunternehmen sowie in Staatsgütern und kontrollieren darüber hinaus die Betriebsleitungen im Hinblick auf die Erfüllung der Produktionspläne.

Oberstes Organ ist formal der alle fünf Jahre zusammentretende Parteitag, in der Zwischenzeit ist es das ZK, in das der XV. Parteitag 121 Vollmitglieder und 52 Kandidaten (ohne Stimmrecht) wählte. Die entscheidenden, die Tätigkeit von Partei und Staat bestimmenden und kontrollierenden Gremien sind das aus Vollmitgliedern und Kandidaten bestehende Präsidium des ZK und das ZK-Sekretariat mit dem Generalsekretär – seit 17. April 1969, als Nachfolger Alexander Dubčeks, Gustav Husák – an der Spitze.

Innerhalb der SSR gibt es die Kommunistische Partei der Slowakei mit eigenen zentralen Organen und dem Ersten Sekretär des ZK an der Spitze. Sie genießt gegenüber der Gesamtpartei

[3] *Der XV. Parteitag der Kommunistischen Partei der Tschechoslowakei.* Prag 1976, S. 61.

jedoch keine autonomen Rechte, sondern hat lediglich den Status einer regionalen Unterorganisation. Sie muß ihre Tätigkeit nach den Beschlüssen des Parteitags und des ZK der KPČ ausrichten; die Sekretäre des slowakischen ZK müssen von der KPČ im Amt bestätigt werden.

Nach Ausschaltung aller reformerischen Kräfte steht die KPČ wieder in enger Gefolgschaft zur KPdSU, wobei sie nicht nur die KPCh scharf verurteilt, sondern auch ein besonders entschiedener Gegner des sog. »Eurokommunismus« ist.

### Blockparteien und gesellschaftliche Organisationen

Im tschechischen Landesteil sind noch zugelassen die Tschechoslowakische Volkspartei – eine Vereinigung zur Mobilisierung der christlich-sozialem Gedankengut verpflichteten Bürger, insbesondere auf dem Lande – und die Tschechoslowakische Sozialistische Partei, deren Mobilisierungsfeld vor allem die städtische Mittelschicht ist. Während des »Prager Frühlings« von 1968 wurden Bestrebungen manifestiert, diese Parteien, deren jeweilige Mitgliederzahl sich damals etwa verdoppelte, im Rahmen eines kompetitiven Parteiensystems gegenüber der KPČ zu verselbständigen. Nach dem Scheitern der Reformbewegung wurden sie jedoch wieder gleichgeschaltet. Im slowakischen Landesteil gibt es noch die – allein schon mitgliedermäßig bedeutungslose – Partei der Slowakischen Erneuerung – als Nachfolgerin der Demokratischen Partei, die während des slowakischen Aufstands vom September 1944 aus Angehörigen bürgerlicher Gruppierungen gegründet worden war – und die Slowakische Freiheitspartei. Alle diese Parteien bekennen sich zur sozialistischen Gesellschaftsordnung; an Wahlen beteiligen sie sich im Rahmen der Nationalen Front.

Mitgliederstärkste gesellschaftliche Organisation ist die Revolutionäre Gewerkschaftsbewegung. Sie ist in 18 Fachgewerkschaften gegliedert und nach dem Prinzip des »demokratischen Zentralismus« aufgebaut. Spitzenorgane sind je ein Gewerkschaftsrat in der ČSR und der SSR, die dem tschechoslowakischen Zentralrat unterstellt sind. Die Aufgaben der Gewerkschaften bestehen v.a. darin, die Erfüllung der Planziele zu gewährleisten. Weitere Organisationen sind der Jugendliche zwischen 14 und 28 Jahren erfassende Jugendverband und die Pionierorganisation, der Frauenverband, der paramilitärische Verband für die Zusammenarbeit mit der Armee und die berufsständischen Verbände wie der – im Unterschied zu den 60er Jahren zur Bedeutungslosigkeit verurteilte, im Dezember 1977 neu gegründete – Schriftstellerverband, der Komponistenverband und der Verband der bildenden Künstler. Hinzu kommen noch die Kulturverbände der Minderheiten (Ungarn, Polen, Deutsche).

Parteien und gesellschaftliche Organisationen sind korporativ in der Nationalen Front der Tschechen und Slowaken, dem »politische[n] Ausdruck des von der Kommunistischen Partei der Tschechoslowakei geführten Bündnisses der Werktätigen in Stadt und Land« (Verf., Art. 6) zusammengeschlossen. Jedwede politische Betätigung außerhalb der Nationalen Front wird unterdrückt.

Bürger, darunter ehemalige führende Reformkommunisten, die sich im Gefolge der KSZE um die »Charta '77« geschart haben und sich für die Gewährung der verfassungsmäßig verankerten Rechte und die Beachtung der auch von der ČSSR unterzeichneten Menschenrechtspakte einsetzen, sind Repressionen (Überwachung, Verlust des Arbeitsplatzes, Inhaftierung) ausgesetzt.

## Volksvertretung, Staatsoberhaupt und Regierung der ČSSR

Gesamtstaatliches Vertretungsorgan ist die Bundesversammlung. Sie besteht aus der Volkskammer mit 200 auf dem gesamten Staatsgebiet direkt gewählten Abgeordneten und der Nationenkammer mit 150 Abgeordneten, von denen je 75 in der ČSR und der SSR direkt gewählt werden. Das aktive Wahlalter liegt bei 18, das passive bei 21 Jahren. Die Mandatsdauer beträgt für beide Kammern einheitlich fünf Jahre. Die Kandidaten werden unter maßgeblichem Einfluß der KPČ von der Nationalen Front nominiert und über Einheitslisten von den Bürgern in Ein-Mann-Wahlkreisen gewählt. Die Zahl der Kandidaten kann diejenige der zu vergebenden Mandate übersteigen; von dieser Möglichkeit wird jedoch kein Gebrauch gemacht. Bei den Wahlen vom Oktober 1976 erhielten die Kandidaten für die Volkskammer 99,97 Prozent, diejenigen für die Nationenkammer 99,77 Prozent der Stimmen. Rd. 70 Prozent der Mandate entfallen auf die KPČ, die restlichen auf die Blockparteien und auf Parteilose.

Die Bundesversammlung ist formal das alleinige Gesetzgebungsorgan, sie hat das Recht der Gesetzesinitiative, berät über die Grundlinien der Innen- und Außenpolitik, beschließt den mittelfristigen Wirtschaftsplan und den Staatshaushalt u. a. m. Sie tritt zweimal im Jahr zusammen. Beide Kammern sind gleichberechtigt – eine Gesetzesvorlage gilt nur dann als angenommen, wenn ihr die einfache Mehrheit der Abgeordneten in jeder der beiden Kammern zustimmt. Um eine Majorisierung der Slowaken durch die in der Volkskammer mit einer größeren Zahl von Abgeordneten vertretenen Tschechen zu verhindern, müssen bei einer Reihe von Materien – darunter dem Wirtschaftsplan und Bundeshaushalt – die in den beiden Landesteilen gewählten Abgeordneten getrennt abstimmen. Eine Gesetzesvorlage gilt in solchen Fällen nur dann als verabschiedet, wenn sie die Mehrheit beider Abgeordnetenteile gefunden hat. Wenn beide Kammern sich nicht einigen können, kann eine Schlichtungskommission gebildet werden, die aus je zehn Abgeordneten aus jeder Kammer bestehen muß. Kommt es zu keinem übereinstimmenden Beschluß über den Haushalt, ist das Schlichtungsverfahren obligatorisch. Können sich beide Kammern über den Vermittlungsvorschlag binnen fünf Monaten nicht einigen, kann hierüber erst nach Ablauf eines Jahres wieder abgestimmt werden.

Jede Kammer wählt aus ihrer Mitte 20 Mitglieder des Präsidiums mit der Maßgabe, daß von den Abgeordneten der Nationenkammer je zehn aus der ČSR und der SSR stammen müssen. Das Präsidium leitet die Arbeit der Bundesversammlung und nimmt zwischen den Sessionen deren Kompetenzen wahr – mit Ausnahme der Wahl des Staatsoberhaupts, der Verfassunggebung, des Beschlusses über den Staatshaushalt, der Kriegserklärung und des Mißtrauensvotum gegenüber der Regierung. Es erläßt Dekrete mit Gesetzeskraft, die der (formalen) Zustimmung des Plenums bedürfen. Das Verbot der Majorisierung gilt auch für die Beschlußfassung im Präsidium. Der Vorsitzende und sein Stellvertreter müssen Bürger verschiedener Teilrepubliken sein.

Der Präsident der Republik, seit 29. Mai 1975 als Nachfolger des Generals Svoboda der Generalsekretär der KPČ, Husák, wird von der Bundesversammlung in einer gemeinsamen Sitzung beider Kammern mit Dreifünftel-Mehrheit der Abgeordneten einer jeden Kammer auf fünf Jahre gewählt. Er kann nur für zwei aufeinanderfolgende Amtsperioden bestellt und vorzeitig abberufen werden. Er vertritt die ČSSR nach außen, hat den Oberbefehl über die Streitkräfte, verkündet den Kriegszustand, beruft und entläßt – die Beschlüsse der KPČ-Spitzenorgane umsetzend – den Ministerpräsidenten und die Minister, hohe Beamte und Generäle, hat das Recht, an Kabinettsitzungen teilzunehmen und dort den Vorsitz zu führen; er ist ferner berechtigt, Gesetzesvorschläge zu unterbreiten, den Sitzungen der Bundesversammlung beizuwohnen und die Bundesversammlung aufzulösen, falls die beiden Kammern über den Vermittlungsvorschlag der Schlichtungskommission bezüglich des Staatshaushalts zu keiner Einigung gelangen.

Die Bundesregierung besteht aus dem Ministerpräsidenten, den stellvertretenden Ministerpräsidenten – zwei hiervon sind die Regierungschefs der Teilstaaten –, den Ministern und Leitern einiger zentraler Behörden, Kommissionen und Komitees. Bei der Besetzung der Posten wird nach dem Grundsatz einer paritätischen Vertretung der Tschechen und Slowaken verfahren. Der Ministerpräsident und seine Stellvertreter bilden das Präsidium.

Die Bundesregierung ist das der Bundesversammlung gegenüber verantwortliche oberste Vollzugsorgan der ČSSR in den Bereichen, in denen der Bund ausschließlich zuständig ist: Auswärtige Angelegenheiten, Verteidigung, Staatssicherheit, Außenhandel, Währungsfragen und Bankwesen, Investitionslenkung, Energieversorgung, Verteilung von Arbeitskräften und Festlegung von Löhnen, Post-, Fernmelde- und Verkehrswesen; ferner auf Gebieten, wo der Bund eine mit den Teilstaaten konkurrierende Gesetzgebungsbefugnis wahrnimmt, wie auf dem Gebiet der Finanzen, der Landwirtschaft und Ernährung und der Sozialpolitik, oder eine Befugnis zur Grundsatzgesetzgebung hat, z. B. im Bereich des Bildungs- und Gesundheitswesens. Der Wirtschaftsplan wird von der Plankommission der ČSSR erstellt und ist für die Republiken verbindlich. Die Bundesregierung ist befugt, Rechtsakte der Republiken aufzuheben, wenn sie nach ihrem Ermessen nicht im Einklang mit der Bundesgesetzgebung stehen. Die Regierungsmitglieder sind berechtigt und auf Verlangen verpflichtet, an den Sitzungen der beiden Kammern der Bundesversammlung, deren Kommissionen und des Präsidiums teilzunehmen. Auf Antrag von mindestens einem Fünftel der Abgeordneten einer jeden Kammer kann die Bundesversammlung der Regierung das Mißtrauen aussprechen.

Gemäß dem Grundsatz des »kooperativen Föderalismus« sollen sich die Bundesorgane auf Gebieten, für die der Bund ausschließlich zuständig ist, z. B. auf demjenigen der Außenpolitik, mit den Republiksorganen beraten; zur Berücksichtigung des nationalen Standpunkts sind sie jedoch nicht verpflichtet.

### Die Organe und Kompetenzen der Republiken

Vertretungsorgane sind in der ČSR der 200 Mitglieder zählende Tschechische Nationalrat, in der SSR der 150 Abgeordnete zählende Slowakische Nationalrat. Jede Republik hat eine vom Präsidium des Nationalrats – deren kollegialem Staatsoberhaupt – ernannte Regierung mit einem Ministerpräsidenten, stellvertretenden Ministerpräsidenten und Ministern.

Die Republiken sind für alle Sachgebiete zuständig, die nicht unter die ausschließliche Kompetenz des Bundes fallen oder im Wege der konkurrierenden Gesetzgebung vom Bund nicht abschließend geregelt sind. Die Zuständigkeit reduziert sich letztlich auf das Justizwesen (allerdings liegt die Kompetenz zur Zivil- und Strafgesetzgebung u. a. m. beim Bund), auf die Volksbildung, Kultur und das Gesundheitswesen. Volksvertretungen und Regierungen beider Teilstaaten können bei der Bundesversammlung Gesetzesvorlagen einbringen; die Regierungen der Republiken sind gehalten, solche Vorlagen in gemeinsamen, Kommissionen aufeinander abzustimmen.

### Die örtlichen Organe

Die Republiken sind in drei Verwaltungsstufen gegliedert: Kreis, Bezirk und Gemeinde; Prag und Preßburg sind kreisfrei, vier weitere Großstädte sind den Bezirken gleichgestellt.

Örtliche Vertretungsorgane sind die von den Bürgern alle fünf Jahre gewählten Nationalausschüsse, deren Mitglieder den Wählern gegenüber verantwortlich und abberufbar sind. Ausführende Organe sind die von den Nationalausschüssen aus ihrer Mitte gewählten und ihnen verantwortlichen Räte sowie Abteilungen für die einzelnen Verwaltungszweige. Nach dem Grundsatz der »doppelten Unterstellung« sind die Räte sowohl dem Nationalausschuß der gleichen wie auch dem Rat der nächsthöheren Verwaltungsebene untergeordnet. Die Nationalausschüsse unterliegen der Aufsicht durch die Republiksorgane.

## Rechtsprechung und Staatsanwaltschaft

Die Rechtsprechung obliegt dem Obersten Gericht der ČSSR, Obersten Gerichten der ČSR und der SSR, Kreis- und Bezirksgerichten sowie Militärgerichten. Das Bundesgericht entscheidet als Revisionsinstanz über Berufungen gegen Urteile der Obersten Gerichte der Republiken sowie der Militärgerichte und sorgt für eine einheitliche Auslegung und Anwendung der Gesetze. Bei Kreis- und Bezirksgerichten gibt es auch Laienrichter (Volksrichter). Die Berufsrichter werden von der Bundesversammlung bzw. den Nationalräten auf zehn Jahre, die Laienrichter von den örtlichen Nationalausschüssen auf vier Jahre gewählt und sind abwählbar.

Das im Verfassungsgesetz vom Oktober 1968 vorgesehene Bundesverfassungsgericht, das für Normenkontrolle und Grundrechtsschutz zuständig sein soll, ist bis heute nicht errichtet worden. Ebensowenig gibt es eine Verwaltungsgerichtsbarkeit. Bürger, die behaupten, durch eine Maßnahme der Verwaltung in ihren gesetzlich garantierten Rechten verletzt worden zu sein, können den Verwaltungsakt im Verwaltungsverfahren bei dem ihn erlassenden Organ anfechten und gegen dessen Entscheidung beim übergeordneten Organ Berufung einlegen; die Möglichkeit einer Überprüfung durch ein ordentliches Gericht gibt es bislang nicht. Ferner können sie sich mit einer Beschwerde an Organe der Volkskontrolle wenden, die in größeren Unternehmen, bei den Nationalausschüssen, den Republiksregierungen und der Bundesregierung eingerichtet sind.

Die Kontrolle über die Einhaltung der Gesetze durch Ministerien, Verwaltungsorgane, Nationalausschüsse, Gerichte und Bürger ist vor allem Sache der Staatsanwaltschaft (Prokuratur), die also nicht nur Anklagebehörde ist. Sie hat ferner Mitwirkungsrechte in Zivilprozessen zwecks Schutzes gesellschaftlicher und individueller Interessen. An der Spitze der Staatsanwaltschaft steht der vom Staatspräsidenten ernannte und der Bundesversammlung gegenüber verantwortliche Generalstaatsanwalt der ČSSR. Die Generalstaatsanwälte der Republiken werden von deren Nationalräten ernannt.

Die tschechoslowakische Außenpolitik orientiert sich völlig an den Interessen der sowjetischen Hegemonialmacht. Die »brüderliche« Verbundenheit mit der UdSSR und die Zugehörigkeit zum »sozialistischen Weltsystem« sind in der Verfassungspräambel verankert. Die Grundlage hierfür wurde bereits durch den Freundschafts- und Beistandspakt vom Dezember 1943 gelegt, bei dessen Abschluß sich die Tschechoslowaken allerdings auch von ihrem Sicherheitsbedürfnis leiten ließen, das Großbritannien und Frankreich 1938/39 nicht zu erfüllen vermochten. Die Chance einer Westorientierung, die sich im Juli 1947 mit der Einladung zur Teilnahme am Marshall-Plan bot, konnte die tschechoslowakische Regierung nicht wahrnehmen – ihre zunächst bekundete Bereitschaft hierzu machte sie auf sowjetischen Druck hin rückgängig.

Nach der Machtübernahme durch die Kommunisten wurde die Tschechoslowakei rasch in das osteuropäische Geflecht bilateraler Freundschafts- und Beistandsverträge eingegliedert; 1955 wurde sie Gründungsmitglied der WPO, für die sie eine bedeutende strategische Position besitzt und ein wichtiger Waffenlieferant ist. Sie hat ihre aktive Mitarbeit auch 1968, ungeachtet der vom ehemaligen General Prchlík befürworteten Änderung der Kommandostruktur zuungunsten der Sowjetunion nicht in Frage gestellt. Am 21. August 1968 wurde die ČSSR von Truppen der WPO – mit Ausnahme Rumäniens – besetzt, was sowjetischerseits zunächst mit dem Hilfeersuchen von Partei- und Staatsfunktionären, später mit der Rettung des Sozialismus (sowjetischer Observanz) begründet, tschechoslowakischerseits vor dem Sicherheitsrat der UNO als Verletzung der Souveränität und Einmischung in die inneren Angelegenheiten gebrandmarkt wurde. Im Oktober 1968 wurde die Stationierung sowjetischer Streitkräfte auf eine vertragliche Grundlage gestellt. Mit der Erneuerung des tschechoslowakisch-sowjetischen Freundschafts- und Beistandspakts am 6. Mai 1970 anerkannte die ČSSR vertraglich die sog. »Breschnew-Doktrin«, insofern als sie sich zum gemeinsamen Schutz der sozialistischen Ordnung verpflichtete; sie ging ferner die Verpflichtung zur militärischen Hilfeleistung gegen den Angriff eines jedweden Staates, mithin insbesondere auch der VR China, gegen die UdSSR ein – im Unterschied zur WPO, die den gegenseitigen Beistand auf Europa beschränkt.

Innerhalb des RGW, dessen Gründungsmitglied sie ebenfalls ist, befürwortet die ČSSR – ganz im Sinne der Sowjetunion – eine verstärkte Integration, darunter auch in Form einer Koordinierung der Wirtschaftspläne. Im Rahmen der »sozialistischen Arbeitsteilung« liefert die ČSSR hochwertige Fertigerzeugnisse (v.a. Maschinen und ganze Fabrikanlagen) insbesondere an die Sowjetunion, von der sie hinsichtlich der Versorgung mit Erdöl völlig und der Lieferung von Eisenerz weitgehend abhängig ist. Sie ist ferner dazu ausersehen, Entwicklungsländern, v.a. solchen mit einer »sozialistischen Orientierung«, Wirtschafts- und technische Hilfe zu gewähren; in sowjetischem Einfluß ausgesetzte Krisengebiete liefert sie Waffen.

Die Normalisierung des Verhältnisses zur BRD scheiterte lange Jahre an der tschechoslowakischen Forderung, das Münchner Abkommen von 1938 als von Anfang an ungültig zu erklären. Erst im Dezember 1973 kamen beide Staaten, dieses Abkommen als nichtig betrachtend, überein, diplomatische Beziehungen aufzunehmen.

Zur Landesverteidigung unterhält die ČSSR Streitkräfte in einer Gesamtstärke von 186000 Mann – 140000 hiervon sind im Heer, 46000 in der Luftwaffe. Hinzu kommen 10000 Grenztruppen und eine rd. 120000 Mann starke Volksmiliz[4]. Fragen der Landesverteidigung obliegen dem vom Staatspräsidenten auf Vorschlag der Bundesversammlung gebildeten Staatsverteidigungsrat.

*Literatur*

Brahm, Heinz: *Der Kreml und die ČSSR 1968–1969.* Stuttgart usw., Kohlhammer, 1970.

Collegium Carolinum (Hrsg.): *Länderberichte Osteuropa III: Tschechoslowakei.* München/Wien, Hanser, 1977.

Dahm, Helmut: *Demokratischer Sozialismus. Das tschechoslowakische Modell.* Opladen, Leske, 1971.

Golan, Galia: *Reform Rule in Czechoslovakia. The Dubček Era 1968–1969.* Cambridge, Cambridge Univ. Press, 1973.

Hejzlar, Zdeněk: *Reformkommunismus. Zur Geschichte der Kommunistischen Partei der Tschechoslowakei.* Köln, Europäische Verlagsanstalt, 1976.

[4] *The Military Balance 1978–1979.* London 1978, S. 13.

Hoensch, Jörg K.: *Geschichte der Tschechoslowakischen Republik 1918–1978.* Stuttgart usw., Kohlhammer, [2]1978.

Horský, Vladimír: *Prag 1968. Systemveränderung und Systemverteidigung.* Stuttgart, Klett; München, Kösel, 1975.

Kusin, Vladimir V.: *Political Grouping in the Czechoslovak Reform Movement.* London, Macmillan, 1972.

Mlynář, Zdeněk: *Nachtfrost. Erfahrungen auf dem Weg vom realen zum menschlichen Sozialismus.* Frankfurt a.M./Köln, Europäische Verlagsanstalt, 1978.

Müller, Adolf: *Die Tschechoslowakei auf der Suche nach Sicherheit.* Berlin, Berlin Verlag, 1977.

Oxley, Andrew, Alex Pravda and Andrew Ritchie: *Czechoslovakia. The Party and the People.* London, Penguin Press, 1973.

Pelikán, Jiří: *Sozialistische Opposition in der ČSSR. Analyse und Dokumente des Widerstands seit dem Prager Frühling* (a.d. Franz.). Frankfurt a.M./Köln, Europäische Verlagsanstalt, 1974.

Remington, Robin Alison (ed.): *Winter in Prague. Documents on Czechoslovak Communism in Crisis.* Cambridge (Mass.), The MIT Press, 1969.

Riese, Hans-Peter (Hrsg.): *Bürgerinitiative für die Menschenrechte. Die tschechoslowakische Opposition zwischen dem »Prager Frühling« und der »Charta '77«.* Köln/Frankfurt a.M., Europäische Verlagsanstalt, 1977.

Skilling, H. Gordon: *Czechoslovakia's Interrupted Revolution.* Princeton (N.J.), Princeton Univ. Press, 1976.

Suda, Zdeněk: *The Czechoslovak Socialist Republic.* Baltimore (Md.), Johns Hopkins Press, 1969.

Ulč, Otto: *Politics in Czechoslovakia.* San Francisco, W.H. Freeman and Co. 1974.

Wallace, William V.: *Czechoslovakia.* London usw., Benn, 1976.

Wolfe-Jancar, Barbara: *Czechoslovakia and the Absolute Monopoly of Power. A Study of Political Power in a Communist System.* New York usw., Praeger, 1971.

## Ungarische Volksrepublik

### Konstitutive Merkmale des politischen Systems

Die Ungarische Volksrepublik bezeichnet sich als »sozialistischer Staat« in Art. 1 ihrer mit Wirkung vom 26. April 1972 weitgehend revidierten Verfassung vom 20. August 1949[1]; in der Präambel wird er in die tausendjährige Geschichte Ungarns eingebettet. Die Staatsmacht wird von den Werktätigen und der Arbeiterklasse als der »führende[n] Klasse der Gesellschaft« ausgeübt (Art. 2 und 3). Die Parteibeschlüsse sind formal zwar nur für die Mitglieder der USAP verbindlich, diese haben allerdings dafür zu sorgen, daß sie im Staatsapparat, in der Wirtschaft und in den gesellschaftlichen Organisationen ausgeführt werden. Der Programmerklärung der USAP vom März 1975 zufolge ist die Ungarische Volksrepublik zur Errichtung der »entwickelten sozialistischen Gesellschaft« übergegangen. Dieser Prozeß soll u.a. die noch bestehenden Klassenunterschiede einebnen, wodurch der Staat der Diktatur des Proletariats in einen Volksstaat hinüberwachsen würde.

### Die kommunistische Machtübernahme

Im Dezember 1944, nach dem mißglückten Versuch des Reichsverwesers Admiral Horthy, mit der Sowjetunion einen separaten Waffenstillstand zu schließen, bildeten aus dem sowjetischen Exil zurückgekehrte und im Land verbliebene Mitglieder der im November 1918 gegründeten Ungarischen Kommunistischen Partei (UKP) mit Vertretern der Kleinlandwirtepartei, der Sozialdemokratischen Partei und der Nationalen Bauernpartei auf der Grundlage der Nationalen Unabhängigkeitsfront in Debrecen eine Provisorische Nationalversammlung und eine Provisorische Regierung. Eine ihrer ersten Maßnahmen war eine Landreform; mit ihr wurde der die überkommene Eigentums- und Sozialstruktur Ungarns prägende Großgrundbesitz zerschlagen. Nach Kriegsende übernahmen die Kommunisten mit Unterstützung des Sowjetischen Militärkommandos und mit

[1] Deutsche Übersetzung in: Jahrbuch für Ostrecht 13 (1972) 1, S. 241–255.

Hilfe der von ihnen kontrollierten Volksbefreiungsausschüsse, Streitkräfte und Sicherheitsorgane schrittweise die Macht. In den freien und geheimen Parlamentswahlen vom November 1945 erhielten sie allerdings nur 17 Prozent der Stimmen; die Partei der Kleinlandwirte ging mit 57 Prozent als Sieger hervor. Durch die Bildung eines Linksblocks innerhalb der Unabhängigkeitsfront gelang es den Kommunisten, die Kleinlandwirtepartei zu spalten und einen in der Verstaatlichung der Industrie und der Banken sich niederschlagenden sozialistischen Kurs durchzusetzen. Im Sommer 1947 wies die Regierung die Einladung zur Teilnahme am Marschall-Plan auf sowjetischen Druck hin zurück – die wirtschaftliche Entwicklung wurde nach einem zentralen Plan ausgerichtet. Bei den von Unregelmäßigkeiten gekennzeichneten Parlamentswahlen vom August 1947 erhielt die UKP 23 Prozent der Stimmen und wurde stärkste Fraktion; der Linksblock – die Parteien der Regierungskoalition – kam auf zusammen 61 Prozent der Stimmen.

Im Juni 1948 verschmolz die UKP mit »linken« Sozialdemokraten zur Ungarischen Partei der Werktätigen. Die Nationale Unabhängigkeitsfront wurde in eine Volksfront umgewandelt, deren Einheitsliste bei den Parlamentswahlen vom Mai 1949 unter Ausschaltung jeglicher Opposition 95,6 Prozent der Stimmen erhielt. Am 18. August 1949 verabschiedete das Parlament die Verfassung der Ungarischen Volksrepublik, die zwei Tage später in Kraft trat. Im Dezember 1956, nach der Wiederherstellung ihres Herrschaftsmonopols, nahm die marxistisch-leninistische Partei unter Dezimierung ihrer Mitgliederzahl die Bezeichnung USAP an. Auf ihrem VIII. Parteitag von 1962 erklärte sie die Grundlegung des Sozialismus mit der Kollektivierung der Landwirtschaft für abgeschlossen.

## Die marxistisch-leninistische Partei

Die USAP ist die einzige als Partei organisierte politische Kraft. Aus fast 25 000 Grundorganisationen bestehend, zählte sie 1976 765 000 Mitglieder – das waren rd. 7,5 Prozent der Bevölkerung. Von ihren Mitgliedern waren 59,2 Prozent Arbeiter, 13 Prozent Bauern, 8,9 Prozent »Geistesschaffende« und 16,3 Prozent »Angestellte«[2]. Auf nationaler Ebene sind ihre Organe: Der alle

[2] *Ungarn 1977/2*. BudaPress 1977, S. 3f.

vier Jahre zusammentretende Parteitag, das von ihm gewählte, z.Z. 125 Mitglieder (keine Kandidaten) zählende ZK, das drei- bis viermal jährlich tagt, dessen Sekretariat einschließlich des Ersten Sekretärs, János Kádár, und das Politbüro. Dieses ist das oberste Leitungsorgan von Partei und Staat, was sich u. a. in der partiellen personellen Verflechtung von Politbüro und Regierung niederschlägt.

Die USAP ist zwar nach dem Leninschen Prinzip des demokratischen Zentralismus organisiert, jedoch wird der innerparteilichen Demokratie zunehmend Raum gegeben. Der von Kádár im Dezember 1961 aufgestellten Devise »Wer nicht gegen uns ist, ist für uns«[3] folgend, ist die Partei nach dem Volksaufstand von 1956 bestrebt, die gesamte Bevölkerung durch Koordinierung schichten- und berufsspezifischer Interessen, insbesondere auch durch Überzeugungsarbeit zu integrieren und für den Sozialismus zu gewinnen. Gemäß ihrer Programmerklärung vom März 1975 soll die USAP zugleich mit dem Übergang zum Volksstaat »marxistisch-leninistischer Vortrupp des ganzen Volkes« werden.

Die USAP bekennt sich vorbehaltlos zum »proletarischen Internationalismus« im Sinne einer Anerkennung der Führungsrolle der KPdSU innerhalb der kommunistischen Weltbewegung und einer Unterordnung unter die sowjetischen Interessen. Die Gefolgschaftstreue gegenüber KPdSU und Sowjetunion verbindet die USAP mit einer eigenwilligen Innenpolitik, was sich insbesondere in der Wirtschaftsreform von 1968 mit deren Akzentuierung von marktwirtschaftlichen Mechanismen und Privatinitiative, an der 1972 auf sowjetischen Druck hin allerdings einige Abstriche vorgenommen wurden, und in einer relativ undogmatischen Kulturpolitik niedergeschlagen hat. Die Hervorhebung der nationalen Besonderheiten eines sozialistischen Systems läßt die USAP dem »Eurokommunismus« gegenüber eine differenzierte Haltung einnehmen: sie verurteilt zwar den ihm z.T. innewohnenden »Antisowjetismus«, bejaht aber das Recht einer jeden KP auf einen eigenen Weg zum Sozialismus.

[3] Zit. nach R. F. Staar, *Die kommunistischen Regierungssysteme in Osteuropa.* Stuttgart-Degerloch 1977, S. 277f.

Zu den gesellschaftlichen Organisationen gehören der 1976 800000 Mitglieder im Alter von 14 bis 30 Jahren zählende Kommunistische Jugendverband und der über eine Million Schüler im Alter von 7 bis 14 Jahren zählende Pionierverband[4], der Gewerkschaftsbund, der Frauenverband, die Landwirtschaftlichen Produktionsgenossenschaften, die Konsumgenossenschaften, die Friedensbewegung, die Verbände der nationalen Minderheiten und die Fachverbände der Intelligenz.

Der Gewerkschaftsbund vereinigt 20 nach dem Branchenprinzip organisierte Gewerkschaften; 1976 hatte er rd. 4 Millionen Mitglieder – das waren 80 Prozent aller Lohn- und Gehaltsempfänger[5]. Die Gewerkschaften haben über ihr Spitzenorgan, den Landesrat, begrenzte Möglichkeiten zur Artikulierung und Wahrung partikularer Interessen ihrer Mitglieder, z. B. durch das Recht der Gesetzesinitiative. Sie haben nicht nur die Aufgabe, für die Erfüllung der Produktionspläne und die Aufrechterhaltung der Arbeitsdisziplin sowie für die Erziehung zu einem sozialistischen Bewußtsein zu sorgen, sondern – im Rahmen der Parteidirektiven – als Mittler zwischen Arbeitern und Management relativ weitgehende Mitspracherechte bei der Gestaltung der Löhne und Arbeitsverhältnisse sowie in sozialen Angelegenheiten. Die Entscheidungsgewalt über Planung und Produktion liegt in Ausführung der höheren Orts gefaßten Beschlüsse allerdings bei den Betriebsleitungen.

Umfassende Massenbewegung und Bindeglied zwischen USAP und der parteilosen Masse der Bevölkerung ist die Patriotische Volksfront (PVF). In ihren Organen auf allen Stufen der territorialen Verwaltungsgliederung kann jeder mitarbeiten, der ungeachtet seines Berufs und seiner Konfession bereit ist, den Aufbau des Sozialismus zu unterstützen. Ihre wichtigste Aufgabe besteht in der Mobilisierung der Bürger für die Zielsetzungen der USAP sowie in der Vorbereitung und Durchführung der Wahlen zu den Vertretungsorganen auf nationaler und lokaler Ebene.

[4] *Ungarn 1977/2*. BudaPress 1977, S. 10.
[5] Ebd., S. 9.

Das aus einer Kammer bestehende Parlament (»Reichstag«) wird alle fünf Jahre unmittelbar gewählt; es zählt 352 Abgeordnete – einen je 30000 Einwohner. Aktiv und passiv wahlberechtigt sind alle über 18 Jahre alten Bürger. Die Kandidaten werden von Wählerversammlungen aufgestellt, die von der PVF einberufen werden. Vorschlagsberechtigt sind die USAP, die PVF, gesellschaftliche Organisationen, Betriebskollektive, aber auch einzelne Bürger. Die Nominierung erfolgt in offener Abstimmung mit zwei Dritteln der Stimmen der auf der Wählerversammlung anwesenden Bürger. An den den Wahlen von 1975 vorangegangenen Wählerversammlungen beteiligten sich allerdings nur 4,3 Prozent der Wahlberechtigten[6]. Alle Kandidaten müssen sich zum Wahlprogramm der PVF bekennen. Seit 1966 werden mehr Kandidaten zugelassen als Sitze zu vergeben sind – 1975 wurden jedoch nur in 34 Wahlkreisen je zwei Kandidaten aufgestellt. Die Kandidaten werden in Ein-Mann-Wahlkreisen mit absoluter Mehrheit gewählt; erreicht keiner im ersten Wahlgang diese Mehrheit, so findet ein zweiter Wahlgang statt. Enthält der Stimmzettel zwei Kandidaten, so muß der Wähler, soll der Stimmzettel gültig sein, einen hiervon streichen und hierbei die Wahlkabine benutzen. An den Wahlen vom Juni 1975 beteiligten sich 97,6 Prozent der Wahlberechtigten, für die Kandidaten der PVF stimmten 99,6 Prozent; in drei Wahlkreisen mußte ein zweiter Wahlgang durchgeführt werden[7]. Der Abgeordnete ist seinen Wählern gegenüber informationspflichtig; er kann von den Wählern auf deren Versammlungen abberufen werden oder das Mandat auch dadurch verlieren, daß es ihm vom Parlament entzogen wird.

Das Parlament ist nach Art. 19 der Verfassung das »oberste Organ der Staatsmacht und der Volksvertretung«. Zu seinen Zuständigkeiten gehören insbesondere die Verfassung- und Gesetzgebung, die Beratung und Billigung des Regierungsprogramms, die Verabschiedung des Haushalts, die Mitwirkung bei der Aufstellung der Wirtschaftspläne, die Ratifizierung internationaler Verträge sowie die Wahl des Präsidialrats und des Ministerrats. Die Abgeordneten haben – neben dem Präsidialrat, Ministerrat, den Ausschüssen – das Recht der Gesetzesinitiative sowie das Recht der Interpellation gegenüber dem Präsidialrat,

[6] Wissenschaftlicher Dienst Südosteuropa 24 (1975) 6, S. 129.

[7] Ebd., S. 130.

dem Ministerrat, einzelnen Ministern, dem Vorsitzenden des Obersten Gerichts und dem Generalstaatsanwalt. Ständige Ausschüsse, die auch zwischen den Sessionen tätig sind, beraten Gesetzesvorlagen und sind berechtigt, zu Entwürfen von Gesetzesverordnungen des Präsidialrats gutachterlich Stellung zu nehmen; sie werden ferner tätig, wenn die Beantwortung einer parlamentarischen Anfrage vom Plenum als unbefriedigend zurückgewiesen wird.

Der vom Parlament unter seinen Mitgliedern gewählte Präsidialrat ist zugleich »Ersatzparlament« und kollegiales Staatsoberhaupt. Er besteht aus dem Vorsitzenden, dessen zwei Stellvertretern, dem Sekretär und 17 Mitgliedern. Er nimmt zwischen den mindestens zweimal, in der Regel viermal im Jahr stattfindenden Sessionen des Parlaments, die auf Beschluß des Präsidialrats oder auf Verlangen eines Drittels der Abgeordneten einberufen werden, dessen Aufgaben wahr. Er hat insoweit alle Befugnisse des Parlaments außer der Verfassunggebung und Rechtssetzung in Form von »Gesetzen«. Die von ihm erlassenen »Gesetzesverordnungen« müssen dem Parlament auf dessen nächster Session lediglich zur Bestätigung vorgelegt werden; eine eindeutige Abgrenzung der Rechtssetzungskompetenz zwischen Parlament und Präsidialrat fehlt. Weitere Kompetenzen des Präsidialrats bestehen im Recht zur Anordnung von Volksbefragungen sowie in einem umfassenden Aufsichtsrecht über die Organe der Staatsverwaltung, dadurch, daß er deren verfassungswidrige Akte für nichtig erklären und aufheben kann.

Der Ministerrat (Regierung) wird formal auf Vorschlag des Präsidialrats, de facto der zentralen Parteiorgane, vom Parlament gewählt und ist letzterem verantwortlich und zur Rechenschaftslegung verpflichtet. Er setzt sich zusammen aus dem Vorsitzenden, stellvertretenden Vorsitzenden, Ministern und dem Vorsitzenden des Landesplanungsamts (mit Ministerrang). Die Minister leiten die einzelnen Zweige der Staatsverwaltung. Eine Reihe zentraler Institutionen, darunter das Material- und Preisamt, das Amt für Wasserwirtschaft, das Zentralkomitee für Volkskontrolle, das Kirchenamt und die Nationalbank werden von »Staatssekretären« geleitet, die dem Ministerrat und ebenfalls dem Parlament verantwortlich und rechenschaftspflichtig sind.

Der Ministerrat nimmt gemäß den Richtlinien der Leitungsorgane der USAP, des Parlaments und des Präsidialrats die Regierungsgeschäfte wahr und sorgt für den Vollzug der Gesetze und Gesetzesverordnungen. Im einzelnen gehören zu seinen Aufgaben u.a. die Erarbeitung der Volkswirtschaftspläne und deren Ausführung, Entscheidungen über die Richtung der wissenschaftlichen und kulturellen Entwicklung, die soziale und gesundheitliche Versorgung der Bevölkerung, die Koordinierung der Ressorts, der Abschluß völkerrechtlicher Verträge. Zur Wahrnehmung bestimmter Aufgabenbereiche (wie Wirtschaft, Wissenschaftspolitik, Landesverteidigung) kann der Ministerrat Regierungskommissionen einsetzen, die in der Regel von einem stellvertretenden Vorsitzenden des Ministerrats geleitet werden.

## Die örtlichen Organe

Die Verwaltung ist nach den Grundsätzen des demokratischen Zentralismus organisiert. Das Land ist in 19 Komitate, Landkreise, Städte und Gemeinden gegliedert; die Hauptstadt Budapest ist eine den Komitaten gleichgestellte Verwaltungseinheit und in Stadtbezirke unterteilt.

In den Komitaten, Städten, Hauptstadtbezirken und Gemeinden werden die örtlichen Angelegenheiten von Räten, deren Kommissionen und Vollzugsausschüssen sowie Fachverwaltungsorganen wahrgenommen. (Die Kreise werden von den Komitaten mitverwaltet.) Die Räte werden auf vier Jahre gewählt: diejenigen der Komitate und der Hauptstadt mittelbar, von den Räten der Städte und Gemeinden bzw. der Stadtbezirke Budapests – unter deren Mitgliedern, fakultativ aber auch von außerhalb –, und nur diejenigen der unteren Verwaltungsebene direkt von den Bürgern. Die Räte sind als Organe der Volksvertretung, der Selbstverwaltung und der Staatsverwaltung konzipiert. Sie sorgen für die Durchführung der zentral gesetzten und der lokalen Aufgaben, insbesondere der Wirtschaftspläne, für die Befriedigung der materiellen und kulturellen Bedürfnisse der Bevölkerung, die Sicherung der öffentlichen Ordnung und den Schutz des gesellschaftlichen Eigentums. Die Komitatsräte stimmen die zentralen und lokalen Interessen aufeinander ab.

Fragen von grundlegender Bedeutung (Haushalts- und Entwicklungsplan) können bzw. müssen von einem Rat zur Meinungserkundung den Bürgern auf Versammlungen zur Erörterung vorgelegt werden. Eine weitere Möglichkeit zur Partizipation am lokalen Willensbildungsprozeß besteht für die Bürger in Form von ad hoc-Ausschüssen. Die Räte sind ferner gehalten, mit der PVF und den gesellschaftlichen Organisationen zusammenzuarbeiten.

Die Tätigkeit der Räte und der örtlichen Verwaltungsorgane wird vom Ministerrat beaufsichtigt. Verordnungen und Beschlüsse der Räte, die dem »Interesse der Gesellschaft« zuwiderlaufen, erklärt er für nichtig (Verf., Art. 35 Abs. 4). Rechtsakte, Beschlüsse und jede andere Maßnahme der ihm untergeordneten Verwaltungsorgane muß er aufheben oder abändern, wenn sie nicht gesetzeskonform sind oder das »öffentliche Interesse« verletzen (Art. 35 Abs. 3). Der Präsidialrat schützt die Rechte der Räte; er kann einen Rat jedoch auch auflösen, wenn dessen Tätigkeit verfassungswidrig ist oder »die Interessen des Volkes erheblich gefährdet« (Art. 30 Abs. 3).

### Rechtsprechung und Staatsanwaltschaft

Die ordentliche Gerichtsbarkeit ist dreistufig gegliedert. Höchstes Rechtsprechungsorgan und oberste Instanz, auch für Militär- und Arbeitsgerichte, ist das Oberste Gericht; Gerichte der mittleren Ebene sind die Komitatsgerichte und das Hauptstadtgericht, der unteren Ebene die Amtsgerichte sowie die Bezirksgerichte der Hauptstadt. Das Oberste Gericht wird erstinstanzlich tätig in Sachen, die in seine Zuständigkeit fallen, wenn der Generalstaatsanwalt Anklage erhebt oder wenn es eine Rechtssache an sich zieht; als Rechtsmittelinstanz gegenüber erstinstanzlichen Entscheidungen der Komitats- und Militärgerichte; als Aufsichtsinstanz bei Gesetzlichkeitsprotesten des Präsidenten des Obersten Gerichts und des Generalstaatsanwalts gegen rechtskräftige Entscheidungen aller nachgeordneten Gerichte. Es ist außerdem Organ zur Wahrung einer einheitlichen Rechtsprechung – seine Richtlinien und Grundsatzentscheidungen sind für alle Gerichte verbindlich.

Der Präsident des Obersten Gerichts wird auf fünf Jahre vom Parlament, die Berufsrichter werden, auf unbestimmte Zeit, vom Präsidialrat auf Vorschlag des Justizministers ernannt. Die Volksbeisitzer am Obersten Gericht werden vom Präsidialrat, diejenigen der Komitats- und Amtsgerichte von den entsprechenden örtlichen Räten berufen. In einigen Rechtssachen müssen sie eine fachspezifische Qualifikation aufweisen. Berufs- und Laienrichter können abberufen werden.

In staatlichen Unternehmen und Produktionsgenossenschaften fungieren Gesellschaftsgerichte. Ihre Mitglieder werden in Unternehmen von der Belegschaft, in Genossenschaften von der Generalversammlung – auf Vorschlag des Gewerkschaftskomitees bzw. des Genossenschaftsvorstands – auf fünf Jahre gewählt. Sie sind in der Regel zuständig für leichte Verstöße gegen die Regeln des »sozialistischen Zusammenlebens« und die Arbeitsdisziplin. Gegen ihre Entscheide ist Beschwerde beim Gewerkschaftskomitee oder Genossenschaftsvorstand möglich.

Eine Verfassungsgerichtsbarkeit gibt es nicht. Die Überprüfung der Verfassungsmäßigkeit von Rechtsnormen obliegt dem Parlament und dem Präsidialrat; das Kontrollrecht des letzteren erstreckt sich auch auf Verwaltungsakte. In gesetzlich beschränkten Fällen können Bürger bei Verletzung ihrer Rechte durch einen Verwaltungsakt den gerichtlichen Verwaltungsrechtsschutz in Anspruch nehmen.

Die Staatsanwaltschaft, mit dem vom Parlament auf fünf Jahre gewählten Generalstaatsanwalt an der Spitze, ist zuständig für die Strafverfolgung, Anklageerhebung sowie für die Kontrolle über die Einhaltung der Gesetze durch staatliche und genossenschaftliche Organe und Bürger. Stellt die Staatsanwaltschaft eine Gesetzesverletzung seitens eines staatlichen Organs fest, so kann sie diese Entscheidung im Protestverfahren anfechten und – von Ausnahmen abgesehen – die Aussetzung des Vollzugs beantragen. Sofern das Organ, dessen Entscheidung angefochten wird, dem Protest nicht stattgibt, befindet hierüber das übergeordnete Organ.

## Außenpolitik und Landesverteidigung

Die ungarische Außenpolitik orientiert sich an den Prinzipien des »sozialistischen Internationalismus« und der friedlichen Koexistenz. Nach der Niederschlagung des Volksaufstands vom Oktober 1956 durch sowjetische Truppen, in dessen Verlauf die damalige Regierung unter Imre Nagy die Mitgliedschaft in der WPO aufkündigte, ist die ungarische Außenpolitik wieder durch eine völlige Ziel- und Aktionsidentität mit derjenigen der Sowjetunion und der unter deren Hegemonie stehenden Staaten gekennzeichnet. Durch den Freundschafts- und Bündnisvertrag vom September 1967 ist Ungarn eng an die Sowjetunion gebunden; die Stationierung sowjetischer Truppen ist im Mai 1957 auf eine vertragliche Grundlage gestellt worden. Als Mitglied der WPO beteiligte sich Ungarn im August 1968 an der Intervention in der Tschechoslowakei; als Mitglied des RGW befürwortet es eine fortschreitende wirtschaftliche Integration der ihm angehörenden Länder, von der es sich in Anbetracht seiner Rohstoffarmut, aber relativ hoch entwickelten Investitions- und Konsumgüterindustrie, Vorteile verspricht.

Die Handlungsmaximen des »proletarisch-sozialistischen Internationalismus« verschränkt Ungarn mit denjenigen eines »sozialistischen Patriotismus«, den es dem ersteren allerdings unterordnet. Dieser Patriotismus knüpft bewußt an die Tradition der »bürgerlichen« Freiheitskämpfe gegen das habsburgische Österreich und das zaristische Rußland im 19. Jahrhundert an. Einen Höhepunkt erreichte die Rückbesinnung auf die nationale Vergangenheit in der feierlichen Heimholung der Stephanskrone aus den USA Anfang 1978. Die nationale Komponente der ungarischen Außenpolitik kommt in letzter Zeit in einem verstärkten Eintreten für die rd. 1,7 Millionen in Rumänien lebenden Madjaren zum Ausdruck, denen Rumänien zwar eine beschränkte kulturelle Autonomie gewährt, aber keine engen Kontakte zu Ungarn gestattet.

Als ein mittleres Land ist Ungarn bestrebt, sich innerhalb seines engen Handlungsspielraums durch eine zum Ausgleich tendierende Position zwischen Ost und West in der internationalen Politik Geltung zu verschaffen. Unter den kapitalistischen Ländern ist es insbesondere das benachbarte Österreich, zu dem Ungarn enge Beziehungen pflegt; sie haben sich u.a. in der Abschaffung des Visumszwangs niedergeschlagen.

Zur Landesverteidigung unterhält Ungarn Streitkräfte in einer Stärke von 114000 Mann: 91000 entfallen auf das Heer, 23000 auf die Luftwaffe. Hinzu kommen 15000 Grenzsoldaten und 60000 Angehörige der Arbeitermiliz[8].

[8] *The Military Balance 1978–1979*. London 1978, S. 14.

Ignotus, Paul: *Hungary*. London, Benn, 1972.
Kovrig, Bennett: *The Hungarian People's Republic*. Baltimore (Md.), Johns Hopkins Press, 1970.
Robinson, William F.: *The Pattern of Reform in Hungary. A Political, Economical and Cultural Analysis*. New York usw., Praeger, 1973.
Siegert, Heinz: *Ungarn heute*. Wien/Düsseldorf, Econ, 1967.
Silagi, Denis: *Ungarn. Geschichte und Gegenwart. Eine Landesbiographie*. Hannover, Verlag für Literatur und Zeitgeschehen, ²1972.
Singer, Ladislaus: *Der ungarische Weg*. Stuttgart-Degerloch, Seewald, 1978.
Toma, Peter A. and Ivan Volgyes: *Politics in Hungary*. San Francisco, Freeman, 1977.
Váli, Ferenc A.: *Rift and Revolt in Hungary. Nationalism versus Communism*. Cambridge (Mass.), Harvard Univ. Press, 1961.
Zinner, Paul E.: *Revolution in Hungary*. New York/London, Columbia Univ. Press, 1962.

## Sozialistische Republik Vietnam

### Konstitutive Merkmale des politischen Systems

Die Sozialistische Republik Vietnam (SRV) ist am 2. Juli 1976 durch die Vereinigung der Demokratischen Republik Vietnam (Nord-Vietnam) mit der Republik Vietnam (Süd-Vietnam) entstanden. Die Kontinuität von DRV und SRV wird durch die Übernahme der Nationalflagge und Nationalhymne Nord-Vietnams symbolisiert und kommt ferner darin zum Ausdruck, daß die Nationalversammlung der SRV, an diejenige der DRV anknüpfend, sich als Nationalversammlung der 6. Legislaturperiode bezeichnet. Bis zur Verabschiedung einer Verfassung für die SRV gilt die Verfassung der DRV vom 1. Januar 1960[1].

Der Verfassungspräambel und Art. 9 zufolge ist Vietnam ein auf dem Bündnis von Arbeitern und Bauern beruhender, von der Arbeiterklasse geführter »volksdemokratischer Staat«, der »Schritt für Schritt zum Sozialismus hin fortschreitet«. Nach Art. 4 Abs. 1 gehört »alle Macht dem Volk«; faktisch liegt sie bei der Kommunistischen Partei Vietnams (KPV).

### Die kommunistische Machtergreifung

Die Machtübernahme durch die vietnamesischen Kommunisten ist – im Norden – das Ergebnis eines Befreiungskampfes gegen die seit September 1940 in Indochina militärisch engagierten Japaner und die französische Kolonialmacht und – im Süden – gegen die Streitkräfte der Republik Vietnam und der USA.

1930 gegründet, 1939 verboten, schlug die Kommunistische Partei Indochinas (KPI) Anfang 1941 unter der Führung Ho Chi Minhs im vietnamesisch-chinesischen Grenzgebiet ihr Hauptquartier auf und beschloß im Mai jenes Jahres, unter Hintanstellung des Klassenkampfes, den »antiimperialistischen« Kampf, wobei sie sich auf die aus verschiedenen patriotischen Gruppierungen bestehende, unter ihrer Führung stehende »Liga für die Unabhängigkeit Vietnams« (»Vietminh«)

[1] Englische Übersetzung in: Osteuropa-Recht 6 (1960) 2/3, S. 222–238. – Im August 1979 wurde der Entwurf einer neuen Verfassung veröffentlicht, die Ende 1979/Anfang 1980 in Kraft treten soll.

stützte. Im Juni 1945, nach der Auflösung der französischen Kolonialverwaltung durch die Japaner, erklärte die Vietminh sechs Provinzen zur »befreiten Zone« und beschloß nach der am 8. August 1945 erfolgten Kriegserklärung der Sowjetunion an Japan den Aufstand gegen die Japaner, um noch vor dem Eintreffen der Alliierten dem als provisorische Regierung konzipierten »Volksbefreiungskomitee« unter dem Vorsitz Ho Chi Minhs die Macht zu sichern.

Ende August 1945, nachdem Japan kapituliert und der Kaiser von Annam, Bao Dai, abgedankt hatte, bildete Ho Chi Minh unter Beteiligung von Nichtkommunisten in Hanoi eine provisorische Regierung und rief am 2. September 1945 die »Demokratische Republik Vietnam« aus.

Auf der Potsdamer Konferenz wurde Indochina entlang des 16. Breitengrades in eine chinesische und eine englische Besatzungszone geteilt. Um sich mit den Chinesen zu arrangieren, nahm Ho Chi Minh Vertreter der von der Kuomintang protegierten, in der »Revolutionären Liga« zusammengeschlossenen Nationalisten in die Regierung auf; die KPI wurde im November 1945 formell aufgelöst, faktisch in den Untergrund verlegt. Im September 1945 lösten französische Truppen die Engländer in Süd-Vietnam ab; im März 1946 rückten sie aufgrund eines zwischen der DRV und Frankreich geschlossenen Abkommens, unter Anerkennung der DRV als eines »freien Staates« innerhalb der »Indochinesischen Föderation der Französischen Union«, auch in Nord-Vietnam ein. Nach dem Abzug der Chinesen wurden die nichtkommunistischen Parteien gesäubert bzw. mit der Vietminh gleichgeschaltet, jegliche Opposition unterdrückt. Am 8. November 1946 verabschiedete die im Januar 1946 über eine Einheitsliste gewählte, von der Vietminh dominierte Nationalversammlung mit nur zwei Gegenstimmen eine Verfassung, deren Präambel die »Umgestaltung des Landes auf demokratischer Grundlage« vorsah.

Ein Überfall auf französische Schiffe im Hafen von Haiphong im November 1946, Vergeltungsaktionen der Franzosen und darauffolgende Angriffe vietnamesischer Truppen gegen französische Garnisonen lösten die erste Phase des Vietnamkrieges aus, in dessen Verlauf die Vietnamesen, der chinesischen Guerillastrategie folgend, die Franzosen schlagen konnten. Auf der Genfer Indochina-Konferenz von 1954, an der die fünf Großmächte, die DRV und Vertreter des im Süden des Landes 1948 gegründeten »Staates Vietnam« teilnahmen, wurde eine in etwa dem 17. Breitengrad folgende Demarkationslinie vereinbart, hinter die sich die Truppen Frankreichs und der DRV jeweils zurückziehen sollten. In der Folgezeit entwickelte sich diese Linie jedoch zu einer Staatsgrenze zwischen der DRV und der im Oktober 1955 ausgerufenen »Republik Vietnam«. Die in Genf für Juli 1956 beschlossenen gesamtvietnamesischen Wahlen kamen wegen der Ablehnung durch Süd-Vietnam, das das Abkommen, ebenso wie die USA nicht unterzeichnet hatte, nicht zustande.

1960 beschlossen die nordvietnamesischen Kommunisten, Süd-Vietnam gewaltsam mit dem Norden zu vereinigen. Sie unterstützten die »Nationale Befreiungsfront Süd-Vietnams« (FNL) – den Vietcong – zunächst propagandistisch sowie durch Bereitstellung von Beratern und Waffen, später auch mit regulären Streitkräften im Kampf gegen die Truppen der Republik Vietnam und der USA. Einen im Januar 1973 geschlossenen Waffenstillstand und hierauf folgenden Abzug der US-Streitkräfte nutzten DRV und FNL zur Ausdehnung ihrer Kontrolle über südvietnamesisches Territorium. Am 30. April 1975 kapitulierte die Regierung der Republik Vietnam; die Regierungsgewalt ging formell auf die FNL über, wurde faktisch aber von Partei- und Staatsorganen der DRV übernommen.

## Die marxistisch-leninistische Partei

Wie die Machtübernahme zeigt, können die vietnamesischen Kommunisten ihren Führungsanspruch nicht nur aus der Vollstreckung einer durch die Lehren des Historischen Materialismus vorgegebenen Mission legitimieren, sondern auch aus dem von ihr geführten erfolgreichen Kampf gegen die französische Kolonialherrschaft und die militärische Intervention der USA.

Im März 1951 als Nachfolgerin der KPI unter der Bezeichnung Vietnamesische Arbeiterpartei wiedergegründet, gab sich die vietnamesische marxistisch-leninistische Partei im Dezember 1976 die Bezeichnung KPV. Zu diesem Zeitpunkt zählte sie rd. 1,55 Millionen Mitglieder[2] – das waren nur rd. 3,3 Prozent der Bevölkerung.

Zentrale Organe der KPV sind: Der alle vier Jahre zusammentretende Kongreß – 1976 gehörten ihm 1008 Delegierte an –,

[2] Archiv der Gegenwart, 1977, S. 20839.

das von diesem gewählte Zentrale Exekutivkomitee mit 1976 101 Vollmitgliedern und 32 Kandidaten, dessen Sekretariat mit dem Generalsekretär, gegenwärtig Le Duan, an der Spitze, sowie das aus 14 Mitgliedern und drei Kandidaten bestehende Politbüro. Ungeachtet der Wiedervereinigung des Landes blieb die Zusammensetzung dieses obersten Leitungsorgans von Partei und Staat im wesentlichen unverändert – ihm gehört nur ein führendes Mitglied der früheren FNL an. Durch die Mitgliedschaft des Ministerpräsidenten, stellvertretender Ministerpräsidenten und Minister sowie des Vorsitzenden des Ständigen Komitees der Nationalversammlung im Politbüro ist für eine enge personelle Verflechtung der Spitzenorgane von Partei und Staat gesorgt.

Das Verhältnis der vietnamesischen Kommunisten zur KPdSU war Mitte der 50er und in der ersten Hälfte der 60er Jahre in Anbetracht einer starken Strömung zugunsten einer ideologischen Orientierung an der KP Chinas nicht ungebrochen; in den folgenden Jahren legten sie sich jedoch im sowjetisch-chinesischen Konflikt nicht fest, wodurch sie sich in der Auseinandersetzung mit Süd-Vietnam und den USA die Unterstützung durch beide Kontrahenten sichern konnten. Nach 1975 schwenkten sie indessen vorbehaltlos auf die politische und ideologische Linie der KPdSU ein.

### Sonstige Parteien und gesellschaftliche Organisationen

In der SRV gibt es aus der Zeit, als die Kommunisten sich gezwungen sahen, ihre Herrschaft auf eine breite Basis zu stellen, zwei weitere Parteien: die im Juni 1944 gebildete Demokratische Partei und die im Juli 1946 gegründete Sozialistische Partei. Sie verstehen sich jedoch nicht als mit der KPV um die Macht konkurrierende Gruppierungen, sondern als Sammelbecken für der KP distanziert gegenüberstehende Bevölkerungselemente, um sie loyal an den Staat zu binden und für die von der KPV gesetzten Ziele zu mobilisieren. Adressaten der Demokratischen Partei wurden insbesondere Kaufleute und Gewerbetreibende, der Sozialistischen Partei vor allem Angehörige der Intelligenz. Beide erkennen den Führungsanspruch der Kommunisten an. Jegliche Opposition gegen das »volksdemokratische System« ist verboten und strafbar (Verf., Art. 7).

Parteien und Massenorganisationen, wie der Gewerkschaftsverband, der Jugendverband »Ho Chi Minh«, der Frauenverband, die Bauernunion, die Berufsverbände und religiöse Vereinigungen sind korporativ, daneben einzelne Bürger auch individuell in der 1955 gegründeten, nationale Anliegen akzentuierenden »Vaterländischen Front« zusammengefaßt. Sie steht unter der Führung der KPV. Im Februar 1977 wurde sie unter Eingliederung der »Nationalen Befreiungsfront Süd-Vietnams« und deren Massenorganisation »Allianz für Unabhängigkeit und Frieden« neu begründet.

Die wichtigste Funktion der Massenorganisationen besteht in der Indoktrinierung und Mobilisierung der Bürger für die Errichtung des Sozialismus und zum Schutz des Staates vor inneren und äußeren Feinden; diejenige der Dachorganisation auch in der Vorbereitung und Durchführung von Wahlen zu den Vertretungsorganen.

## Volksvertretung, Staatsoberhaupt, Regierung

Nationale Vertretungskörperschaft und das »höchste Organ der Staatsgewalt« (Verf., Art. 43) ist die aus einer Kammer bestehende Nationalversammlung. Sie wird alle vier Jahre gewählt. Aktiv wahlberechtigt sind die Bürger mit Vollendung des 18., passiv mit Vollendung des 21. Lebensjahres. Bei den Wahlen zur Nationalversammlung vom 25. April 1976 wurden 492 Abgeordnete – 249 im nördlichen, 243 im südlichen Landesteil – gewählt. Die Zahl der Kandidaten war um rd. 20 Prozent höher als diejenige der zu vergebenden Mandate. Auf die jegliche Opposition ausschließenden Einheitslisten – im Norden der »Vaterländischen Front«, im Süden der »Nationalen Befreiungsfront« und der »Allianz für Unabhängigkeit und Frieden« – entfielen rd. 99 Prozent der Stimmen.

Die Nationalversammlung hat – formal – das alleinige Gesetzgebungsrecht; sie beschließt über Verfassungsänderungen, verabschiedet den Staatshaushalt und den Volkswirtschaftsplan. Die Abgeordneten haben ein Interpellationsrecht gegenüber dem Ministerrat und den jenem unterstellten Organen. Sie können von den Wählern abberufen werden, wenn sie sich des Vertrauens des Volkes als »unwürdig« erweisen (Verf., Art. 5 Abs. 2).

Weitaus bedeutender ist in Anbetracht der nur zweimal im Jahr stattfindenden Sessionen der Nationalversammlung das von ihr gewählte und ihr gegenüber verantwortliche Ständige Komitee. Es besteht aus dem Vorsitzenden, stellvertretenden Vorsitzenden, Mitgliedern und Kandidaten. Zwischen den Sessionen der Nationalversammlung ernennt und entläßt es Mitglieder des Ministerrats und verkündet den Kriegszustand. Es hat insbesondere auch die Kompetenz zum Erlaß von Dekreten, die wegen ihrer allgemeinen Bindungswirkung Gesetzescharakter haben. Im Rahmen seiner originären Zuständigkeiten ist es befugt: Gesetze zu interpretieren, das Kriegsrecht zu verhängen, internationale Verträge zu ratifizieren und zu kündigen; die Tätigkeit des Ministerrats, des Obersten Volksgerichts und des Obersten Kontrollorgans des Volkes zu überwachen; Verordnungen und Beschlüsse des Ministerrats aufzuheben, wenn es sie für verfassungs- und gesetzeswidrig erachtet, und Beschlüsse der örtlichen Volksräte aufzuheben, wenn es sie für »ungeeignet« hält (Art. 53 Ziff. 7); örtliche Volksvertretungen aufzulösen, wenn deren Tätigkeit den »Interessen des Volkes schweren Schaden zufügt« (ebd.).

Der Staatspräsident wird von der Nationalversammlung auf vier Jahre gewählt. Amtsinhaber ist Ton Duc Thang, der – seit 1969, als Nachfolger Ho Chi Minhs – bereits Präsident der DRV war. Er repräsentiert den Staat nach innen und nach außen, ist Oberbefehlshaber der Streitkräfte und Vorsitzender des Nationalen Verteidigungsrates. Er ernennt und entläßt den Ministerpräsidenten und die Mitglieder des Ministerrats, ist berechtigt, an den Sitzungen des Ministerrats teilzunehmen und dort den Vorsitz zu führen*.

Der Ministerrat (Regierung) besteht aus dem Ministerpräsidenten – gegenwärtig Pham Van Dong, der dieses Amt bereits in der DRV innehatte –, stellvertretenden Ministerpräsidenten, Ministern, Vorsitzenden staatlicher Kommissionen (z. B. für Planung) und Leitern zentraler Behörden, die vom Ministerrat gebildet werden und ihm unterstellt sind. Der Ministerpräsident wird von der Nationalversammlung auf Vorschlag des Staatspräsidenten gewählt, die übrigen Mitglieder des Ministerrats ebenfalls von ihr oder von deren Ständigem Komitee auf Vorschlag des Ministerpräsidenten.

* Das Staatsoberhaupt soll künftig ein kollegiales Organ sein.

## Die örtlichen Organe

Vietnam ist in drei Verwaltungsebenen gegliedert: 35 Provinzen und drei Städte mit Provinzstatus (Hanoi, Thanh Pho Ho Chi Minh – das frühere Saigon – und Haiphong), Distrikte und provinzunmittelbare Städte, Dörfer.

Auf allen Ebenen werden Volksräte als Vertretungsorgane und örtliche Organe der Staatsgewalt für drei bzw. zwei Jahre direkt gewählt. Sie haben beschränkte Kompetenzen auf dem Gebiet der volkswirtschaftlichen und kulturellen Planung. Die Ausführung der örtlichen und zentralen Entscheidungen obliegt Verwaltungskomitees, deren Mitglieder von den Volksräten gewählt werden. Die Wahl bedarf der Bestätigung durch die Organe der nächsthöheren Verwaltungsebene, die auch die Tätigkeit der untergeordneten Volksräte und Komitees überwachen. Die Volksräte tagen ebenso wie die Nationalversammlung in Sessionen, deren Häufigkeit mit der Höhe der Verwaltungsebene abnimmt.

## Rechtsprechung und Staatsanwaltschaft

Organe der Rechtsprechung sind das Oberste Volksgericht und die Volksgerichte der Provinzen und Distrikte. Die Richter werden gewählt: der Präsident des Obersten Volksgerichts von der Nationalversammlung, die Richter dieses Gerichts von deren Ständigem Komitee, die Richter der Volksgerichte von den Volksräten. Sie sind diesen Organen gegenüber verantwortlich und abberufbar. Die Gerichte sind außer mit Berufsrichtern mit Volksbeisitzern besetzt, die von den gleichen Organen auf Vorschlag der Vaterländischen Front gewählt werden.

Eine Verfassungs- oder Verwaltungsgerichtsbarkeit gibt es nicht. Der Verfassung nach sind die Bürger indessen berechtigt, gegen Entscheidungen eines Staatsorgans Beschwerde einzulegen und ungesetzliche Handlungen von Mitarbeitern der Staatsorgane anzuzeigen. Die Staatsorgane sind verpflichtet, sich mit der Beschwerde bzw. Anzeige beschleunigt zu befassen und gegebenenfalls Schadensersatz zu leisten. Die Überwachung der Gesetzesbefolgung durch Staatsorgane und Bürger sowie die Strafverfolgung und Anklageerhebung obliegen dem der Nationalversammlung bzw. dem Ständigen Komitee verantwortlichen Obersten Kontrollorgan des Volkes mit dem von der Nationalversammlung gewählten Chefprokurator an der Spitze sowie örtlichen Kontrollorganen, deren Mitglieder vom Chefprokurator ernannt werden.

## Außenpolitik und Landesverteidigung

Die Außenpolitik der DRV war bis zum Sieg über die Streitkräfte der Republik Vietnam und der USA davon bestimmt, die Unabhängigkeit und Integrität der DRV bei gleichzeitigem Streben nach Vereinigung der beiden Landeshälften zu gewährleisten. Diese Zielsetzung machte es erforderlich, sich der militärischen und wirtschaftlichen Unterstützung sowohl seitens der Sowjetunion als auch seitens der VR China zu vergewissern. Nach der Kapitulation der Republik Vietnam wurde die Politik einer Äquidistanz zu den beiden Mächten durch diejenige einer stärkeren Anlehnung an die Sowjetunion abgelöst. Hierbei dürften die Interessen beider Staaten koinzidieren: dasjenige Vietnams nach einer Dominanz über Kambodscha und Laos; dasjenige der Sowjetunion nach einer Stärkung Vietnams, um es in Anbetracht der jahrhundertelangen Animosität zwischen Vietnamesen und Chinesen der sowjetischen Eindämmungsstrategie gegenüber der VR China nutzbar machen zu können. Mitentscheidend für den vietnamesischen Kurswechsel dürfte die massive militärische und wirtschaftliche Unterstützung durch die UdSSR in der dritten Phase des Vietnamkrieges gewesen sein, die diejenige der VR China bei weitem übertraf, sowie die sowjetische Wiederaufbauhilfe nach dem Sieg.

Die Annäherung an die Sowjetunion schlug sich insbesondere im Beitritt zum RGW im Juni 1978 und im Abschluß eines Vertrags über Freundschaft und Zusammenarbeit vom 3. November 1978 nieder. Das Verhältnis zur VR China verschlechterte sich infolge zahlreicher Grenzzwischenfälle, des Streits um die im Südchinesischen Meer gelegenen Spratly- und Paracel-Inseln, der Ausweisung von in der SRV lebenden Chinesen und vietnamesischer Aktionen zur Herstellung einer Vorherrschaft über Laos und Kambodscha. Es erreichte seinen Tiefpunkt durch die militärische Intervention der VR China im vietnamesisch-chinesischen Grenzgebiet im Februar 1979.

Während Vietnam Laos durch einen Vertrag über »spezielle Beziehungen« eng an sich binden und durch die Stationierung von Truppen seiner Kontrolle unterwerfen konnte, stieß es bei den von der VR China protegierten Roten Khmer auf Widerstand. Eine unklare Grenze und hieraus erwachsende wechselseitige militärische Aktionen zu deren Änderung mündeten um die Jahreswende 1978/79 in eine vietnamesische Invasion Kambodschas und die Einsetzung einer aus der »Vereinigten Nationalen Front zur Rettung Kampucheas« hervorgegangenen provietnamesischen Regierung, mit der die SRV im Februar 1979 einen Vertrag über Freundschaft und Zusammenarbeit schloß.

Zu den USA hat die SRV ihre Beziehungen bis heute nicht normalisiert. Im Pariser Vietnam-Abkommen von 1973 stellten die USA eine umfangreiche Wiederaufbauhilfe in Aussicht, weigerten sich jedoch, es wegen der Verletzung dieses Abkommens durch die DRV einzulösen. Das Veto der USA im Sicherheitsrat der UNO, die den Aufnahmeantrag Nord- und Süd-Vietnams mit einer Aufnahme der beiden koreanischen Staaten koppelten, verhinderte zunächst die Mitgliedschaft in der Weltorganisation; erst nachdem die USA ihren Widerstand aufgegeben hatten, trat ihr die SRV 1977 bei.

Ein weiteres Aktionsfeld der vietnamesischen Außenpolitik sind die nichtkommunistischen Länder Südostasiens. Im Juni 1975 schlug die DRV den in der ASEAN zusammengeschlossenen Staaten dieser Region die Gründung einer Art gemeinsamen Marktes vor. Der Versuch, sie nordamerikanischem Einfluß zu entziehen, steht allerdings im Kontrast zum Appell an revolutionäre Kräfte, die Regierungen dieser Staaten zu stürzen und zur militärischen Intervention in Kambodscha.

Die Streitkräfte der SRV zählen 615000 Mann; hiervon entfallen 600000 auf das Heer, 12000 auf die Luftwaffe und 3000 auf die Kriegsmarine. Hinzu kommen paramilitärische Verbände: 70000 Mann Grenz- und Küstenschutztruppen sowie Volkssicherheitsstreitkräfte, ferner eine bewaffnete Miliz von schätzungsweise 1,5 Millionen Mann[3]. Der Zahl und der Ausrüstung ihrer Streitkräfte nach – den Vietnamesen fiel ein umfangreiches amerikanisches Waffenarsenal in die Hände – ist die SRV die bei weitem stärkste Militärmacht im südostasiatischen Raum.

[3] *The Military Balance 1978–1979*. London 1978, S. 68f.

## *Literatur*


Buttinger, Joseph: *Der kampfbereite Drache. Vietnam nach Dien Bien Phu* (a. d. Engl.). Wien usw., Europa-Verlag, 1968.

–: *Vietnam. The Unforgettable Tragedy.* London, André Deutsch, 1977.

Donnell, John and Charles A. Joiner (eds.): *Electoral Politics in South Vietnam.* Lexington (Mass.), Lexington Books, 1974.

Holzer, Werner: *Bei den Erben Ho Tschi Minhs. Menschen und Gesellschaft in Nordvietnam.* München, Süddeutscher Verlag, 1971.

Kux, Ernst und Joseph C. Kun: *Die Satelliten Pekings. Nordvietnam, Nordkorea.* Stuttgart usw., Kohlhammer, 1964.

Pike, Douglas: *History of Vietnamese Communism, 1925 – 1976.* Stanford (Cal.), Hoover Institution Press, 1978.

Schellhorn, Kai M.: *Vietnam ohne Amerika. Die Strategie Hanois.* München, tuduv Verlagsgesellschaft, 1975.

Sembdner, Friedrich: *Das kommunistische Regierungssystem in Vietnam.* Köln, Verlag Wissenschaft und Politik, 1978.

Wildgruber, Thomas: *Der Traditionsbezug in der vietnamesischen Revolution.* Hamburg, Institut für Asienkunde, 1978.

Zasloff, Joseph J. and Mac Alister Brown (eds.): *Communism in Indochina. New Perspectives.* Lexington (Mass.), Heath, 1975.

## Abkürzungsverzeichnis

| | |
|---|---|
| ASEAN | Association of South-East Asian Nations |
| ASSR | Autonome Sozialistische Sowjetrepublik |
| BdKJ | Bund der Kommunisten Jugoslawiens |
| BKP | Bulgarische Kommunistische Partei |
| BRD | Bundesrepublik Deutschland |
| CDU | Christlich-Demokratische Union |
| ČSR | Tschechische Sozialistische Republik |
| ČSSR | Tschechoslowakische Sozialistische Republik |
| DP | Demokratische Partei |
| D-13-3 | Directorio Revolucionario 13 de marzo (Revolutionäres Direktorium des 13. März) |
| DBD | Demokratische Bauernpartei Deutschlands |
| DDR | Deutsche Demokratische Republik |
| DFD | Demokratischer Frauenbund Deutschlands |
| DRV | Demokratische Republik Vietnam |
| DVRK | Demokratische Volksrepublik Korea |
| EG | Europäische Gemeinschaft |
| FDGB | Freier Deutscher Gewerkschaftsbund |
| FDJ | Freie Deutsche Jugend |
| FNL | Front National de Libération (Nationale Befreiungsfront) |
| GNV | Große Nationalversammlung |
| KB | Kulturbund |
| KP | Kommunistische Partei |
| KPCh | Kommunistische Partei Chinas |
| KPČ | Kommunistische Partei der Tschechoslowakei |
| KPI | Kommunistische Partei Indochinas |
| KPJ | Kommunistische Partei Jugoslawiens |
| KPK | Kommunistische Partei Kubas |
| KPdSU | Kommunistische Partei der Sowjetunion |
| KPV | Kommunistische Partei Vietnams |
| KSZE | Konferenz für Sicherheit und Zusammenarbeit in Europa |
| KVR | Komitee zur Verteidigung der Revolution |
| LDPD | Liberal-Demokratische Partei Deutschlands |
| M-26-7 | Movimiento 26 de julio (Bewegung des 26. Juli) |
| MBFR | Mutual Balanced Forces Reduction |
| MRVP | Mongolische Revolutionäre Volkspartei |
| MVR | Mongolische Volksrepublik |
| NATO | North Atlantic Treaty Organization |
| NDPD | National-Demokratische Partei Deutschlands |
| NVA | Nationale Volksarmee |

| | |
|---|---|
| NVK | Nationaler Volkskongreß |
| PAA | Partei der Arbeit Albaniens |
| PAK | Partei der Arbeit Koreas |
| PVAP | Polnische Vereinigte Arbeiterpartei |
| PVF | Patriotische Volksfront |
| RGW | Rat für gegenseitige Wirtschaftshilfe |
| RSFSR | Russische Sozialistische Föderative Sowjetrepublik |
| SALT | Strategic Arms Limitation Talks |
| SED | Sozialistische Einheitspartei Deutschlands |
| SEF | Sozialistische Einheitsfront |
| SELA | Sistema Económico Latinoamericano (Lateinamerikanisches Wirtschaftssystem) |
| SFRJ | Sozialistische Föderative Republik Jugoslawien |
| SG | Sozialistische Gemeinschaft |
| SRV | Sozialistische Republik Vietnam |
| SSR | Slowakische Sozialistische Republik |
| SVP | Sozialistische Volkspartei |
| UKP | Ungarische Kommunistische Partei |
| UNO | United Nations Organization |
| USA | United States of America |
| USAP | Ungarische Sozialistische Arbeiterpartei |
| UdSSR | Union der Sozialistischen Sowjetrepubliken |
| VBA | Volksbefreiungsarmee |
| VR | Volksrepublik |
| VVP | Vereinigte Volkspartei |
| WPO | Warschauer Pakt Organisation |
| ZK | Zentralkomitee |

# Augenzeugen-berichte

dtv

**Die Kreuzzüge**
**Hrsg.: Régine Pernoud**
**763**

**Burgund und seine Herzöge**
**Hrsg.: Christa Dericum**
**1233**

**Die Eroberung Perus**
**Hrsg.: Lieselotte und Theodor Engl**
**Originalausgabe**
**1100**

**Der Dreißigjährige Krieg**
**Hrsg.: Hans Jessen**
**781**

**Die Amerikanische Revolution**
**Hrsg.: Willi Paul Adams und Angela Meurer Adams**
**Originalausgabe**
**1054**

**Die Französische Revolution**
**Hrsg.: Georges Pernoud/Sabine Flaissier**
**1190**

**Deutschland unter Napoleon**
**Hrsg.: Eckart Kleßmann**
**1131**

# Augenzeugen-berichte

dtv

**Die Kreuzzüge**
**Hrsg.: Régine Pernoud**
**763**

**Burgund und seine Herzöge**
**Hrsg.: Christa Dericum**
**1233**

**Die Eroberung Perus**
**Hrsg.: Lieselotte und Theodor Engl**
**Originalausgabe**
**1100**

**Der Dreißigjährige Krieg**
**Hrsg.: Hans Jessen**
**781**

**Die Amerikanische Revolution**
**Hrsg.: Willi Paul Adams und Angela Meurer Adams**
**Originalausgabe**
**1054**

**Die Französische Revolution**
**Hrsg.: Georges Pernoud/Sabine Flaissier**
**1190**

**Deutschland unter Napoleon**
**Hrsg.: Eckart Kleßmann**
**1131**

# dtv dokumente